Interpersonal and Social Psychology for Well-Being

幸福を目指す
対人社会心理学

対人コミュニケーションと対人関係の科学

大坊郁夫 編
Ikuo Daibo

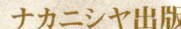
ナカニシヤ出版

巻頭言

　最近，幸福感やwell-beingへの関心が急速に高まりをみせているようです。先の東日本大震災の被害の凄まじさと，そこから立ち上がろうとする人々の意志のなかに，「幸せ」とは何かという根本的な問題を改めて考えさせられたという方も多いことでしょう。また，先に来訪されたブータン国王夫妻のお幸せな様子も，われわれの心に強い印象を残し，前国王の提唱された「国民総幸福度」の概念も広く紹介され，「幸せ」について考える機会となったように思います。本書の出版は，そうした情勢の中，時宜を得たものといえるでしょう。

　本書は，大阪大学教授・大坊郁夫先生の編集により，先生の薫陶を受け，大阪大学大学院人間科学研究科で，対人社会心理学を専攻し巣立っていった（巣立ちつつある）若手研究者の論考を中心にまとめられた著作です。内容的には，「well-beingを科学する」「親密な人間関係」「親密な対人関係を展開する—対人コミュニケーション—」「スキルフルな関係を築き，幸福を目指す」の4部構成となっています。いずれの論考も，タイトルや内容にはバリエーションがありますが，先生ご自身がまえがきでお書きになっているように，「日々の生活でいかに円滑に相互理解し，自他のwell-beingを高めるためには，「何」を心がけなければならないか」という提言を含んでいます。これは，大坊先生が，日頃からご自身の教育に通底する考え方としてご指導されてきたことでもあり，どの章もそれに対するきちんとした展開や考察を有するリプライになっていると思います。11のコラムもコンパクトに課題をとらえており，この領域に関心のある読者の指針となるでしょう。

　本邦での幸福感やwell-beingに関連する心理学的な著作は，大石（2009）をはじめ，これまでにもいくつか散見され，ポジティブ心理学の普及とともに最

近数が増えているように思いますが，本書は対人心理学的な領域での成果を幅広く取り扱うとともに，具体的な研究成果が数多く紹介されている点で画期的だと思います。今後活躍が見込まれる若手研究者が中心となっていることも，今後この領域の発展を大いに期待させます。

　ここであらためてご紹介するまでもないと思いますが，大坊郁夫先生は，1973 年に北海道大学大学院文学研究科博士課程を修了された後，札幌医科大学，山形大学，北星学園大学で教鞭をとられ，2000 年 4 月より大阪大学大学院人間科学研究科教授として 12 年の長きにわたり後進の育成に努めてこられました。本書はその退官記念論文集にあたるものでもありますが，巷によくある，卒業生が集まって勝手なことを書いたものとは大きく質の異なる書であることは先に述べたとおりです。先生がこれまで発表してこられたコミュニケーションや社会的スキル等に関する数多くの論文・著作は，私をはじめ後進のきわめてよい手本となってきました。また先生は，日本社会心理学会会長，日本グループ・ダイナミックス学会会長，日本心理学諸学会連合副理事長をはじめ，数多くの学会で会長や理事を務められ，日本の社会心理学の発展に多大な貢献をなさってこられました。さらに，よく知られているように，先生は寅さんの大ファンで，その人情味にあふれる優しい人柄やそれに基づく教育指導が，こうして薫陶を受けられた方々の力作を引き出すことにもつながっているのだと思います。

　本来であれば，他に巻頭言を書くのにふさわしい先生方がたくさんおられる中で，こうしてこの良書を紹介させていただく機会を得ましたことを心より御礼申し上げます。大坊先生は大阪大学をご退官後も，東京未来大学でひきつづき教鞭をとられると伺っております。先日もサンデル教授の教育のしかたに感銘を受け，ぜひあのような指導をとりいれたいものだと熱く語っておられました。研究・教育への変わらぬ熱意の中から，さらにまた社会心理学をリードする人材をお育てになることと思います。まずは僭越ながら諸先生方や学生諸氏を代表して日頃のご指導・ご厚情に深く感謝申し上げます。数多くの読者の方々が，本書を手にして幸福感や well-being について関心を深められることを確信いたしております。

東洋大学社会学部教授　堀毛一也

まえがき

　幸せになりたい，愛されたい，満足できる生活をしたい，自分らしくありたい，生きがいのある人生をおくりたい，後悔したくない……誰しも願うことであろう。大方は，誰もがこのように願うことを分かっているはずであるが，自分は他に比べて，惨めで，報われていないと思い込む傾向も少なくない。ある意味では当然であるが，誰もが自分のことはよく知っている（と思い込んでいる）ので，自分の経験や状況を克明に振り返ることができる。それゆえに，自分を防衛し，価値を高めたいとの思いが際立つ。そうなると，人々は，多種多様人々に囲まれて生活し，暗黙裡にさまざまな支援をうけつつも，つい，否定的な経験を過大視し，これを避けようとするあまりに，安心できずに，どこかで他者とのつながりを躊躇してしまう。人と人のつながりは，コミュニケーションを通じてのみ可能であり，それは人類の誕生とともに，工夫されてきたはずである。コミュニケーションのための道具も多様化し，高機能になってきている。だからといって，円滑に相互の理解ができるようになった，結びつきが強くなったと思っている人は多くはない。なぜなのであろうか。

　幸福であること，well-being な人生を誰もが希求するであろう。そのために欠かせない視点は，われわれは社会的なつながりの中にいることである。自分が幸福であるためには，「経済的に豊かになることである」「高い地位を得たい」と答える人は少なくないであろう。現代において，平等に経済的に豊かになることは可能であろうか。多くの社会ではなかなか果たせないことであり，また，同じ所得を得たとしても，仕事への貢献度，消費傾向までも同等に揃えることは難しく，さらに，貢献度に応じた報酬額を揃えるとしても，容易には納得できない性質のものでもあろう。他者との競争が前提となる社会では利己

的に対処しなければならない。階層性を考慮するならば，高い地位を得ようとするならば，他者との競合が前提となり，ある個人が幸福になるには，他者を自分の属している集団の階層から貶めることにならざるをえないのであろうか。

　幸福であること，well-being とは，明らかに心理的，主観的なことである。だからこそ，複数者が同じには幸福になれないことになると思い込みがちであるが，どうであろう，自他で同時に実現可能なことでもあろう。ただし，解決しなければならない営みがある。複数者が共存できることを是とする社会的基準づくりである。おそらく，「基本的な欲求」を統制し，社会的動機づけの共有化と競争原理に立つのではない自他同時の well-being を追求することである。すなわち，利己的な欲求で得られるものは，well-being とは呼べないことを確認することであろう。

　また，一時的に幸福感を得られるとしても，それは well-being とはいえない。われわれが考えなければならないのは，刹那的な満足を求めるのではなく，有限の人生を生き切ることである。時間に生きる人，さらに，歴史につらなる前世代，次世代の連続体としての人間に注意を払うべきであろう。一時の興味を満たす研究は，枚挙に暇がないが，その類の研究は時間とともに，大方の興味からは失せ，忘れられる。現実には，このような研究は安易な発想によって繰り返されているのも否定できないが，それは心理学の魅力を損なわせてしまうであろう。

　多くの人々が，何を求めているのか，何を期待しているのか，心を科学する者は，その思いを適切に斟酌して，何某かであれ，答えを示し，共有すべき役割を担っている。すべての研究が直ちに答えを提供できるとは言い難いが，この成果を還元しようとする姿勢こそが，求められている。

　われわれ自身が日々悩み，疑問に思っていることが多々あろう。そこからの発想を大事にしたいものである。われわれがアプリオリに社会に含まれていることが，社会科学研究の原点であり，終着点といえる。

　一時の興味による研究は，その成果についての見通しを欠くがために時には弊害をもたらすこともある。

　すべての研究の成果は，他者に伝えられなければ社会的な価値を持たない。成果に対して，第三者から与えられる評価，社会的な有用性が保証されてこそ活

きるものである。そのためには，多様な発信法を探らなければならない（学会・研究会，学会誌のみならず，市民向けの発信——講座等，マスコミ）。ただし，研究成果を過大にも矮小化もせずに発信できる媒体かどうかの確認は重要である。

　本書は，対人関係の心理学，社会心理学の研究を踏まえ，その研究をもとに幸福，well-being を考えている研究者が執筆したものである。大方は，基礎的な研究を積み重ねて記述されており，その意味では安易な解説書ではない。むしろ，この領域以外の心理学研究者，学生，心理学を学んだことのない多くの人々にとって，なじみのない事柄が少なからず登場している。しかし，各章で述べられていることの意図は共通している。つまり，日々の生活でいかに円滑に相互理解し，自他の well-being を高めるには，「何」を心がけなければならないかを提言していることである。

　自己の表現，相互理解の重要な意味を持つ親密な対人関係を築く，維持するための規則性，根本的な社会的営みである対人コミュニケーションを如何に有効に展開していけるのか，「今」以上に円滑で満足できる社会的活動を行うための潜在力をどのようにして向上させることができるのかを扱っている。そして，本文中に必ずしも組み込まれてはいないか，さらに説明を要する事項を「コラム」として配置している。

　本書を読まれ，幸福，well-being を実現し，希求していくために何が必要なのか，その課題，ヒントを汲み取っていただければ，それこそが執筆者一同の幸いである。

　なお，30 年以上にわたる同学の友であり，ポジティブ心理学，社会的スキル，well-being 研究の先達である，堀毛一也先生（東洋大学社会学部教授）には，本書についてのコメントをいただきました。これまでのご厚誼とともに感謝いたします。

　本書の構想から出版まで親身にご配慮いただいたナカニシヤ出版の宍倉由高編集長に篤く感謝いたします。また，入念な編集作業を担当された山本あかね氏に感謝いたします。

　また，編者として，全執筆者の協力にお礼申し上げます。

編者　大坊郁夫
2011 年 11 月 30 日

目 次

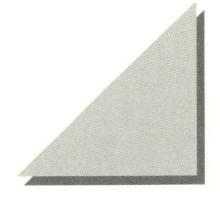

巻頭言　*i*
まえがき　*iii*

第1部　well-being を科学する

1　幸福を目指す科学—well-being の研究—・・・・・・・・3
第1節　はじめに（夢，希望，幸福）　3
第2節　well-being の概念　5
第3節　ミクロ，マクロの well-being　7
第4節　幸福な人々とは　10
第5節　ミクロ・マクロの均衡点—バランスを求める—　12
第6節　国民総幸福度という視点　13
第7節　経済的豊かさと幸福感　14
第8節　幸福感についての文化的視点　16
第9節　社会的スキルと well-being　18

2　ポジティブな人間関係—well-being, happiness, 人と社会—
・・・・・25
第1節　well-being とポジティブ心理学　26
第2節　well-being に関する思想的背景　29
第3節　人生の重要な対人的な出来事と well-being　33
第4節　未来社会における対人関係と well-being　36

第 2 部　親密な人間関係

3　親密な関係の構造と機能—親密性の理論と測定— ・・・ 49
　第 1 節　親密な関係をコストとベネフィットで考える—親密性の構造—　49
　第 2 節　適応の視点から見た親密な関係—親密性の機能—　57
　第 3 節　かけがえのなさの測定　63
　第 4 節　おわりに　67

4　対人魅力の概念—友情，愛情— ・・・・・・・・・ 72
　第 1 節　友人関係と恋愛関係　72
　第 2 節　親密な関係と個人的適応　81
　第 3 節　親密な関係の幸福を目指すために　86

5　自己呈示が well-being に果たす役割 ・・・・・・・・ 98
　第 1 節　対人関係も自己の認識もポジティブに　98
　第 2 節　自己呈示とは何か　99
　第 3 節　自己呈示の 3 つの機能　100
　第 4 節　どんなイメージを伝えるのか　101
　第 5 節　どのように自己呈示をするのかを決めるもの　102
　第 6 節　自己呈示者のジレンマ　104
　第 7 節　自己呈示のコスト　107
　第 8 節　自己呈示と感情　112
　第 9 節　親密な関係の自己呈示を考える　114
　第 10 節　おわりに—自己呈示は幸福につながるか—　119

第 3 部　親密な対人関係を展開する—対人コミュニケーション—

6　相互作用の場—メディア，通信のテクノロジー— ・・ 129
　第 1 節　はじめに　129
　第 2 節　人はコミュニケーションを行う生物—身体の制約と技術による支援—　130

第3節　対人コミュニケーション・チャネルと通信メディア　133
　　第4節　プロクセミックス　135
　　第5節　t-Room　137
　　第6節　おわりに　143

7　円滑な関係を築く非言語コミュニケーション・・・・　148
　　第1節　対人コミュニケーションにおける非言語行動の役割　148
　　第2節　親しさを目指す円滑なコミュニケーション　153
　　第3節　戦略的な円滑なコミュニケーションの形成　159
　　第4節　おわりに　164

8　協調するコミュニケーション・・・・・・・・・・　170
　　第1節　はじめに　170
　　第2節　協調するコミュニケーション　171
　　第3節　コミュニケーションで協調するための能力　173
　　第4節　コミュニケーションで協調するための動機づけ　174
　　第5節　協調するコミュニケーションを支援するための第三者の介入　179
　　第6節　おわりに　184

第4部　スキルフルな対人関係を築き，幸福を目指す

9　スキルとしてのコミュニケーション・・・・・・・・　193
　　第1節　自分に合ったコミュニケーション　193
　　第2節　社会的"技"・"能"　194
　　第3節　"能"—スキルパターン—　196
　　第4節　"技"—話者役割タイプ—　200
　　第5節　"能"に応じた"技"—自らのスキルタイプに合った話者役割—　204
　　第6節　"技"・"能"を育てる　207

10　社会的スキルと対人関係・・・・・・・・・・・・　213
　　第1節　人とうまくつき合う力　213

第2節　社会的スキルと精神的健康　216
　　第3節　これからの社会的スキル研究　221
　　第4節　リスク・マネジメントとしての社会的スキル・トレーニング　222
　　第5節　予防的SSTと自己啓発的SST　225

11　文化における社会的スキルの役割・・・・・・・・・　246
　　第1節　文化と社会的スキル　246
　　第2節　異文化への適応　258
　　第3節　グローバル化背景での統合的適応　265

12　価値ある社会を築くために
　　　　—価値の共有，共生，関係から社会へ—・・・・・　273
　　第1節　均衡指向　274
　　第2節　社会的スキルの核心としてのコミュニケーション力　275
　　第3節　well-beingを実現するために—社会的スキルの向上を図る—　277
　　第4節　well-beingを目指し，価値ある社会を築くために　281

索　引　287

コラム

1　自己評価の高揚と幸福感　23
2　友情を強める　44
3　自己呈示の葛藤—複数観衆問題—　70
4　顔面表情と文化　96
5　ポジティブ感情のコミュニケーション　124
6　アンビエント情報社会　146
7　集団内でのいざこざと対処行動　168
8　幸運な人は幸福か　188
9　コミュニケーション力とは　211
10　ネットワーク社会への適応　244
11　コミュニティの性質と個人のwell-being　271

第 1 部

well-being を科学する

幸福を目指す科学
—well-being の研究—

第1節　はじめに（夢，希望，幸福）

「あなたは幸せですか？」と問われたならば，どう答えるであろうか？　厳しい受験勉強が終わって目指す大学に合格したての高校生ならば，多くは「はい！」と答えるであろう。行列のできるお菓子屋さんに並んで，手に入れたお目当てのケーキを食べているさなかならば，「はい！」と満面の笑みで答えることであろう。また，賃金が安く，仕事自体もめんどうで疲れる毎日であっても，なにかをしている（できている）と思えるならば，仕事の最中であっても「はい！」と答えることであろう。他国との長く続いた戦争が終結し，空爆の不安に苛まれることのない，静かな時間を実感できるときにも「はい！」と答えるであろう。ふだんは，当たり前に顔を合わせていた家族であっても，大津波によってその家族の安否が分からなかった人が，避難所で家族の無事が分かったならば，この上もない喜びを感じるはずであろう（もちろん，人生で最大級の不幸が解消される訳ではないが）。これらの問いは，人生の連続性を考えるならば，同列に並べられることではない。しかし，異なる次元や事柄の軽重を超えて，「幸せ（不幸）」は「感じられる」ものなのである。換言するならば，日々の生活のごくごく短い瞬間に感じられる幸せもあるが，人生の長い時間を経て蓄積される凝集した幸せもある。

　幸福を測ることは一義的ではない。基本的に，幸福は「当事者」が感じること（幸福感）であり，容易には客観的に示し難い概念である（大石，2009）。個人を超えて，何らかの刺激（手がかり）から「同じ程度・内容」の幸福感が引き

起こされるとはならない。社会的状況，対人関係，そして個人的属性・特徴などを俯瞰しながら考えるべきものであろう。先行の心理学的研究では，主観的であることを共通認識として，満足できる（satisfy），すばらしい（excellent），重要である（important），理想に近い（close to my ideal），肯定できる（変えたくない，change almost nothing）程度を幸福感の程度としている（Diener et al., 1985）。

特に，幸福の意味として「満足感」が基本的に共通することと考えられている。幸福を客観的，一義的に扱う適切な方法がない現状では，これを首肯するところであろう。したがって，幸福（感）を扱うということは，それが扱う指標の意味は相対的なものなので，なにについてそれを比較するのかを入念に明示しなければならない。

昔から，子どもは，希望に満ちた夢を持っているが，成長するにしたがって，現実の制約を経験していくうちに，夢の規模が萎縮していると考えられがちである。実際にはどうであろうか。サントリーの次世代研究所（2006）の第3回の現代親子調査の結果によると，小学6年生の40%以上が男女とも「何もしたくないと感じることが，ときどき／よくある」と答えている。それが中学3年生では，男60%，女75%と上昇している。「何もしたくない」ということには，一般には2つのことが考えられる。1つは，日々満ち足りており，あえてなにかをする必要がない。もう1つは，すべきことが思い描けない，自らの行動を駆り立てる方針がないことである。「新しいことを覚えたり問題が解けたりすると楽しい」との回答率が10%以下であることも勘案するならば，自分の将来について肯定的に関与していこうとはしていないことを示しているのであろう。自分の夢，希望があるならば，それを実現したい，近づきたいとのモチベーションがあるはずであるが，上記の結果からするとそうではないようである。

また，「人類にとって21世紀は希望のある社会になると思うか」と高校生に尋ねた国際夢調査によると，中国，アメリカ，韓国，日本の順に89%，64%，63%，35%と日本の高校生は特段に低い回答であった（日本青少年研究所，1999）。さらに，筑波大学が日韓中の中学生を対象に行った調査では，大きな希望を持っていると答えた割合は，中国（91%）＞韓国（46%）＞日本（29%）で

あった（筑波大学留学生センター，2001）。どちらも，わが国の子どもたちが，将来を肯定的に捉えていない結果である。希望，夢は現実の生活に由来しながらも，この先を肯定できる手がかりがないと形作られないであろう。若者がこのような現状にあることからは，決してこの先も個人，そして社会レベルでも幸福を得られないであろう。

2010年3月に実施された国民生活選好度調査（全国15〜80歳の2,900人）では幸福感について問うている（内閣府，2010）。10点のうち，7点以上が54％，4点以下が15％であった（平均値が6.5点）。これを幸福感を持つ者が案外に多いと見るべきであろうか。幸福感を判断する際に重視した事柄としては，「健康」，「家族関係」，「収入」（以上が65％以上），次が「自由な時間」であった（複数回答）。これらの結果からすると，設問の仕方との関連もあるが，基本的には，「自分自身」の満足が優先されている。自分の経験した事柄でしか判断できないことであるのは確かである。かつ，この判断は，将来への期待や不安を勘案しながら，自分の持つ「理想」との比較によるとされているものが60％を超えている。理想との比較ということには，それまでの人生で経験した多くの事柄を自他や過去，さらには，想像を踏まえての比較をしての結果であるといえよう。

したがって，幸福感は多くの判断要因を含むものであり，主観的なこととして規定し，かつ，相対的なこととして扱うことが前提であろう（島井，2009）。しかし，主観的，相対的であるからといって，実証的には測定できないことにはならないし，他者（他文化）と同等に比較できないものでもない。むしろ，心理学的な方法をもってこそ，十分に検討できる性質のものであるといえよう。

第2節　well-being の概念

基本的には，これまでの歴史からすると，社会的に生産性を上げ，成功を目指すことが高く評価され，いわば，外形的に「見える」側面に光が当てられてきたといえよう。近代以前から現代に至るまで，社会的な豊かさ，経済的な成長が「社会」の主要な目標として設定され，その達成を目指してきたと表現することができる。心理学の研究でも，それに呼応するように，成果を追求するこ

とを1つの重要な規準として扱ってきたきらいがある。しかし，このような方向性で考えるならば，見える結果が出てからでないと評価されない。しかも，ある時間内で結果を吟味しなければならないので，短期的に把握できる変数しか扱えないという制約を生み出すことになる。その種の研究が数多く展開されても，長い時間軸で捉えた場合，多様な変化を捉える研究は生まれ難い。すなわち，眼前の疑問に答えられても，連綿とした人類の歴史にとって「意味を持つ」本性にかかわる研究は，成果を待つにはコストがかかり過ぎるので，増えないのであろう。しかしながら，行動の結果としての成否だけに拘泥するのではない，別次元の「価値」を追究できる研究が必要と思われる。

多くは，生活の利便性とか物質的な豊かさを求めながらも，心の安定・満足を得たいと願うものである。しかし，それが容易でないことも現実である。日々の生活を過ごす上で，実に多くの道具が「便利」になってきた。通信手段として，手紙→電話→携帯電話と変化してきたことなどはその典型といえる。このような「もの」の便利さは，ますます追求されつつある。このこと自体は，人間の行動を合理化し，経済化することであり，このような革新は必要であり，今後も止まることはないであろう。実際に，合理化された時間や労力低減と引き替えに，人は創造する，考えることに時間を使うことが可能になってきたといえよう。しかしながら，実態はそうなっているであろうか。改めて，QOL（人生の質）について考えてみるべきであろう。種々のことが便利になったことと引き替えに多くのなにかを失っているといえるのではなかろうか。

また，時代による生活の仕方の変化もあろうが，価値観の多様化が進んでいる。現代では，人生モデルが多様であり，強力な依拠できる価値規範がないともいえる。自分の行動や判断を逐一参照できる規範がないので，なかなか安心できない，自信を持てないという慢性的な不充足感が続くことになる。ある意味で，自由という不安が与えられているともいえよう。

この社会的，心理的状況が well-being の追求の仕方自体にかかわってきている。どこかにその合理解を求めないと，いつまでも，どこでも安寧は得られないのではなかろうか。このことを心理学の立場から慎重に考えてみるべきであろう。

well-being に内包される意味は，決して狭い範囲に留まるものではない（堀

毛, 2007, 2010)。感情の振れの少ない, 安心できること, 揺らがない安定, さまざまな活動に占有されていない, さらに開拓可能な心の余裕, 新たに何かを吸収できる余地のあること, 社会との関連で自己の機能が充実し, 価値を追究できることなどは, いずれもわれわれの心のポジティブさを増すことであろう。このような側面についてのオリエンテーションを増し, 生きるために目指す目標として掲げることの意義は大きい。

なお, 幸福 (happiness) と well-being はきわめて近接した意味を持つ概念であり, 大方では必ずしも厳密な使い分けがなされていないが, セリグマン (Seligman, 2011) は, その近著において, 前者は, 生活の満足につながるものであるが, 後者はより包括的で, 成長につながる, ポジティブな感情, 関与, 意味を持ち, 好ましい関係, さまざまな適応的な成果をもたらす概念であるとしている。

上記には, well-being の状態にある人の心理的特徴をあげたが, 容易に考えられるように, well-being を構成する要因が先ず考えられなければならない。個人は時間と共に形成されてきた個人特性もさることながら, 他者との関係 (対人関係), 社会的な帰属の特徴 (集団, 地域, よりマクロな社会) との関連で心理的状態が決まる (変化する) ことは周知の通りである。したがって, コアの定義的意味としての「満足感」自体, 一時作業的な定義であろう。満足感を規定する要因は多く, さまざまな追究アプローチが必要である。

第3節　ミクロ, マクロの well-being

個人の主観的な well-being は, 上述のように, 個人の要因のみでは説明できない。well-being には, 個人の (ミクロ) レベルと, それに対しての社会的な (マクロ) レベルとがあるといえる。個人は社会に含まれ, 社会は個人なしにありえないという意味で, 一種の入れ子構造なのである。したがって, 個人と社会の両方を共に考慮しなければならない。どちらかだけの視点では well-being は本来の意味を持つことにはならない。また, 個人と個人とが, 基本的にはコミュニケーションによって結ばれていること (対人関係構築) にも重要な意味がある。

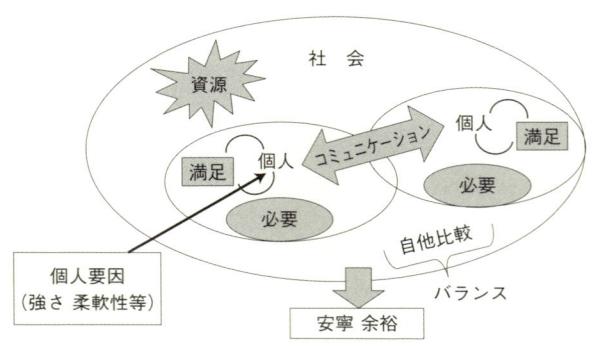

図 1.1　個人にとっての well-being と社会的な well-being

　図 1.1 は，個人レベルと社会レベルの well-being について示している。個人は，それぞれの必要（needs）があってコミュニケーションを介して結びつき，自分自身のみならず保有しているさまざまな情報を相手と比較・照合して自己を確認し，満足を得ようとする。いわば，対人関係のレベルでも重要なバランスを目指すのである。個人同士の関係が社会を形成し，個々の個人や関係を超えた規範や制度を築きながら，そこに蓄えられた資源を使う。そうすることによって，社会的な安定を目指しているのである。個人－関係－社会のつながりがあってこそ，個人や属する集団も安寧を得ることができ，ひいては充実した社会が維持される。

　well-being の概念は，相互に関連する 2 つの概念，快楽主義的な（hedonic）well-being と理性主義的な（eudaimonic）well-being に分けられる。前者は，身体的，精神的快を求めるものであり，後者は，可能性の拡大，充実，成長を希求するもので，努力して培われる意義深さ，成熟を示す。これらは，決して相互に独立のものではなく，関連するものとして捉える必要がある（2 章参照）。

　上出・大坊（2006，2007）は，用いる尺度による指標を吟味し，いくつかの限定を行った上で，well-being を上記の 2 つの側面－身体的，精神的快楽が存在し，苦痛のない人生がよい人生であるとする快楽主義（hedonism）の側面と理性的な人間として成熟している人生がよい人生であるとする理性主義（eudaimonism）の側面に着目している。その上で，人生にとって重要な出来事

の解釈の仕方が，2種類の well-being とどのように関連するかを検討している。

　人生の出来事に対して多様な観点から吟味し，統合的に解釈する傾向（統合的主題）は理性主義的な well-being である情動知能を高め，金銭や社会的地位などの外在的な要因ではなく，個人の成長や対人関係などの内在的な要因を志向する傾向（内在的主題）が快楽主義的な well-being である関係満足度を高めることが示されている。このことから，出来事に対する解釈が理性主義，快楽主義の well-being に関連することが明らかとなった，すなわち，どのような出来事を経験したのかという客観的な出来事ではなく，その出来事に対してどのように意味を付与し，価値づけるのかということが，現在の個人の上記の2種類の well-being に関連しているのである。なお，統合的な解釈には認知的発達のルーツがあり，出来事をできるだけ客観的に判断し，学習しようとする解釈をするため，理性を重視する意義に関連すると考えられる。また，内在的な解釈を重視する傾向は感情的発達に結びつくものであり，本人の意志次第で有益さを比較的長期的に享受できる内在性を重視することが幸福に結びつくと考えられる。

　さらに，上出（2010）は，従来の研究では理論的，実証的にも検討されていなかった，快楽主義と理性主義の相互補完関係についても明らかにしている。情動知能の高い人は，自己効力感が高く，本人が対人的場面で認知的，理性的な能力を自覚できている可能性があり，さらに，この自己効力感の高さは精神的健康と正の関連があることが示され，理性主義の well-being が快楽主義の well-being を高める可能性が示唆されている。さらに，具体的には対人場面での状態のよさ（関係満足度）を調整し，または対処していく認知的，理性的成熟の指標として社会的スキルとの関連から検討している。その結果，統合的主題が情動知能，そして社会的スキルを向上させ，社会的スキルの高さは関係満足度を促進していることも示唆されている。具体的な指標としてなにを用いるのかという吟味を継続する必要はあるが，このように，研究対象の吟味，方法の拡張は不断にされなければならないことであろう。

　セリグマン（Seligman, 2002）によると，幸福感（happiness）には以下の3つのタイプがあるとされている。1）愉快な人生（pleasant life：可能な限りの多くの楽しみを持ち，しかも，楽しみを強めるスキルを持つ），2）積極的に

かかわりのある人生（good-engaged-life：comes through deep engagement，日々の生活の中でなにかが得られる，挑戦したいと思った活動に自我の強さや徳を投入することでこそ，人生への深いかかわりが生まれる），3）意味のある人生（meaningful life：自分だけに留まらない多方に役立つと信じているサービスを確固として成し遂げる）である。なお，この3）は，快楽主義的な well-being（身体的，精神的快を求める），理性主義的な well-being（可能性の拡大，充実，成長の希求）の両方を実現することに他ならない。

人が少なくとも意図的に行動するには，動機が必要である。しかも，その動機は，当人にとって必要な目標に近づく（獲得する）ためのものであり，自分の行動を正当化する意味を持つ。すなわち，なんらかの行動をするためには，「自分」の行動（決定）であるが故に，自分なりの方針を持っていることを自他に示す必要がある（少なくとも自覚する）。

幸福感の3つのタイプは，人生発達的な意味を含んだ，2つの指向性を示す概念と捉えることができよう。いわば，利己的な満足追求から自他相互協調的な方向性（個人－社会）と物質的満足から精神的満足への指向性の2種類である。人は社会的な広がりの中でこそ個人の満足も叶うことを踏まえることは重要である。

第4節　幸福な人々とは

ディーナーとセリグマン（Diener & Seligman, 2002）は，大学生222人を対象として，複数の幸福感尺度を用いて，上位10%を幸福群（22名），下位10%を不幸群（24名），そしてこれ以外の普通群（60名）に分けてさまざまな特徴について比較している。それによると，個人特性（Big5）については，表1.1にあるように，幸福群は，もっとも外向的で，神経質ではなく，調和的（agreeableness）であった。開放性（openness）には差がなく，勤勉性（conscientious）については，3群の中間に位置していた。これらのことからすると，幸福群は，心理的に安定しており，広く注意を向けることができ，多くのことに関与できる。安定した自己機能を発揮し（肯定的な自己評価ができる），他者との関係を適切に管理，運用していける柔軟さがあることを示してい

第4節 幸福な人々とは

表1.1 幸福な人のパーソナリティ特徴 (Diener & Seligman, 2002)

ビック・ファイブ	不幸群	普通群	幸福群
外向性	104.9a	120.4b	132.9c
神経症的傾向	113.8a	90.7b	72.2c
調和性	41.2a	44.6a	50.9b
勤勉性	38.2a	44.6b	40.8ab
開放性	124.2a	115.4a	120.1a

異なるアルファベット間に5%で有意差がある

る。なお，幸福群は，うつ傾向，心気傾向，精神衰弱，精神病性や統合失調的傾向ももっとも低く，心理的健康度は高いことも示されている。幸福群は，一人きりで過ごす時間がもっとも短く，家族，友人，恋愛関係にある者と過ごす時間はもっとも多いと自己評価されている。このように，幸福であると感じている人は，心理的，社会的に適応できていることも確認されている。

大竹ら (Otake et al., 2006) は，男女大学生を対象にした研究で，幸福感の高い群は低い群に比べて，他者に対する親切行動への動機づけ，自己認知（自分が他者への親切行動を行おうとする傾向があるとの認知），及び，実際に親切行動を行う傾向の強いことを示している。また，幸福感の高い人は，幸福と思える経験が多いことなどを報告している。他者を配慮するためには，前提として自分自身の不足を補うコストを要することのない，つまり充足している（心理的資源の豊富さ）ことがのぞましい。幸福を感じている人は，相対的であれ，この程度が強く，他者への関与が可能であろう。

これらの結果からすると，幸福な人は，安定した感情状態にあり，適応的なパーソナリティを持ち，社会的な関心を持つとともに社交的行動を行い，他者を配慮し，自己を肯定的に受け入れている人といえる。

しかし，このようなパーソナリティを持っているがために幸福を感じるのか，幸福経験が多いからこのようなパーソナリティが形作られるのかについては，明らかではない。

第5節　ミクロ・マクロの均衡点―バランスを求める―

　個人の well-being 実現と社会の well-being 達成は，相互に矛盾しないのであろうか。物質的満足を追求するならば，その資源は有限であり，それを個人のレベルで消費するならば，社会にある資源は個人間の競争によって減じることになる。

　個人の満足度の追求は個人が帰属している社会の均衡を損ねることになってはならない。そうでなければ，自分が帰属する基盤自体が危ういものになってしまう。自分の満足度の向上は，所属する社会の均衡が前提になってのことと考えるべきであろう。ある領域の資源を一定の量分配するのでは，満足には限界があり，個人間で格差が生じるので，それと異なる領域の開拓が必要になる。しかし，その営みには限界がある。

　社会的な安定を勘案するには，上記とは異なる視点が必要となろう。一定の資源を配分するという視点ではなく，個人の満足度の上昇が，社会の資源の増大になるという図式の導入である。配分する資源についての発想の転換である。それは，個人に不足する「もの」を補う意味での満足ではなく，精神性の向上，霊性（spirituality）の獲得ではなかろうか。すなわち，日常的には先ず衣食住のニーズを充たすことが優先される。それなくして，身体的，心理的な活動も一般的には損なわれることになろう。しかしながら，人は有限であるがゆえに，人生で果たしきれない「なにか」を永遠に続くものに託したいという，日常を超越する継承性を希求する思いを持っている。それは，宗教という形態を取らずとも個人を超えた理想として機能するものである。

　個人間，社会的な広がりの中での矛盾しない関係を考えるならば，どこかで，個人は妥協する接点を求め（個人の満足度達成をどこまで求めるのか，時には，抑制も必要），そして，well-being を共有できる人間関係を目指す必要がある。

　社会には，個人間の比較だけではなく，個人間のバランスを含み，かつ，社会の中に資源の分配，喪失という問題が含まれていることを改めて考えるべきであろう。今後の社会の継続性を考える必要がある。

第6節　国民総幸福度という視点

すでに述べたように，well-being は，個人についてのみ問題にすべきではなく，社会的な広がりを踏まえて考える必要がある。国民総幸福度（GNH：Gross National Happiness）という概念が提唱されている（平山，2007；上田，2008）。国民総幸福度とは，1972年に，ブータン国王ジグメ・センゲ・ワンチュク（1955-，1972-2006在位）が提唱した「国民全体の幸福度」を示す指標である。国民総生産（Gross National Product：GNP）で示されるような，金銭的・物質的豊かさを目指すのではなく，精神的な豊かさ，つまり幸福を目指すべきだとするこの概念には，環境，状況をどう比較できているかということと，「ブータン」という国においてこの概念が提唱されたということを考慮すべきであろう。この概念の提唱の経緯，ブータン国の環境などをよく吟味しなければならず，多種多様の家電，通信機器等の便利さを当たり前に受け入れている先進諸国に一般的に適用できるかどうかについては考える必要もある。しかし，この概念は，ある種の重要な問いをわれわれに投げかけている。それは，理性主義的な well-being に通じるものであり，精神性の豊かさ，もの的欲求にとらわれない生活のゆとりを示唆するからである。

この概念は，国の政策的見地から主張されたものである。ブータンの政策の中では，国民総幸福度には4つの主要な柱がある。それらは，1）持続可能で公平な社会経済開発，2）自然環境の保護，3）伝統文化の保護と発展，そして，4）よりよい統治である（上田，2008）。経済開発に一辺倒になって，自然環境が破壊されたり，ブータンの伝統文化が失われてしまうことは，国民にとって

表1.2　GNH（Gross National Happiness）に含まれる幸福の要因（上田，2008）

living standard（基本的な生活）	cultural diversity（文化の多様性）
emotional well-being（感情の豊かさ）	health（健康）
education（教育）	time use（時間の使い方）
eco-system（自然環境）	community vitality（コミュニティの活力）
good governance（良い統治）	

上記は，Bhutan Development Index で数値化が進められている幸福の分野

不幸であるという共通認識が，この政策の基本精神である。この国民総幸福度の増大の精神にのっとり，社会開発には特に手厚い政策がとられている（医療費は無料，教育費も一部を除いて無料，など）。また，国土に占める森林面積は現在約70％で，今後も最低でも国土の60％以上の森林面積を保つ方針となっている。また，「よい統治」という面では，行政と意思決定の両面での地方分権化が進んでおり，人々は，自分達の住んでいる地域の開発プランについて，自分たちで優先順位を決め，国の中央に提案することになっている。ちなみに，国民1人あたりのGDPは世界で161位（2006年度，なお日本は18位）と決して豊かではないこの国ではあるが，2005年初めて行われた国勢調査で97％の国民が「幸せ」と答えている。

　ブータンは例外としても，これまで，収入と生活の平均的な満足度とは概ね一貫して正の相関関係があると信じられてきた（Argyle, 2001）。最近でも，国によって多少の例外があっても，世界的に見るならば，その国の平均年収と幸福感との相関係数は.82との報告もある（Diener & Biswas-Diener, 2008）。また，41ヶ国の平均購買力と生活満足度とは.69の相関係数を示しており，さらに，富める国では生活満足度と収入とは関連がないが，低経済水準の国では正の相関関係があるので，包括的には経済水準と生活満足度とは正の関連があるとの報告もある（Argyle, 2001）。

第7節　経済的豊かさと幸福感

　確かに，少なくとも，生活の基礎的なニーズは経済水準に左右されることは否定できない。しかし，これらの結果は，個々人の生活を反映するものではなく，「平均的」な傾向にすぎない。なお，この種のデータを読む際には，国レベルの包括的な豊かさと個人の豊かさについて区別して捉える視点が必要であろう。ある程度の経済水準になければ，消費財を購入し難く，生活の利便性が低く，教育への投資もし難い。生活の選択肢の狭さが不満につながることは想像できよう。しかし，その一方で，年収と人生の満足度とには相関関係がないこと（.12から.17程度；Diener et al., 1999），1965年から1990年までの15ヶ国のGDPと人生の満足度との関係を検討した結果，実際の収入が数倍に伸び

たアメリカ，ドイツ，日本であっても人生の満足度はほとんど変化がなく，一方，GDP が日本の半分以下のアルゼンチンやブラジルでは満足度がはるかに高いことが示されており，経済的な豊かさと満足度との関係は必ずしも明らかではないと報告されている（Diener & Oishi, 2000）。

　日本の GDP は，1958 年から 1998 年の間で約 6 倍に上昇しているが，生活満足度は 2.5 ～ 3.0（1 ～ 4 点）で安定している。他国でも所得と幸福度の時系列データには明瞭な相関関係は見られていない（幸福のパラドックス，筒井，2010）。このような，国民全体レベルの指標と個人の回答した主観的幸福感との間には，密接な相関関係が見られることは一般的にはない。それは，所得や支出額自体は一様ではないにせよ上昇するとしても，人は，平均的な他者と比較して自分の経済水準と比較する。自分の水準が上昇しても「平均」が上昇すれば比例した比較を行う。周りに比べて自分の水準「だけ」が上昇しない限り，満足度は高まらない。したがって，GDP 指標等とは相関関係を示さない（これは，相対所得仮説とされている，筒井，2010）。また，人は自分の所得等の経済水準が高くなるならば，一般的には満足度は高くなるにしても，その人が目標としている経済水準にも依存している。所得が上昇すれば，目標水準も上昇するので，満足度は大きな変化がないことになる。よほど期待していた以上の大きな所得の上昇がない限り満足度は変化しないことになる（順応仮説，筒井，2010）。

　これらの結果から，主観的な幸福感は，経済的な豊かさとはあまり関係がないといえる。ただし，社会的には一般的に，経済的水準の上昇は期待されることであり，ある時間幅で比較するならば，基底としての満足度を支えていることは考えられる。一方，主観的幸福感の視点からするならば，経済的豊かさは主要ではないとはいえるかも知れない。幸福感と経済的豊かさとの関係を明らかにするには，少なくとも，国民全体のレベルの指標ではなく，対象者を層化し，個人レベルでの経済的豊かさと幸福感との関係を把握しなければならないであろう。

第8節　幸福感についての文化的視点

　その社会の文化的規範は，ある程度の生活のモデルを形成するであろう。スー ら（Suh et al., 1998）は，一般市民（41ヶ国；1990-1993年に実施）と大学生（40ヶ国，1995-1996年に実施）を対象として，過去数週間に感じたポジティブな感情（自信など）とネガティブな感情（抑うつ，不幸など）の経験度（感情バランス尺度，Affect Balance Scale），集団主義－個人主義傾向（Hofstede, 1991によるI-C rating; 高得点は個人主義傾向を示す）を測定し，生活満足度との関係を検討している。それによると，個人主義傾向の強い国では，感情と生活満足度との相関関係は有意に高い（市民では.52, 大学生では.48）。さらに，大学生の社会的規範得点と感情得点を用いて生活満足度を予測する重回帰分析の結果からすると，個人主義社会（13ヶ国；オーストラリア，オーストリア，デンマーク，フィンランド，ドイツ，ハンガリー，イタリア，オランダ，ノルウェー，プエルトリコ，南アフリカ，スペイン，アメリカ）では，規範よりも感情が生活満足度と強く結びついていた（β係数；感情.556, 規範.161, R^2=.372, $p<.001$）。一方，集団主義社会（13ヶ国；バーレーン，中国，コロンビア，ガーナ，インドネシア，韓国，ネパール，ナイジェリア，パキスタン，ペルー，シンガポール，タイ，ジンバブエ）では，規範と感情はほぼ同程度に生活満足度を予測していた（β係数；感情.342, 規範.345, R^2=.308, $p<.001$）。ちなみに，日本のI-C得点は21位で集団主義，個人主義傾向は中間的であった。この結果からすると，生活満足度は，文化を考慮することなく扱えるのではなく，属する文化との関連で考えなければならないことを示唆している。他にも考慮すべき指標は少なくないであろう。しかも，個人主義，集団主義という視点がとりわけ強力な弁別力を持っているとは言い切れないが，アメリカや北欧など，個人的責任が重視されやすく，自分の判断に注意を向けやすい文化では，肯定的感情を多く経験しなければ，満足を感じにくいようであるが，東・東南アジア，アフリカ圏では，肯定的感情を多く経験しなくとも満足を感じる傾向があることを示している。すなわち，自分の感情の特徴に強く依拠するのではなく，それは，社会的なルールや安定していることと同程度の重みなのである。

否定感情を避け,肯定感情をとりわけ得るべき(望ましい)とも考えていない傾向があるといえよう。

なお,個人主義的傾向の強い文化に対して,集団主義的傾向が強いとされる文化においては,行動の正否を個人に帰属する傾向が弱く,状況や運などの個人が統制し難い要因を重視しがちであるとみなされている。自分の感情に重きをおかない傾向もこのことと通じることといえよう。また,スーとクー(Suh & Koo, 2008)は,韓国人は一生のうちに経験できる幸福感は有限であり,現在幸福と感じているほど,この先あまり幸福感を得られないと考えていることを示している。基盤とする文化に依存する「しろうと理論(lay theory)」の影響は無視できない。この指摘には,運資源は個々人に応じて一定であるとのしろうと理論(この場合には,全体性,変化性によって決められるとする後述の素朴弁証法によって考えられよう)が介在していると考えられる(運資源ビリーフについては村上,2002参照)。ポジティブな経験や感情を一途に求めようとはせず,一種の正負の経験のバランス指向がうかがわれる。さらに,菅と唐澤(2008)は,アメリカ人は,自分が周囲を変えることができるとのコントロール感(統制感と制約感)が幸福感と強力に関連していたが,日本人ではその程度は弱く,むしろ,パートナーや他者との協調的な関係性,社会的サポートが幸福感により強く見られることを報告している。

このような志向性は東洋的な素朴弁証法(naïve dialecticism)の考え方に結びつくとも言える。素朴弁証法の基本法則は,1)全体的関連(世の中のすべてが相互に関連し,独立していない。簡単に見える現象であっても,複雑に関連している全体としての理解が必要),2)変化(事象は常に変化している),3)矛盾(すべての事象は相互矛盾する2つの側面を持つ)ということである。これらの視点は,中国の老子,荘子の思想に由来するものであり,矛盾や変化を前提とする思想は根強く,現代にも影響しているといえる。また,仏教の諸行無常,克己の発想,陰陽の思想(森羅万象,相反する陰と陽の二気によって消長盛衰し,陰・陽は互いに他を前提とし,その調和によってこそ自然の秩序が保たれる)も同様であろう。このような考え方は矛盾を含んだ自己概念の形成にも影響をしている。

スペンサー-ロジャースら(Spencer-Rodgers et al., 2004)は,中国とアメリ

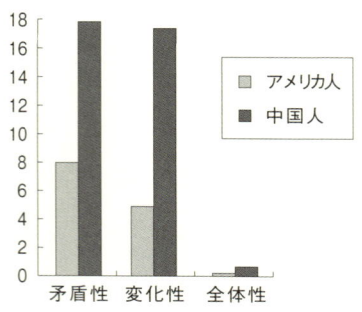

図 1.2　日米の弁証法的自己概念の比較
(Spencer-Rodgers et al., 2004)

カの大学生の自己概念の自由記述の内容を分析して，中国人の方が，矛盾を含み，変化性，全体性が大きいことを示している（図1.2）。このような特徴は，well-beingの原因を自他に強く求めることなく，快不快感情によって左右され難いとも考えられる。東洋的な弁証法的な考え方には，「悪いことの中にもよさを探る」傾向があるので不幸な状態からも回復しやすく，人生という長い時間の中では幸福な時も不幸な時もあると考えることができるほど，タフでいられるであろう。あいまいさを前提にすることによって長続きする well-being が得られるとの発想は，一層尊重され，この観点からの研究の展開が期待される。

第9節　社会的スキルと well-being

well-being を高めるためには，多くの要因がかかわる。well-being は，表 1.3

表 1.3　well-being と社会的スキル

well-being の概念	社会的スキルの概念
・満足した生活を送る（社会性，適応感の充足）	・well-being を高めるためのドライブ
・肯定的な感情は否定的な感情に優る	・自他関係を点検，社会的行動の仕業点検可能
・タフで安定した自己を持つ（自我強度）	・階層性を持ち，基礎から応用への展開が可能
・幸福感	・多要因の集合体
・成長／超越性，快復力 (resilience)，調和・共生	（要因として，SST プログラムとしては個別に吟味可能，構成し易い）

の左欄にあるように，生活に満足し（適応できている），相対的に快，肯定的な感情が優っており，容易に不安定にならない自己を有し，他者との調和をはかることができ，ネガティブな経験があってもそれから容易に精神的に快復する力があり，成長を目指す強さを持っていることが期待される（なお，Carr (2004) によると，さらに多様な要因があげられている）。しかし，それは受動的では容易には獲得できない。基本的には，内向的な自己観察や自律だけでは不足であり，他者との親密で調和的な関係を目指す姿勢がなければ，well-being は得られないであろう。

well-being を高めるためには，表1.3の右欄にあるような社会的スキルを実践することが必要である。コミュニケーション力を含む社会的スキルは，well-being を高めるための一種のドライブ（エンジン）ともいえよう。すなわち，社会的スキルは，日々の生活における多様な社会的な相互作用を円滑に行い，理解し合うことを促す基本の心理的活動なのである。そのためには，自他を結ぶコミュニケーションを目的的に，効率よく行えるように，解読・記号化の成果を適宜確認する必要がある。その社会的スキルは，階層性を持っている。記号化，解読やこの両者のタイミングの調整などの対人コミュニケーション能力を基底とし，特定の関係を築く・維持する心理的な意味を発揮するための特定スキル―期待する自己像の表出，自己主張，特定の他者へ及ぼす説得的行動，特定の他者との関係の開始や維持，また，対人的な親密さの表出，特定の集団における地位と勢力の行使にかかわるなど―がある。さらに，これらを総合する応用的なスキル-目的的スキルがある（大坊，2006, 2008）。社会的スキルは，個別要素だけでは成立しない，相互に連動させてこそ意味を持つ。ただし，トレーニングを構成する際には，上記のスキルの階層性と要素を勘案して配置しなければならない（大坊，2005）。

図1.3は，コミュニケーション力を基本として，個人，社会の well-being を考える場合の要因を示したものである。多様なチャネルの特性を理解した上で，自己の主張，相手のメッセージの正確で慎重な傾聴，そのバランスは基本的なことである。記号化と解読の基本的コミュニケーション力に加えて，社会的ルール（主張，傾聴など）他者や状況の特性や期待を正確に察知することも必要である。自他の，そして，日々に出会う出来事には多様な目標があるとと

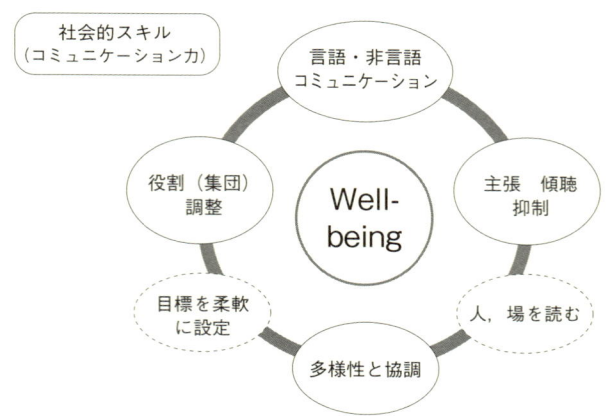

図 1.3 Well-being を実現するための社会的スキルの要因

もに，どこかで互いの間で生じるであろう齟齬を調整し，協調しなければならないこと，それが所属する集団の違いに由来することが大方であることからすると，集団所属性自体やそこにおける自分の役割の調整も必要になることであろう。多様性の許容と協調することは社会性の前提であろう。それに加えて，コミュニケーション行動自体だけではなく，相互作用する相手，場や脈絡を総合的に読み解くこと，それぞれ個人が持つべき目標内容やレベル自体も脈絡を斟酌しながら柔軟に調節する必要もある。

　また，"well" であること，生きることは，前述したように，個人や文化によって同一とは限らない。「理想」とか，「人生」の意義に通じることであり，哲学的な重要なテーマでもある（大石，2009）。したがって，これまでの学問の多様性や歴史を紐解くまでもなく，個人，価値観などの「多様性」を認めること自体が必要である。それは，社会的には，「共生」であることに通じる。しかしながら，多様性は無秩序なカオスを意味するのではない。「生」の尊厳と誰もが持つ不確かさの共有と承認欲求，親和欲求の充足を目指すことを人生の根本的な方針と見なすことによって，well-being は，共通項になるものなのである。

　親密な関係にある者の間では，互いの情報を共有し，理解し合える基盤を相応に持っているので，互いの欲求を実現し合える。したがって，親密な他者の存在が well-being にとって重要であることには大方は同意するであろう。す

なわち，親密な関係は一方的な働きかけでは成立せず，自己を開示し，他者の意図や感情を読み取ることの不断の努力なしには持続しないものであることに基本的な答えが含まれている。

　この章は，大坊郁夫（2009）．Well-being の心理学を目指す社会的スキルの向上と幸福の追究，対人社会心理学研究，**9**，25-31．大坊郁夫（2011）．Well-being を高めるために，対人コミュニケーションを活かすために，対人社会心理学研究，**11**，29-32．に基づきながら大幅に加筆，改編したものである。

■引用文献
Argyle, M.（2001）．*The psychology of happiness*. 2nd ed. London: Routledge.
Carr, A.（2004）．*Positive psychology*. Hove: Brunner-Routledge.
大坊郁夫（編）（2005）．社会的スキル向上を目指す対人コミュニケーション　ナカニシヤ出版
大坊郁夫（2006）．社会的スキル・トレーニングに生かされる言語・非言語コミュニケーションの働き　電子情報通信学会技術研究報告，**106**（219），31-36.
大坊郁夫（2008）．社会的スキルの階層的概念　対人社会心理学研究，**8**，1-6．
Diener, E., & Biswas-Diener, R.（2008）．*Happiness: Unlocking the mysteries of psychological wealth*. Malden, MA: Blackwell.
Diener, E., Emmons, R. A., Larsen, R. J., & Griffin, S.（1985）．The satisfaction with life scale. *Journal of Personality Assessment*, **49**, 71-75.
Diener, E., & Oishi, S.（2000）．Money and happiness: Income and subjective well-being across nations. In E. Diener & E. M. Suh（Eds.），*Culture and subjective well-being*. Cambridge, MA: MIT Press, pp.185-218.
Diener, E., & Seligman, E. P.（2002）．Very happy people. *Psychological Science*, **13**, 81-84.
Diener, E. D., Suh, E. M., Lucas, R. E., & Smith, H. L.（1999）．Subjective well-being: Three decades of progress. *Psychological Bulletin*, **125**, 276-302.
平山修一（2007）．美しい国ブータン　リオン社
Hofstede, G.（1991）．*Cultures and organization: Software of the mind*. McGraw-Hill.（岩井紀子・岩井八郎（訳）（1995）．多文化世界：違いを学び共存への道を探る　有斐閣）
堀毛一也（2007）．「健康スケールの現状と問題点」：社会心理学の立場から―主観的充実感の個人差と文化差―　感性福祉研究所年報，**8**，259-265．
堀毛一也（2010）．概説 ポジティブ心理学の展開　堀毛一也（編）　ポジティブ心理学の展開―「強み」とは何か，それをどう伸ばせるか―　現代のエスプリ，**512**，5-27．
上出寛子（2010）．親密な対人関係とwell-being　堀毛一也（編）　ポジティブ心理学の

展開―「強み」とは何か,それをどう伸ばせるか― 現代のエスプリ,**512**, 120-129.
上出寛子・大坊郁夫(2006). Unexamined life is not worth living. 吟味無しの人生は,生きるに値しない 日本社会心理学学会第47回大会発表論文集, 4-5.
上出寛子・大坊郁夫(2007). The art of being.―よい人生とは何か― 日本社会心理学会第48回大会発表論文集, 1-2.
村上幸史(2002). 測定尺度としての「運資源ビリーフ」:レビューとその展望 対人社会心理学研究, **2**, 119-128.
内閣府(2010). <http://www5.cao.go.jp/seikatsu/senkoudo/h21/21senkou_03.pdf> (2010年4月27日)
日本青少年研究所(1999). <http://essrc.hyogo-u.ac.jp/jedi/bitstream/10479/JEDI.101/2/101-1-Report.pdf>
大石繁宏(2009). 幸せを科学する―心理学からわかったこと― 新曜社
Otake, K., Shimai, S., Tanaka-Matsumi, J., Otsui, K., & Frederickson, B. L. (2006). Happy people become happier through kindness: A counting kindness intervention. *Journal of Happiness Studies*, **7**, 361-375.
Seligman, M. E. P. (2002). *Authentic happiness: Using the new positive psychology to realize your potential for lasting fulfillment.* London: Nicholas Brealey Publishin.
Seligman, M. E. P. (2011). *Flourish: A visionary new understanding of happiness and well-being.* New York: Free Press.
島井哲志(2009). ポジティブ心理学入門―幸せを呼ぶ生き方― 星和書店
Spencer-Rodgers, J., Peng, K., Wang, L., & Hou, Y. (2004). Dialectical self-esteem and east-west differences in psychological well-being. *Personality and Social Psychology Bulletin*, **30**, 1416-1432.
菅知絵美・唐澤真弓(2008). 幸福感と健康の文化的規定因―中高年のコントロール感と関係性からの検討― 東京女子大学紀要論集, **59**(1), 195-220.
Suh, E., Diener, E., Oishi, S., & Triandis, H. C. (1998). The shifting basis of life satisfaction judgments across cultures: Emotions versus norms. *Journal of Personality and Social Psychology*, **74**, 482-493.
Suh, E. M., & Koo, J. (2008). Comparing subjective well-being across cultures and nations: The "what" and "why" questions. In M. Eid & R. J. Larsen (Eds.), *The science of subjective well-being.* New York, NY: Guilford Press. pp. 414-427.
上田晶子(2008). ブータンに学ぶ国民の幸せとは 季刊 政策・経営研究, **1**, 5-17.
サントリー次世代研究所(2006). <http://www.suntory.co.jp/culture-sports/jisedai/active/report/party/index3.html>
筑波大学留学生センター(2001). <http://www.geocities.jp/takeponlabo/aikokusinnkyouiku.html>及び<http://business.nikkeibp.co.jp/article/world/20071015/137453/>
筒井義郎(2010). 幸福研究の課題 大竹文雄・白石小百合・筒井義郎(編) 日本の幸福度格差・労働・家族 日本評論社 pp.263-279.

コラム1　自己評価の高揚と幸福感

自己高揚動機

　人は日常生活をおくる中で，さまざまな欲求や動機に基づいて行動している。その中でも，社会心理学の祖と言われるジェームズ（James, 1892 今田訳 1994）がその著書で存在を指摘し，現在でも最も基本的で重要な動機だといわれるものに自己高揚動機がある。この動機は「自分について偏って好意的な見方をすること」（Sedikides & Gregg, 2008）であり，一般的には，自己への非現実的な楽観的評価として捉えられる。自己高揚動機を人々が保持する理由は，客観的（でしばしばネガティブ）な情報を重視してやる気を損なうよりは，「自分は有能である」「やればできる」という主観的で楽観的な見方を重視することによって，自尊心を高め，それが将来の行動へのやる気につながるからである。

　このように人々は高い自己評価を維持しながら生活しているが，その結果は，社会心理学の中でもさまざまな現象として観察されている。たとえば，①人は成功した時にはその原因を自分のせいだと考えるが，逆に失敗した時にはその原因を運など自分以外の事柄のせいにすることによって自己を守るという「利己的な帰属のバイアス」現象，②自分にとって重要な特性（たとえば学業成績，仕事や運動の能力など）で高い評価を受けられるかどうか自信がない場合，自分の成績を悪くするような不利な状況をわざと作り出すことにより，失敗しても評価が下がらないようにするという「セルフ・ハンディキャッピング」現象，③自分には他者と比べてポジティブな特性がよりあてはまり，自分の将来もバラ色だと信じるという「ポジティブ幻想」の現象，④ある能力において優れた他者が，自分と同じ地域の出身者であるなどなんらかの関係があるとき，その人との結びつきを強く考えることによって，間接的に自分の評価を上げようとする「栄光浴」現象，などがある。

自己高揚と幸福感における文化差

　このように高い自己評価が維持される理由はなんであろうか。北米での研究では，人は他者と比べて自分の方が優れていることを確認することによって，自分に自信が持てたり，その結果他者から好かれたり，また実際に成功したりして，社会的な適応につながるとされている（Taylor & Brown, 1988; Taylor et al., 2003）。もう少し大きな視点から，人生への満足感を引き出すものを国別に調べた研究がある。31ヶ国の比較研究を行ったディーナーとディーナー（Diener & Diener, 1995）は，個人主義が強い国々では自尊心や自由という欲求が満たされていると人生全体への満足感が高くなるが，集団主義が強い国々ではそのような傾向が見られないことを示した。

　では集団主義が比較的強い国々では，何が人々の幸福感につながるのだろうか。セディキデスらは，東アジア人は集団主義的な側面（たとえば，人から好かれるパ

ーソナリティや本人が重要だと思う側面において自己高揚を行っており，その傾向が強い者ほど社会的な適応が良いことを示している（Gaertner et al., 2008; Sedikides & Gregg, 2008）。また，親しい友人や母親と自分との関係が良好な人ほど主観的な幸福感が高いという指摘（小林 , 2002）や，日本では自己を批判しながら他者の期待に応えることが適応につながるという指摘もある（Hamamura & Heine, 2008）。つまり，東アジアでは，対人関係を良好に保つことが適応につながり，また重要視されているということである。さらに近年では北米でも，自己高揚は短期的な適応は得られるが，度が過ぎると対人関係を悪化させる可能性があるという指摘もあり（Sedikides & Luke, 2007），自己高揚そのものよりも社会的なつながりを失うことによる長期的な不適応性（Baumeister & Leary, 1995）も注目されてきている。このように自己高揚にも社会的適応にもさまざまな種類が存在し，その場の状況や社会的規範に合致した自己高揚を行うことが個人の適応を高めることにつながっているのである。

引用文献

Baumeister, R. F., & Leary, M. R. (1995). The need to belong: Desire for interpersonal attachments as a fundamental human motivation. *Psychological Bulletin*, **117**, 497-529.

Diener, E., & Diener, M. (1995). Cross-cultural correlates of life satisfaction and self-esteem. *Journal of Personality and Social Psychology*, **68**, 653-663.

Gaertner, L., Sedikides, C., & Chang, K. (2008). On pancultural self-enhancement: Well-adjusted Taiwanese self-enhance on personally valued traits. *Journal of Cross-Cultural Psychology*, **39**, 463-477.

Hamamura, T., & Heine, S. J. (2008). The role of self-criticism in self-improvement and face maintenance among Japanese. In E. C. Chang (Ed.), *Self-criticism and self-enhancement: Theory, research and clinical implications.* Washington, D.C.: American Psychological Association. pp.105-122.

James, W. (1892). *Psychology, briefer course.* (今田　寛（訳）(1992). 心理学岩波書店）

小林知博 (2002). 自己・他者評価におけるポジティブ・ネガティブ視と社会的適応　対人社会心理学研究, **2**, 35-44.

Sedikides, C., & Gregg, A. P. (2008). Self-enhancement: Food for thought. *Perspectives on Psychological Science*, **3**, 102-116.

Sedikides, C., & Luke, M. (2007). On when self-enhancement and self-criticism function adaptively and maladaptively. In E. C. Chang (Ed.), Self-criticism and self-enhancement: Theory, research and clinical implications. Washington, D.C.: American Psychological Association. pp.181-198.

Taylor, S. E., & Brown, J. D. (1988). Illusion and well-being: A social psychological perspective on mental health. *Psychologial Bulletin*, **103**, 193-210.

Taylor, S. E., Lerner, J. S., Sherman, D. K., Sage, R. M., & McDowell, N. K. (2003). Portrait of the self-enhancer: Well adjusted and well liked or maladjusted and friendless? *Journal of Personality and Social Psychology*, **84**, 165-176.

2 ポジティブな人間関係
―well-being, happiness, 人と社会―

　日常的に議論の対象とされる人間にとっての幸福やよい人生というものは，もしかしたら，そのもの自体が，たくさんの暴力的な前提のもとに構成されている仮象のものかもしれない。しかしながら，同じくらいの確率で，逆の可能性もあると思う。人間の幸せやよい人生は，これまでもこれからも，われわれの関心の中心的位置にあり，学術的な議論の対象としてあり続けるということである。

　本章では，後者の視点に立ち，社会心理学的に見た人間の幸せ，well-beingについての考察を行う。人間にとっての心理的な適応概念としては，20世紀以来，精神的健康や主観的幸福感，人生満足度など，非常に多くのものが扱われてきた。well-beingとはこれらの多様な適応を統合する概念のことである。われわれのwell-beingには個人要因や環境要因などの多くが関連するが，本章では特に，対人関係との関連に焦点を当てる。自分の大切な人に，相手からも同じように大切だと思われたり，お互いに依存しながら助け合って生きていったりすることは，われわれの幸せに重要なことの1つではないだろうか。

　あるいは，他者の存在は，個人にとって，自分を映す鏡であり（Mead, 1934 稲葉ら訳 1973），自分の前に広がる世界が分節し形成されていく出発点ともなる。他者という自分にとって新規な経験は，コミュニケーションにおける確実性と不確実性の二重性を包含し，自分や他者そのもの，ひいてはそこから形成される社会の存在を可能にするだろう。「わたし」に向けられた他者の顔そのものは，圧倒的な未知性をもって自己と他者，世界をつないでいく。個人があるために他者との接点が必要であることを考えるならば，対人関係が個人のwell-beingに重要な役割を果たしている可能性もきっと高い。

以降では，well-being 概念についての社会心理学的な議論から始め，対人関係（特に親密な関係）に焦点をあて，社会心理学的な研究を紹介する。親密な人ほど，日常的すぎて軽視してしまいがちになるけれども，もっと大切にするために努力することはとても大切であるという「ありふれた話」について，「ありふれている」ことを確認しながら，述べる。社会はますます情報化が進み，対人的なやり取りの直接性はどんどん薄れていき，これまで自明であった自己や他者といった枠組み自体も見えにくくなってきた。自分が相互作用している相手は本当に人間なのか，自分はそもそも人間だったのか，もしかしたらそのような疑問が一般に広く蔓延する将来も近いかもしれない。このような時代的背景を踏まえ，やはり今まで通り大切な人を大切にしていけるのか，将来の社会と well-being について考えていく。

第 1 節　well-being とポジティブ心理学

1. ポジティブ心理学の研究動向

　well-being というのは，近年盛んなポジティブ心理学で中心的に用いられる言葉である。ポジティブ心理学とは，20 世紀の心理学が精神病理や不適応に偏りがちであったという反省を受けて，より一般的な人に視点を移し，幸福で豊かなよい人生について研究することを目的とした，心理学の新たな動きのことである（Seligman, 1998）。普通の一般的な人がよりよい生活や人生を送ることを考える上では，やはり人間にとっての適応を幅広く見ていく必要がある。そこでポジティブ心理学は，主観的な幸福感や，人生の満足度，人間としての自律性や理性的判断力，健康状態，ポジティブ感情などの多様な適応を含めて，well-being という包括的な適応概念を用いている。

　もちろん，ポジティブ心理学が指摘している 20 世紀以前の心理学でも，積極的に人間の適応を扱ってきた（e.g., Rogers, 1951; Maslow, 1954 小口訳 1987; Jahoda, 1958; Erikson, 1963 仁科訳 1963）。その意味では，ポジティブ心理学が，完全に新たな独立的運動であるとはいえない。しかしながら，20 世紀以前の研究では，精神病理や不適応を正常に近づけることを目的とした「病理モデル」に注目しており，一方でポジティブ心理学は，普通の人のよい人生を目指

す「幸福モデル」を主眼に置いている点で特徴的であろう（島井, 2006）。この点に関してピーターソンとパーク（Peterson & Park, 2003）は，ポジティブ心理学は，「病理モデル」で蓄積された既存の知見を，一般的な人を対象に単に再現するだけの運動ではないと指摘している。彼らの指摘によれば，ポジティブ心理学の重要な目的は，さらに生きるに値するもの，価値のあるものについて統合的な理論的，実証的知見を明らかにすることである。確かに，従来の知見を再現するに留まるのではなく，一般の人という新しい枠組みでそれらの知見がどのように統合され，人々の幸福やよい人生を予測しうるのかについて，ますます積極的な取り組みが必要になると思われる。これを受け，近年では，どのような条件下で，どのようにして，そして，なぜ，ポジティブな感情や特性，ルールが発揮されるのかについて盛んに研究が実施されており，理解が深まりつつある。

　近年のポジティブ心理学研究においては，具体的な well-being の指標として，人生満足度や健康状態，主観的幸福感などが用いられることが多いが，なにを well-being とするのかといった理論的な議論もあり，well-being に関する研究は多岐にわたる。

　初期の研究では，well-being を，ポジティブとネガティブな感情のバランスであると操作的に定義しているものがある（e.g., Liang, 1984; Liang & Bollen, 1983; Lawton, 1975）。ただし，このような古典的研究の中心的目的は，心理的 well-being の内容の特定や基本的構造を定義するものではなく，測定尺度の信頼性など方法論的な側面に注目している傾向がある。実際に，多くのこのような尺度や概念は，さまざまな研究で用いられているが，なにが well-being なのかについての議論を中心的に行うものではない。理論的に，ポジティブな心理的機能とはなにかといった well-being の内容を直接的に扱おうとした研究は以下のようなものがある。たとえば，マズロー（Maslow, 1954 小口訳 1987）の自己実現の概念，ロジャース（Rogers, 1951）による心理的機能の充足についての考察，オールポート（Allport, 1961 今田・星野訳 1968）の成熟の概念などは，well-being とはなにかに関する理論的な成果としてあげられよう。

　理論的研究の共通点としては，先の古典的研究とは対照的に，データの分析といった実証性をほとんどもたないということが指摘されている（Ryff,

1982)。人間のポジティブ性とはなにかについての考察が行われているのであって，これらの研究のうち，信頼性・妥当性の高い方法論を用いて実証されたものはほとんどない。その理由としては，このような理論の定式化が主な主眼であることと，well-beingを十分に測定しうる妥当な指標がないということがあげられている。また，それぞれの理論におけるwell-beingの基準がさまざまで広範囲にわたっており，多くある知見のうち，どれがもっとも重要なポジティブな心理的機能であるのか決めるのは難しいという点も共通した帰結である。

2. well-beingに関する内容分析

以上のような研究動向において，リフ（Ryff, 1989a）は従来のwell-beingの理論的考察を整理し直し，多くの理論的考察においてポジティブな心理的機能に関する類似した特徴を指摘している。さらに，別の報告（Ryff, 1989b）においては，このような理論的背景から抽出されたwell-beingの次元について，実証的に研究を行い，well-beingの6次元構造を指摘し，各次元の妥当性とそれらを測定する尺度の信頼性が高いことを明らかにした。

それらの6次元のうちの1つは自己受容である。この次元は，自己に対するポジティブな態度を持っており，よい性質も悪い性質も含め，自己の多様な側面を受け入れているかどうかを意味しており，先行研究で最もよく用いられる基準であるとされている。2つ目はポジティブな対人関係であり，他者との信頼できる関係に関心があり，対人関係における愛情や親密性を大切にしているかどうかを表している。3つ目が自律性の次元であり，自分だけで物事を決定できることや，自分で基準を持って行動，評価が可能であることを示す。4つ目に，環境の統制の次元があり，外的な活動や周囲の環境を必要に応じて選択したりコントロールできることを意味している。5つ目は人生の目的という次元であり，人生に対して意義を感じ，生きることに対するねらいを持っていることを反映している。最後が，個人的成長であり，新しい経験に開かれており，自分がますます成長する存在であると意識し，持続的な変化を感じていることを指す。

このような近年のwell-beingの研究は，理論的考察を踏まえた上で実証的なデータにより構造を明確化しているといえる。従来指摘されていたwell-being

の多次元的な構造の内容を，ポジティブ・ネガティブ感情や，人生満足度といったものとは異なる視点で捉えてはいるが，6次元の内容は従来の理論の示唆を反映している点でより適切であろう。実際にこの6次元の尺度は，現在のポジティブ心理学でも広く用いられている。

　最近の研究では，このような心理的 well-being のみでなく，生物学的指標と心理的 well-being との関連を検討した研究もある（Ryff et al., 2006）。その報告によると，単純にポジティブな指標の得点の高さがネガティブな指標の得点の低さと関連するのではないことを示し，well-being と ill-being を弁別する必要性が示唆されている。彼らは，心理的 well-being と ill-being が二極構造なのか（鏡面性仮説），独立次元なのか（弁別仮説）を検討し，その結果，生物学的指標（神経内分泌であるコルチゾールやノルエピネフリンや，心臓血管の指標である HDL コレステロール，全 HDL コレステロール，収縮血圧など）が，心理的 well-being（抑うつや不安）と有意な相関関係がなく，well-being と ill-being を一軸上の指標として捉えるべきではないことを主張している。

　以上のように，well-being とはなにかについては，従来さまざまな研究の目的から検討が行われており，近年ではリフ（1989a, 1989b）のように，理論的背景を考慮した上での実証的研究も体系化されてきている。また，心理学の枠組みを超えてさらに広い思想的な背景から整理し直し，well-being の本質について考察する研究も盛んに行われている。次節では，well-being に対するこれらの研究について概観する。

第2節　well-being に関する思想的背景

1. well-being を考える2つの思想①

　well-being に関しては，歴史的思想の背景として2つのアプローチがある。快楽主義（hedonism）と理性主義（eudaimonism）と呼ばれるものである（現在のところ，日本語訳が一定していないため，ここでは仮にこのように表記することとする）。

　快楽主義の起源はキュレネ学派の創始者アリスティッポス（Aristuppus, 435-366BC）とされている（Ryan & Deci, 2001）。彼は人生の目的は楽しみの最

大化であるとし，肉体的快楽を精神的快楽よりも重視したという。さらに，このような部分的な個々の快楽の総計を幸福として定義し，快楽は控えることなく最大化することが望ましいと考えた。彼の提唱した快楽主義の考え方は，その後多くの人々に受け継がれている。たとえばホッブズ（Hobbes, T.）は，幸福とは人間の欲求を達成することであると主張しているし，功利主義のベンサム（Bentham, J.）も，よい社会が作られるのは個人の興味と楽しみを最大化することを通じてなされるとしている。彼らの思想には，快楽主義の考えが部分的に見受けられる（Ryan & Deci, 2001）。

アリスティッポスのように，楽しみや快楽が最大限に実現されることがよい生き方であるとする考え方は，ある程度直感的に受け入れやすいものといえよう。たとえば，人生に対する主観的な快適さという意味での"幸福"は，人生の目的や希望そのものといってもいいほど重要であると考えられている（e.g., King & Napa, 1998）。快感や楽しみは，人間の価値の中心的な関心事であり（Schwartz & Bilsky, 1987），そのような幸せを望むことは，人々にとってほとんど普遍的で自然なことのようである。

快楽主義の心理学を提唱したカーネマンら（Kahneman et al., 1999）は，「経験や人生を楽しくするもの」を well-being として定義づけ，well-being を，快楽主義と考え方を同じにするものとして位置づけた。アリスティッポスでは肉体的快楽が重視されていたものの，快楽主義的なポジティブ心理学においては身体と同様に精神的な楽しみも含まれる。快楽主義においては，このような楽しみや快楽の全般的な経験が人生のよさを判断する基準となるということである。

well-being の尺度としてよく用いられる尺度のうちの1つに，人生満足度がある（Diener et al., 1985）。これは，「だいたいのところ，私の人生は理想に近い」といった項目で1次元上での人生に対する満足感を測定するものである。1次元のみで総合的に捉えるという測定方法には，信頼性や妥当性の問題が指摘されてはいるが，簡便に人生全般に対する肯定の程度を測定できるため，広く用いられている。このように自分の人生に対する満足感を測定する尺度は，快楽主義の考え方を踏襲した well-being の測定であるといえよう。

2. well-being を考える 2 つの思想②

　もし，あらゆる人間が何らかの欲求を抱くことがあり，それを充足することによって楽しみや快楽が得られるのであれば，その快楽の遂行を肯定する快楽主義の考え方は，多くの人々に受容される可能性を持っているといえる。ただし，やはり人間として，快楽を我慢する忍耐力や，時には積極的に苦労を積み重ねるといった成熟が，いわゆる道徳や美徳といった価値観として主張され，それこそが人間にとってのよいことであると考えられることもある。このように快楽主義に対するもう 1 つの考え方として，理性主義というものがある。

　理性主義の起源はアリストテレス（Aristotle）のニコマコス倫理学にある記述である。彼の記述は，「われわれの達成しうるあらゆる善のうちの最上のものは何であるだろうか。名目的には，たいがいのひとびとの答えはおおよそ一致する。すなわち一般のひとびとも，たしなみのあるひとびとも，それは幸福（eudaimonia）にほかならない」（高田訳，1971）である。eudaimonia とは，人間が達成する一番いいことのようである。

　ここで重要なのは，理性主義は快楽主義の思想とは異なる点があるということが強調されている点である。では，快楽主義が個人の快楽を well-being とするのであれば，理性主義は何をもって well-being とするのだろうか。リフ（Ryff, 1989b）の説明では，「真の潜在性を実現するもの」や，「人の真の潜在性の方向にあり，それに一致した行動を伴う感情」と定義されている。すなわち，人の性善説を仮定するニコマコス倫理学の主張とあわせると，ポジティブ心理学における理性主義とは，「人間が潜在的に有する徳や善を実現すること」を意味する。

　フロム（Fromm, 1981）はアリストテレスの考えを引き合いにして，最上の well-being には以下のことが必要であると論じている（Ryan & Deci, 2001による）。「単純に主観的に感じている必要性や欲望，そして満足が一時の快楽を導くというようなものと，人間の本質に根ざした必要性やその実現が人間の成長，eudaimonia，well-being を生み出すようなものとの区別を行う必要がある。言い換えるならば，純粋に主観的に感じる必要性と，客観的に妥当である必要性の区別のことである。前者の一部は人間の成長にとって有害であり，後者は人間の本質が必要とするものに合致する」。

"eudaimonia" の理論は人が価値をみとめるすべての成果が well-being を包含するわけでないと考えるのである。それらが快楽であったとしても，成果のうちのいくつかは人にとってよいものでない場合もあるし，長期的に見れば必ずしも well-being を促進するわけではない。このように，理性主義的な観点からすると，単純な主観的満足感は well-being とは同義でない。さらに，これらと区別されるべき，人間の理性的な道徳性や，自己制御できる成熟といったものも含めて主張されていることがうかがえる。

フロム（Fromm, 1994 小此木・堀江訳 2000）は科学技術の進歩により人間は自分でしなくてはいけない仕事が減ったため，科学は人間のエネルギーの利用を低下させるのに役立ったが，同時に人間はなにもしなくてもいいことを徐々に望むようになり，事実上のよい人生は "努力なし，苦痛なし" の人生となっていることを指摘した。彼が人間の潜在的善という性質を信奉し，前提していたのかどうかはさておき，努力をせず，快楽追求ばかりする人間があまりに多くなってきた現状を危惧し，自ら苦労を乗り越えてやっと手に入れられるような完全なる人間像を目指す理性主義を訴えたかったことは想像に難くない。このような快楽の追求に対する人間としての衝動抑制や道徳観，人の本来の潜在性を実現化することを意味する完全化が理性主義の well-being なのである。

対比的に扱われることが多いため，快楽主義と理性主義が排他的な意味を持つように思われがちであるが，ニコマコス倫理学には快楽の重要性も指摘されており，理性主義は快楽主義を一部含んでいると考えるのが適切であろう。ただし，このように対比的に扱われることの理由としては，フロム（Fromm, 1994）が主張するように，物質的に豊かになった社会で，人間としての成熟や道徳性が薄れつつあるという社会的背景が影響していると考えられる。リフ（Ryff, 1989b）で示された6次元の well-being はおおむね6次元とも理性主義の考え方に沿う内容であると考えられており（自己受容とポジティブな対人関係は部分的に快楽主義であるとする場合もある），このような理性主義の well-being を促進しようとする研究はとても多い。ポジティブ心理学の全体的な傾向としては，物質的な豊かさに対する反省的視点から，理性主義的な well-being を重要視する傾向が強いといえる。

第 3 節　人生の重要な対人的な出来事と well-being

1. 自伝的物語というアプローチ

　ポジティブ心理学は，従来の社会心理学のパラダイムを用いるため，定量的なデータ収集と分析がほとんどである。しかしながら，人の幸せや充足といったものは，簡単に外的な，客観的指数で測定できない部分がある。物質的，経済的な豊かさ，友人の数や健康の程度などが，直接的に well-being を促進するとは限らない。客観的に測定可能な量的な変数のみに注目し，well-being との関連を検討することには，限界があると考えられる。そこで，個人がどのように日常的な経験や人生における出来事を解釈し，どのようにそれらを内在化しているのかという主観的なプロセスに注目することも重要であろう。「well-being の高い人は，自分の人生や出来事をどのように考えているのか？　彼らは過去や将来を解釈するに際して，どのように個人的な価値を創造しているのだろうか？」という意味生成の心理的プロセスを追うことから始めることは，well-being を理解する上で 1 つの重要な視点となる。

　バウアーとマクアダムズ（Bauer & McAdams, 2004; Bauer et al., 2005）は自伝的物語に注目し，このような物語の個人的な意味付けとの関連から well-being の検討を行っている。自伝的物語は，人生に起きるさまざまな出来事をいかに自分自身の中で内在化しているかという解釈のプロセスを表しており（McAdams, 2006），人生における認知された出来事での心理的な変化と個人の内的なパーソナリティ発達の関連を解釈するための，重要な手がかりを明確にする（McAdams & St. Aubin, 1998）。

　バウアーら（Bauer et al., 2005）は出来事に対して複数の観点から考察し，個々の多元的な見方を抽象レベルに統合するような解釈をする人は，自我発達（認知的成熟や複雑さ，衝動抑制など）の程度が高いことを示した。自我発達とは，「衝動抑制」，「パーソナリティ発達」，「対人関係スタイル」，自己概念を含む「意識的なとらわれ」，「認知スタイル」という多様な側面が絡み合った，包括的な様式であり（佐々木，1980），総合的に認知的判断力を反映する。自我発達の段階は一定の順序で進み，全部で 9 段階ある各段階の間には質的な差があ

る。その多様な側面を詳細にみると，概念的な複雑さに対する耐性が段階を経るごとに深まっていくことが示されている。

　自伝的物語にみられる意味づけや解釈のパターンのうちの1つで自我発達にかかわるような複雑で統合的な解釈を，統合的主題（integrative theme）と呼ぶ。統合的主題と自我発達の関連には，認知的発達の背景から理論的な考察がされている。統合的主題に反映されるような情報の差異化と統合という認知的働きかけにより，自我発達が促進されるというものである（Bauer et al., 2005）。出来事を単純に見るのではなく，できるだけ複雑に吟味し，そこから新しいものを学習しようとする努力が，人間の認知能力，ひいては倫理感や理性的判断力の発達に重要となることが示唆されているといえよう。

　また，金銭や社会的地位などの外在的なものではなく，個人的な成長や価値ある対人関係，社会貢献などの内在的なものを重視する人は，第1節でみた6次元の well-being（Ryff, 1989b）の多くの次元や，人生満足度（快楽主義の well-being とされる）の程度が高いことが示されている（Bauer et al., 2005）。このような解釈は，内在的主題（intrinsic theme）と呼ばれている。金銭など外在的なものは偶発的な事象に過ぎず，束の間で消失する表面的な満足度しか得られない。宝くじに当たった際の喜びや，新しい車や家を手にいれたときの幸福感は，変わり映えのしない親密な他者との毎日に比べれば，確かに衝撃が強く，ポジティブな気分が極度に高まるものではある。だがしかし，そのような劇的な変化は一時的なものにすぎず，結局のところ，そのような変化にはすぐに慣れてしまい，幸福感は持続しない。また，このような外在的な関心の強い人は，成長や対人関係など本来備わっているもののよさを無視してしまうため，心理的適応が低くなる（Sheldon & Lyubomirsky, 2006）。

2. 日本人を対象にした自伝的物語研究

　ところで，西洋の強固な自我意識を前提とする「個人主義」に対して，日本人には，人と人との不可分な絆の一体感に基づく，相互依存，相互信頼である「間人主義」という人間観がある（浜口，1988）。西欧は自己の存在をまさに個人の意識に見出す一方，日本人は「人と人の間」に見出すということである。このような依存性を特徴とする日本人の場合，独立した個人の視点に重き

を置くよりも，対人関係を考慮することが重要になると思われる。上出・大坊（2006）では，日本人を対象に，自伝的物語と well-being について対人的な文脈から検討している。

バウアーら（Bauer et al., 2005）は認知的な能力としてレヴィンジャー（Loevinger, 1976）の自我発達尺度に注目している。先述のように，これは衝動抑制や道徳性など，自立した個人の成熟の程度を測定する尺度である。しかしながら日本においては，自立した存在としての認知的機能だけでなく，より対人的な視点が重要となることから，上出・大坊（2006）では情動知能（内山ら，2001）に注目している。情動知能とは，自己の感情抑制や内省的知能に加え，対人場面での自他の情動制御や建設的な相互作用ができる程度，所与の状況での対応能力を示すものであり，"情動"という名ではあるが，学習により獲得された対人場面で発揮される認知的な能力を表す。また，well-being に関しては親密な他者との適応性に注目し，親密な他者との関係満足度を調べている。

その結果，20代の男女においては，統合的主題が，情動知能を予測し，内在的主題が関係満足度を予測することが明らかとなっている。すなわち，バウアーら（Bauer et al., 2005）が示したように，認知的な複雑さと統合的な観点を表す統合的主題は，認知的な判断力を表す情動知能と関連しており，同時に，外在的なものより内在的なものを重視する内在的主題は well-being としての関係満足度と関連することが示された。これらの変数の関連性は欧米のデータと類似しているが（一部，統合的主題が情動知能を予測する結果はみられているものの），日本においては親密な対人関係という文脈の上で捉えることの重要性を示唆しているといえよう。

また，よい人生を目指すポジティブ心理学においては，若者だけでなく，年長者の傾向を検討することも重要であろう。多種多様な経験を積んでいる年長者においても，以上のような自伝的物語と well-being の関連は見られるのであろうか。

上出・大坊（2011）によると，40代から60代の年長者においても，統合的主題と情動知能の関連性，また，内在的主題と well-being（ここでは精神的健康）の関連が示されている。さらに重要なこととしては，対人関係を円滑する個人変数として社会的スキルを測定しており，情動知能が社会的スキルを促進し，

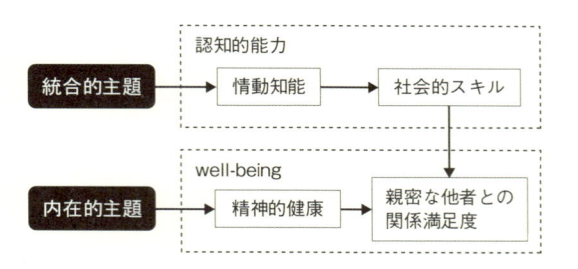

図2.1 年長者における自伝的物語と認知的能力，well-being の関連

[図：統合的主題 → 認知的能力（情動知能 → 社会的スキル）／内在的主題 → well-being（精神的健康，親密な他者との関係満足度）]

それが親密な他者との関係満足度にポジティブな影響を与えていることが明らかになったことである（図2.1）。社会的スキルは認知的に対人コミュニケーションをコントロールできる判断力や察知能力を反映することから，情動知能と同様に，認知的な発達の背景を持つ能力として位置づけられよう。統合的主題によって導かれる認知的能力が，ひいては内在的主題と関連する well-being とポジティブに関連するということは，出来事の解釈の仕方により well-being が向上しうる可能性を示している点で重要である。さらに，年長者においてもこのような結果が得られるという点は，自発的な well-being 獲得の可能性は，若者だけに限らず，年長者においても十分にありえることを意味しており，一生涯の視点で well-being の持続的向上を考える必要性を示しているといえよう。

第4節　未来社会における対人関係と well-being

1. ロボットと人間の共存

社会的背景が常に移ろいゆくことが考えると，われわれの well-being のあり方もそれらに併せて常に捉え直していく必要があろう。人間の well-being の構成要素やそれらに関連する社会的要因が根本的に劇的な変化をみせるとは考えにくいが，未来社会を視野に入れた well-being 研究に一定の意義はあると思われる。

たとえば，将来的に現れる新たなメディアとしてロボットが考えられる。特に日本ではロボット工学が盛んであり，その技術力は世界的に見ても高いといわれている。さまざまなロボットが開発される中，ロボットはわれわれの対人

関係の維持・発展に貢献するのだろうか。あるいは，ロボットとの親密な関係というものは可能なのであろうか。リーブスとナス（Reeves & Nass, 1996）は，人間は携帯電話やコンピュータなどさまざまなメディアを扱う際に，対象そのものを人間として見る傾向があることを指摘している。これを踏まえると，頭や顔があり，二足二腕の人間のような形をしたロボットと対峙したときには，さらに人間らしさを感じたり，あるいはまるで人間そのものとして接するのであろうか。

人間とロボットの関係に焦点を当てた研究分野として，HRI（Human-Robot-Interaction）がある。ロボット工学における技術開発だけでなく，認知科学や心理学など他の学問分野のアプローチも用いて，学際融合的な視点から人間に親しみやすいロボットを作ることを目指している。たとえば，ロボットの外見や，動作，人間とのインタラクションの総合的な流れなどに注目し，人間の心理的な印象を検討することで，適切なロボットデザインを探ろうとする研究はすでに多く行われている。これらの研究におけるひとつの重要な視点としては，どのような評価基準において心理的な評価を行うのかということがあげられよう。

たとえば，バートネックら（Bartneck et al., 2009）は，ロボット工学の専門的な立場から，心理的な印象を評価するために重要となる5つの視点を提示している（擬人性，生物性，好意，認知された知性，認知された安心感）。過去のHRIやロボット工学の研究を調査し，特に多く用いられる5つの評価ポイントを心理的印象の基準とした上で，さらに過去の個別研究から信頼性の高い尺度項目を選定することにより，心理尺度を構成している。これらはロボットを開発する専門的な技術者にとっては，重要な評価指標になるであろう。

社会心理学的なアプローチとしては，ロボットの潜在的なユーザとなる，一般的な人々の視点から評価基準を検討するという研究もある。上出ら（Kamide et al., 2010; 上出ら，2011）は，ヒューマノイド（人間型ロボット）に対して一般の人々がどのような視点から印象を形成しているのかについて検討を行っている。ヒューマノイド1体を用いた研究では（Kamide et al., 2010），基本的な対人認知次元が個人的親しみやすさ，社会的望ましさ，活動性であるのに対し（林，1978），ロボットに対しては動きのぎこちなさや，人間らしさ，

表 4.1 ヒューマノイドに対する基本的な印象評価次元

カテゴリ1：親和性
親しみやすさ：ロボットに対して心理的に親近感を感じ，受容しているかどうか
嫌悪感：ロボットの存在に対し嫌悪感や不安を感じているかどうか
カテゴリ2：技術性
道具的有効性：ロボットの必要性や使い道が明らかであるかどうか
性能：知性や感覚などのロボットの機能が優れているかどうか
動作：ロボットの動きが自然でなめらかであるかどうか
音声：ロボットの音声が聞き取りやすいかどうか
動作音：ロボットの動作音が耳障りではないかどうか
カテゴリ3：人間性
人間らしさ：ロボットが機械的ではなく，人間らしいかどうか
実体性：ロボットに心や意志を感じるかどうか

道具的有効性など，それらと異なる独自の次元が存在することを確認した．さらに，ヒューマノイド11体を用いて，全国ののべ3600人以上を対象とした研究では（上出ら，2011），ヒューマノイドに対しては基本的に3つのカテゴリに基づく9つの評価次元があることを明らかにしている（表4.1）．

以上の他にも，社会心理学的な対人コミュニケーション研究や，対人関係の研究を踏まえたHRI研究はたくさんある．しかしながら，これらの研究を困難にする要因としては，用いることのできるロボットが限られているため，知見の一般性が確保しにくいという点であろう．解決案としては，上出ら（2011）のように動画を用いた提示実験を行うことや，ヴァーチャルリアリティによりロボットを提示する研究などがあるが（Kamide et al., 2011），実験の目的によっては，やはり実機を用いた方が適切な場合もある．また，ロボットが未だにわれわれの日常生活に溶け込んではいないため，現在明らかとなっている成果が，将来のロボット化社会に適用可能かどうかという懸念もある．しかしながら，さまざまな知見を積み重ねていくことで，人間とロボットが共存する社会のありかたを検討していくことが重要であろう．

2. 人間の well-being にロボットはどうかかわるのか

　well-being との関連からロボットについて考えると，少なくとも 2011 年の現在においては，ロボットは非常に高価であり，金銭的価値や道具的な有効性，便利さなどが強調される，外在的な物体としての意味が比較的強いと思われる。ロボットのような高性能で高価な機器を扱うことができるのは，恵まれた一部の人たちだけであるという一般的な認識があるのではないだろうか。バウアーらの研究で指摘された内在的主題の重要性や，物質的な豊かさを志向しすぎることへの反省の議論（Fromm, 1994）からすると，外在的な意味が目立つ傾向のあるロボットとの共存は，人間の well-being を向上するという点で問題とならないのであろうか。

　内在的主題がなぜ well-being に関してネガティブな関連があるのかをもう一度考え直してみたい。個人的な成長や対人関係といった内在的なものではなく，金銭や社会的地位といった外在的な価値を重視する人は，人生満足度や対人関係の良好性が低いことが示されていた。これは，外在的なものは非常に慣れやすく，そこから新たに幸福を感じ取ることが難しくなるためと思われる。マズローによると，自己実現的な人は，すでに経験した出来事に対しても，新鮮さを感じることがあるとされており（Maslow, 1954），この経験における新規性は人間の成長や幸福に重要であることがうかがえる。やはり，お金や車よりも愛とか夢とか内在的なものの方が，幸福を改めて感じられる可能性が高いのであろうか。

　しかし，金銭や肩書き，高価な車やロボットは目に見えて触れられる上に，明確な幸福の答えとして確信しやすいことは確かである。逆に，自己や人間関係というものは，常にあいまいで不安定であって，そこに幸福や何らかの変化を見出そうとすること自体が，実はとてもつらいことのようにも思える。内在的なものが持つあいまいさゆえに，well-being を向上できる可能性があるとはいっても，逆にその変化が結果的に落胆や失望につながったり，不幸になる可能性もあると思うと，そこにコミットすることはなかなかつらい。

　これらのことを考慮すると，フロム（Fromm, 1994）の指摘するとおり，well-being を向上するというのは自ら苦労や苦難を背負い込むという一見矛盾したプロセスなのかもしれない。幸せになるために，ある程度の可能的不幸を積極

的に引き受けるということである．お金や車のように確定的なものは，不変であるためにやはり慣れてしまうだろう．意外性や不確定性が含まれていないからである．自己や対人関係には，それがある．たとえば，固定化しきった関係にある他者は昔から住んでいる家くらいに当然で，ある意味においては，つまらないことはないだろうか．長く暮らしていても幸せを持続させているカップルは，たまに旅行をしたり，非日常的なイベントをして，その成果がポジティブになろうとネガティブになろうと，不確定性を引き受けながら生活している可能性は高いと思う．かなり卑近な例ではあるが，このようにすぐに答えを固定化させずに内在的なものに目を向ける生き方が，well-being に重要なのであろう．

　日常生活での他者との関係は，プライベートであっても仕事であっても，すでに「わかっていること」と「わからないこと」をやりとりしあう営みなのではないだろうか．ここで，不確定性がつきまとう「わからないこと」を受け取ることを放棄して，わかりやすい外在的なものだけで生きていくと，「わかってしまったこと」だらけになって世界がつまらなくなってしまうのだと思う．通常，人間にとって不確定な「わからないこと」はあまり快くないであろう．わからないことは，不安を喚起する上に，先が読めないために適切な対処ができないこともあるし，たまにそれで失敗したりもする．それでもなお「わからないこと」を引き受けられる耐性を身につけることは，人間として重要な成熟なのではないだろうか．

　ではやはり，ロボットを含めて外在的なものは，人間の well-being に寄与しないのだろうか．というと，そうではないと思う．ここでの帰結はとてもシンプルで，外在的で確実なものばかりを志向しなければそれでよい，というだけである．ロボットは決められたとおりに動くことがほとんどであるが，たまに，予想外な故障があるし，初めて見る動作にはやはり新鮮さを感じることもある．ロボットが充実した対人関係のように適度な不確定性を持つようになるかどうかはわからないが，このような外在的なものは日常にあふれ続けるだろう．どうしてわれわれが自己の成長や対人関係から well-being を見出せるのかを理解していれば，未来の社会でロボットとも上手につきあっていくことができるかもしれない．

■引用文献

Allport, G. W. (1961). *Pattern and growth in personality*. New York: Holt, Rinehart & Winston. (今田　恵・星野　命（訳）(1968). 人格心理学　誠信書房)

Aristotle *Nicomachean Ethics*. (高田三郎（訳）(1973). ニコマコス倫理学　岩波書店)

Bartneck, C., Croft, E., Kulic, D., & Zoghbi, S. (2009). Measurement instruments for the anthropomorphism, animacy, likeability, perceived intelligence, and perceived safety of robots. *International Journal of Social Robotics*, **1** (1), 71-81.

Bauer, J. J., & McAdams, D. P. (2004). Growth goals, maturity, and well-being. *Developmental Psychology*, **40**, 114-127.

Bauer, J. J., McAdams, D. P., & Sakaeda, A. R. (2005). Interpreting the good life: Growth memories in the lives of mature, happy people. *Journal of Personality and Social Psychology*, **88**, 203-217.

Diener, E., Emmons, R. A., Larson, R. J., & Griffen, S. (1985). The Satisfaction With Life Scale. *Journal of Personality Assessment*, **49**, 71-75.

Erikson, E. H. (1963). *Childhood and society*. 2nd ed. New York: Norton. (仁科弥生（訳）(1977). 幼児期と社会　みすず書房)

Fromm, E. (1994). *The art of being*. Continuum Intl Pub Group (Sd) (小此木啓吾・堀江宗正（訳）(2000). よりよく生きるということ　第三文明社)

浜口恵俊 (1988). 「日本らしさ」の再発見　講談社

林　文俊 (1978). 対人認知構造の基本次元についての一考察　名古屋大学教育学部紀要（教育心理学科）, **25**, 233-247.

Jahoda, M. (1958). *Current concepts of positive mental health*. New York: Basic Books.

Kahneman, D., Diener, E., & Schwarz, N. (Eds.) (1999). *Well-being: The foundations of hedonic psychology*. Russell, New York: Sage.

上出寛子・大坊郁夫 (2006). Unexamined life is not worth living.—吟味無しの人生は, 生きるに値しない—　日本社会心理学学会第47回大会発表論文集, 4-5.

上出寛子・大坊郁夫 (2011). 中高年者における自伝的物語と親密な関係内での適応性の関連—人生の重要な出来事に対する解釈の仕方　対人社会心理学研究, **11**, 51-64.

上出寛子・前　泰志・川辺浩司・重見聡史・広瀬真人・新井健生 (2011). ヒューマノイドの一般的心理評価尺度の開発　第29回日本ロボット学会学術講演会予稿集, 1J3-4.

Kamide, H., Mae, Y., Takubo, T., Ohara, K., & Arai, T. (2010). Development of a Scale of Perception to Humanoid Robots: PERNOD. International Conference on Robots and Systems, 5830-5835.

Kamide, H., Yasumoto, M., Mae, Y., Ohara, K., Takubo, T., & Arai, T. (2011). Comparative Evaluation of Virtual and Real Humanoid with Robot-Oriented Psychology ScaleIEEE International Conference on Robotics and Automation, 599-604.

King, L. A., & Napa, C. K. (1998). What makes a life good? *Journal of Personality of Social Psychology*, **75**, 156-165.

Lawton, M. P. (1975). The philadelphia geriatric center morale scale: A revision.

Journal of Gerontology, **30**, 85-89.

Liang, J. (1984). Dimensions of the life satisfaction index A: A structural formulation. *Journal of Gerontology*, **39**, 613-622.

Liang, J., & Bollen, K. A. (1983). The structure of the Philadelphia Geriatric Center Morale Scale: A reinterpretation. *Journal of Gerontology*, **38**, 181-189.

Loevinger, J. (1976). *Ego development*. San Francisco: Jossey-Bass.

Maslow, A. H. (1954). *Motivation and personarity*. New York: Haper and Row.（小口忠彦（監訳）(1987). 人間性の心理学　産業能率短期大学出版部）

McAdams, D. P. (2006). *The redemptive self: Stories Americans live by*. New York: Oxford University Press.

McAdams, D. P., & de St. Aubin, E. (Eds.) (1998). *Generativity and adult development: How and why we care for the next generation*. Washington, D.C.: American Psychological Association.

Mead, G. H. (1934). *Mind, self, and sciety*.（稲葉三千男・滝沢正樹・中野　収・日高六郎（訳）(1973). 精神・自我・社会　青木書店）

Peterson, C., & Park, N. (2003). Positive psychology as the evenhanded positive psychologist views it. *Psychological Inquiry*, **14**, 141-146.

Reeves, B., & Nass, C. (1996). *The media equation: How people treat computers, television and new media like real people and places*. Cambridge: Cambridge University Press.

Rogers, C. R. (1951). *Client-centered therapy*. Boston: Houghton Mifflin.

Ryan, R. M., & Deci, E. L. (2001). On happiness and human potentials: A review of research on hedonic and eudaimonic well-being. *Annual Review of Psychology*, **52**, 141-166.

Ryff, C. D. (1989b). Beyond ponce de leon and life satisfaction: New directions in quest of successful aging. *International Journal of Behavioral Development*, **12**, 35-55.

Ryff, C. D. (1989a). Happiness is everything, or is it? Explorations on the meaning of psychological well-being. *Journal of Personality and Social Psychology*, **57**, 1069-1081.

Ryff, C. D., Love, G. D., Urry, H. L., Muller, D., Rosenkranz, M. A., Friedman, E. M., Davidson, R. J., & Singer, B. (2006). Psychological well-being and ill-being: do they have distinct or mirrored biological correlates? *Psychotherapy and Psychosomatics*, **75**, 85-95.

佐々木正宏（1980). Loevinger の自我発達測定手法とそれに基づく最近の研究　心理学評論, **23**, 392-414.

Schwartz, S. H., & Bilsky, W. (1987). Toward a universal psychological structure of human values. *Journal of Personality and Social Psychology*, **53**, 550-562.

Seligman, M. E. P. (1998). The president's address. <http://www.psych.upenn.edu/Seligman/aparep98.htm>（島井哲志（訳）(2006). 21世紀の心理学の2つの課題　島井哲志（編）　ポジティブ心理学　ナカニシヤ出版　pp.22-29.）

Sheldon, K. M., & Lyubomirsky, S. (2006). Achieving sustainable gains in happiness: Change your actions, not your circumstances. *Journal of Happiness Studies,* **7**, 55-86.
島井哲志（編著）(2006b). ポジティブ心理学　ナカニシヤ出版
内山喜久雄・島井哲志・宇津木成介・大竹恵子（2001）. EQS マニュアル　実務教育出版

コラム2　友情を強める

　友情とはなんであろうか。デイヴィス（Davis, 1985）によると，友情は愛情の一部であり，その構成要素として，楽しみ，受容，信頼，尊敬，相互援助，秘密の共有，理解，自発性，開示性があげられる。特に，恋人と比べたとき，親友に対しては受容や理解が強い。われわれは，友情を感じている人を「友人」と呼んでいるが，友情の強さはさまざまである。では，どのようにして友情を強めることができるのだろうか。

　友人関係は親密な対人関係の1つであり，親密な対人関係とは，魅力をもって結ばれた2者（以上）の関係を指す。友人にはどのような魅力が感じられるのか。西浦・大坊（2010）が，大学生を対象に調査を行ったところ，友人に対する魅力は「安心感」，「よい刺激」，「誠実さ」，「自立性」の4要素であった。

　「安心感」とは，相手が一緒にいて安らげる存在であることを示している。友人に対してもっとも基本的な要素といってよいであろう。安心を感じられるからこそ友人関係は続いていく。「よい刺激」とは，相手が自分を鼓舞してくれるような刺激となる存在であることを示している。友人関係は安心できる穏やかな関係ばかりではなく，ときに活を入れられたり，競争し合ったりするような関係でもある。「誠実さ」は，相手が嘘をついたり，約束を破ったりしないような誠実な人物であることを示している。人とのつき合いとして基本的に守るべきことを守ることは，友人としても重要な要素になろう。最後の「自立性」は，いくら仲がよいといっても四六時中べったり相手とくっついているような関係ではなく，適度な距離感を保つことが必要であることを示している。友人と心理的な距離をとることは必ずしも否定的ではなく，発達的に望ましい面を有している（上野ら，1994）。

　友情を強めるにはこれらの魅力をいかに維持するかが重要なポイントとなってくる。多くの研究で，友人関係の発展や維持に関しては自己開示の重要性が指摘されており，デイヴィス（1985）においても友情の構成要素として開示性があげられている。自己開示には返報性のルールがあり，自分だけが一方的に行うのではなく，相手からも同程度の深さの自己開示を行われることがよいとされている（中村，1984）。相手についての知識が増えることで相手に対する信頼感が増すために，相手との関係が安定すると考えられる。西浦・大坊（Nishiura & Daibo, 2009）は，関係の初期段階にある同性の友人と関係の確立された維持段階にある同性友人についての調査を行い，「主観的熟知性（相手について知っているという感覚）」の程度と友人に対する魅力の各因子との関連について検討している。その結果，友人関係の初期段階において，安心感と主観的熟知性は正の相関関係を有していた（$r = .31, p < .05$）。一方，友人関係が確立された段階においては，その関係は関係初期段階と比べて弱いものとなっていた（$r = .17, p < .05$）。つまり，相手について知っていれば知っているほ

ど，一緒にいる心地よさが高まると感じられるが，関係が進むにつれてその関連性は弱まる。

さらに，よい刺激と誠実さについては主観的熟知性と関連がなかった。相手についてよく知っているからといって，相手が誠実な人物であるという感覚が強くなったり，自分にとっての刺激になったりするとは限らない。また，自立性においては主観的熟知性と負の相関関係が認められた（$r = -.17, p<.05$）。相手について知っていると思うほどに相手との距離が適切でないと感じられている傾向が示された。自己開示による主観的熟知性のポジティブな効果は友人関係の初期段階には重要な役割を持つものの，確立された友人関係の維持においては初期段階ほど重要ではないと考えられる。

つまり，友人関係の維持段階において重要なものは，相手についてまだ知らないことがあるという不足感を持つことであろう。友人関係はすでに主観的熟知性の高い関係であり，相手についてよく知っていることは，相手の行動や発言を予測することに役立ち，安心してつき合えることにつながる。しかし，その半面，新しく知ることが少ないと感じると魅力の低下を招く恐れがある。そこで，「相手についてよく知っていると思っていたけれど，まだ知らないことがある」，と気づくことで魅力の低下を防ぐことができよう。相手についての知識が増えることは，単に主観的熟知性を高めるだけでなく，まだ知ることがあるという余地を増やす効果も持つといえる。そして，友人関係の維持段階において友情を強めるには，後者の効果が特に重要なのであろう。

引用文献

Davis, K. E. (1985). Near and dear: Friendship and love compared. *Psychology today*, **19**, 22-30.

中村雅彦（1984）．自己開示の対人魅力に及ぼす効果　心理学研究, **55**, 131-137.

Nishiura, M., & Daibo, I. (2009). The more familiar, the more attractive? The relationships between familiarity and attraction in same-sex friendships. The 10th Annual Meeting of Society for Personality and Social Psychology, 283.

西浦真喜子・大坊郁夫（2010）．同性友人に感じる魅力が関係継続動機に及ぼす影響―個人にとっての重要性の観点から―　対人社会心理学研究, **10**, 115-124.

上野行良・上瀬由美子・松井　豊・福富　護（1994）．青年期の交友関係における同調と心理的距離　教育心理学研究, **42**, 21-28.

第 2 部

親密な対人関係

3 親密な関係の構造と機能
―親密性の理論と測定―

第1節 親密な関係をコストとベネフィットで考える
―親密性の構造―

　社会心理学における親密性の研究では，親密な対人関係を「資源の交換の場」として捉える理論が多い。そのような理論群のことを，主に社会的交換理論（Social exchange theory）と呼ぶ。

　社会的交換理論は，ホマンズ（Homans, 1961）やブラウ（Blau, 1964）といった社会学者によって提案され，ティボーとケリー（Thibaut & Kelley, 1959）によって社会心理学の領域に持ち込まれた[1]。社会的交換理論は経済学の原理に基づき，対人関係の相互作用を資源の交換として捉え，人々が報酬を最大にしコストを最小とするように動機づけられていると仮定する。このとき，報酬とは金銭や物資だけでなく愛情や情緒的サポートといった心理的なものも含まれる。

　社会的交換理論の基本的な考え方は，人々がより多く報酬が得られる関係は長く続き，そうでない関係は崩壊してしまうだろう，というものである。そして最終的には「より満足できる良好な関係が長く続くためにはどうすればよいのか」，という問いに答えることが目的となる。ただ，それぞれの理論によって，なにによって人が報酬を得ているのか，あるいはなにに満足しているのかについての説明が異なっている。

---

[1] しかし，ケリーらは自分たちの相互依存性理論が社会的交換理論に位置づけられるものではないと考えているようである（Kelley & Thibaut, 1978）。

本節では，親密な関係の研究で代表的な3つの理論と測定尺度を紹介する。理論と尺度をセットにして解説するのは，この2つは表裏一体だからである。まず理論によって尺度が構築され，その尺度を使って理論そのものがさらに改良される。よって，これから親密な関係を研究しようとする研究者は，その両方の関係をよく理解しておく必要があるであろう。

1. 相互依存性理論（Interdependence theory）

社会的交換理論は，ティボーとケリー（Thibaut & Kelley, 1959）がゲーム理論を取り入れることでさらに精緻化された。彼らの相互依存性理論（Interdependence theory）は，人々が関係に対して持つ依存性（Dependence）が，その関係から得られる成果量と，他の関係から得られる成果量（の低さ）によって説明されることを主張した。関係への依存性とは，自分の幸せがその関係によって影響を受ける程度を意味している。関係への依存性が高いことは，結果的に関係を続けようと思う気持ちと関連すると考えられている。

(1) 関係への依存性の構造　彼らは，関係から得られる成果（Outcome）からどのように満足を得ているのか，そしてどのように関係への依存性を高めるかについて考察している。まず，関係から得られる成果は，報酬の多さとコストの少なさによって規定される。たとえば，金持ちの彼氏でたくさん物を買ってくれるとしても，情緒的にサポートしてくれない人なら得られる成果は大きいとはいえないだろう。

次に，関係への満足感は，その関係から得られるだろう成果の期待（比較水準：Comparison level）よりも成果が高いことによって規定される。たとえばやさしい恋人も，ずっと一緒にいれば「やさしくしてくれて当たり前」といったように慣れてしまうかもしれない。そのような「この人といるとこれぐらいは成果が得られるだろう」という期待のベースラインのようなものを比較水準と呼んでいるのである。

そして最後に，関係への依存性は，その関係から得られる満足感が他の関係から得られる満足感（選択比較水準：Comparison level of alternative）よりも高いことによっても規定される。恋人について何も不満がない場合であっても，他にとても魅力的な異性がいた場合，その関係に留まろうとする気持ちは

減少してしまうだろう。
　まとめると，関係への依存性は以下のような式によって表現される。

　　　成果＝報酬－コスト
　　　満足感＝成果－比較水準
　　　関係への依存性＝満足感－選択比較水準

　相互依存性理論が示しているのは，親密な関係への依存性が得られる報酬の多さやコストの少なさだけで規定されるわけではない，ということである。もし親密な関係を長く継続させようと思うなら，比較水準や選択比較水準を低く維持するような努力が必要である。

(2) 成果の相互依存性の要素　さらに，ケリーとティボー（Kelley & Thibaut, 1978）は，関係から得られる成果をさらに詳細に検討するために，親密な2人の行動によって得られる成果の要因を考察している。

　2人の行動によって関係から得られる成果の変動は，彼らによれば3つの要因に分けることができる（Kelley & Thibaut, 1978; Kelley et al., 2003）。1つは，自分の行動による変動要因（Self Control）である[2]。これは，自分が行動したり，また努力したりすることによって変化する成果である。たとえば，自分の好みのデートコースを提案したり，好きな食事に誘ったりといった場合に得られる成果である。次に，相手の行動による変動（Partner's Control）がある。これは，相手の行動によって変化する成果で，恋人からのサポートやプレゼントによって得られる成果である。最後に，2人の行動による変動（Joint Control）がある。これは，自分と相手の行動の組み合わせ，あるいは共同で行った行動によって変化する成果である。たとえば，役割分担することで効率よく2人で課題をしたり，2人の共通の趣味を楽しんだりして得られる成果である。これらをまとめると，次のような式で表現できる。

---

　(2) ケリーとティボー（Kelley & Thibaut, 1978）では，自己，相手，共同の成果の要因について，それぞれ再帰統制（Reflexive Control），運命統制（Fate Control），行動統制（Behavioral Control）と呼んでいる。

関係から得られる成果の変動＝自分の行動による成果の変動
　　　　　　　　　　　　＋相手の行動による成果の変動
　　　　　　　　　　　　＋2人の行動による成果の変動

　彼らは，3つの変動要因の中でも相手からの成果と共同の成果が，相互依存性の基盤となることを主張している。つまり，互いに自己完結するような関係よりも，相手の，あるいは2人で行う行動によって得られる成果が大きい関係ほど，相互依存的な関係であるといえるのである。
　このように，相互依存性理論は，親密な関係が報酬とコストだけによって説明されると考えていたわけでなく，成果の相互依存性こそが関係性の本質であることを主張したのである。
　(3) 関係への依存性の測定　ラズバルト（Rusbult, 1980, 1983）は相互依存性理論を実証研究へと展開するために，親密な対人関係への依存性を説明する投資モデル（Investment model）を提案した。投資モデルは，関係の依存性（Commitment）が，満足感（その関係から得られる満足感の高さ），選択比較水準（他の関係から得られる満足感の低さ），そして投資量（これまでに関係に投資してきた量）という「関係への依存性」の3つの要素の線形結合によって予測されると考える理論である。彼女の投資モデルは，後の実証研究によって多くの支持を得ている（たとえば 中村, 1990, 1991; Wieselquist et al., 1999）。
　またラズバルトら（Rusbult et al., 1998）は，親密な関係への依存性を測定する尺度，投資モデル尺度（Investment Model Scale）を作成している。投資モデル尺度は，関係から得られる満足感，その関係以外から得られる満足感，これまでにその関係に投資してきた量を測定する。投資モデル尺度は関係へのコミットメントや相手への信頼を強く予測することが，彼女らの研究で明らかになっている（e.g., Wieselquist et al., 1999）。

2. 因果分析モデル

　ケリーら（Kelley et al., 1983）は，相互依存性理論や従来の対人関係理論が静的な相互依存性の構造しか検討することができないことを指摘し，より動的な相互依存性を検討するために対人的相互作用の時系列的な影響過程に注目し

た。それが対人的相互作用の因果分析（Causal Analysis）モデルである。

(1) 相互影響プロセスの構造　因果分析では，親密な対人関係の相互作用を対人場面で連鎖的に起こりうる事象（Event）の因果的な連関として捉える。事象とは，相手から何らかの影響をうけて生起する認知，感情，行動が含まれている。たとえば，「相手が笑う（行動）と，私はうれしい（感情）」といったように，相手の行動が自分の感情に影響し，その感情がさらなる次の行動（微笑み返す）を生み出す。このような事象の連鎖的な結合によって相互作用が成立すると考える（図3.1）。

また，彼らはそのような2人の事象の結合パターンを4つの特性によって考察している。1つめは，2人が与え合っている影響の頻度で，2人がどれほどの頻度で会い，どれほど一緒にいて，どれほど会話をしているかを表す特性である（図3.1のように，相互作用で影響し合う矢印の数の多さによって表現することができる）。2つめは2人が与え合っている影響の強さである。2人が行動によってどれほど強く影響を与え，互いに依存しているかを表す特性である（図3.1では矢印の大きさとして表現している）。3つめは2人が与え合っている影響（あるいは経験している事象）の多様さである。それは2人がどんな場所に行き，どんな種類の会話をし，どれだけ多様な感情を経験しているかを表す特性である（図3.1では，矢印の種類（破線や実線など）で表現している）。

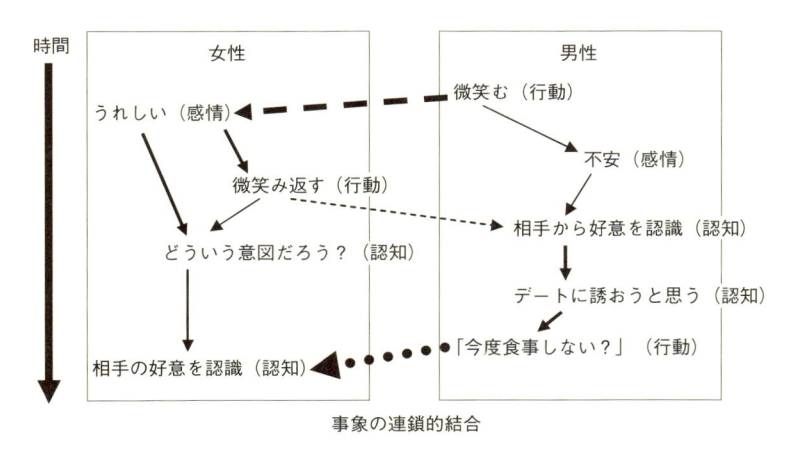

図 3.1　因果分析モデルにおける対人的相互作用の相互依存性

最後の特性は2人が影響を与え合ってきた期間の長さであり，2人がどれだけ長い間一緒に過ごしてきたかを表わすものである。図3.1の「時間」にあたる。

このように，彼らは親密な対人関係の相互作用を「事象の連鎖的発生」として捉え，それら事象の結合パターンを影響頻度・強度・多様性・期間という4つの特性を用いて表現している。これらの議論を踏まえ，彼らは親密な関係を「互いに強く，頻繁に，多様な影響を及ぼしあう，ある程度の期間を経た相互依存的な関係」として定義している（Kelley et al., 1983）。

彼らの親密性の定義によれば，ただ一緒に長くいるだけでは親密性は低いままである。一緒にいろんなことを経験し，さらには強い影響を与え合うことで，相互依存性が高まるのである（清水・大坊，2007; 清水・大坊，2008）。また，このモデルによれば親密性のさまざまなあり方を表現することができる（久保，1993）。ずっと一緒にいるけれど深い話はしない友人関係もあるだろうし，めったに会わないがいざ会えば大きな安心感を伴う関係もあるだろう。

さらにケリーら（Kelley et al., 1983）は，因果分析モデルと相互依存性理論との関連についても言及している。彼らは，因果分析モデルの影響プロセスを，自分の行動による影響，相手の行動による影響，そして2人の行動の影響というように分類することで，相互依存性の3つの要素（自分による成果，相手からの成果，共同の成果）と対応させることができるとしている。つまり，相互依存性理論と因果分析モデルは，主張の力点は異なっているものの，2人の相互依存性を表現しているという点では共通しているのである。

因果分析モデルにおいて特徴的なのは，親密性を心理学的な概念だけで説明するのではなく，コミュニケーションのあり方に注目している点である。親密な関係の研究を「心理的構成概念の組み合わせ作業」だけに留めるのではなく，目に見える相互作用そのものに力点を置いているこのモデルの意義は大きいといえる。

(2) 行動の相互依存性の測定　バーシェイドら（Berscheid et al., 1989）は，因果分析モデルに基づいて，親密性を測定する尺度としてRCI（Relationship Closeness Inventory）を開発した。RCIは親密な関係における相互影響の強度，頻度，多様性をそれぞれ測定する尺度である。影響の頻度は，1ヶ月の間に2人が会った回数を，影響の多様性は1ヶ月の間に2人が行った

行動の種類の数を，そして影響の強度は2人がどれほど強く影響を与え合っているかの程度を測定する。そして，これら3つの要素の合計得点や主成分得点を算出して，親密性の得点とする。RCIは行動的な側面の親密性を測定する尺度として，親密性の研究で比較的多く用いられている。

　久保（1993）はRCIの妥当性と限界について考察し，日本語版を作成している。この日本語版RCIでは，会って一緒にすごした時間や心的疲労感という独自の項目が追加され，主成分分析によって親密性がいくつかのパターンに分類できることを明らかにした。谷口（2004）は，日本語版RCIを異性関係のみならず同性友人関係にも利用できるように，また現代の日本社会に適したものに改良するため，さらなる改訂版の作成を行っている。具体的には，影響の頻度にメールの回数を追加し，影響の多様性を測定する行動の種類をいくつか追加している。

3. 自己拡張理論

　アロンとアロン（Aron & Aron, 1986）はなぜ人々が親密な関係を求めるのか，また激しい愛情を持つのかについて，「人々は自己を拡張（expand）するように動機づけられており，親密な関係を通して自己拡張（Self expansion）を目指している」，と説明している。これが自己拡張理論（Self expansion model）である。

　(1) 親密性と自己拡張　　自己拡張とは，社会的アイデンティティ，知識，役割，社会的勢力，そして世界における存在といった，社会に関わるすべての資源を自己に取り入れることである。たとえば友人と親密になっていくと，人は趣味嗜好についての新しい知識や他では見せられない役割（いわゆる「キャラ」），安心感といったさまざまなものを手に入れることができる。あるいは，恋人ができると少し自信ができたりすることもあるだろう。このように人と親密になるということは，それ以外では手に入らない重要な資源を手に入れることでもあるのである。

　このように自己拡張理論では，親密な関係を通して多くの資源を獲得（＝自己拡張）することができるので，人々は親密な関係を形成しようと動機づけられている，と説明しているのである。実際，恋人ができる前と後では，自尊心

や自己効力感が高くなる結果が得られている（Aron et al., 1995）ことから，親密な関係の形成を通して人々が自己拡張を達成していることがわかる。

自己拡張理論において親密性とは，互いが相手の資源を自己に包含している程度（Including Other in the Self）として表現されている（Aron et al., 1992）。親密な2人の関係が進展すると，互いに自己拡張し合うことによって，両者の共有する資源が増大する。友人と知識を交換すれば，共通の話題が増えていくし，互いに助け合えば信頼関係が形成されるといったことがそれに当たる。

共有する資源が増大すると，一体感（Feelings of Oneness）が高まるといわれている。彼らの研究によると，一体感が高まると自分の特性と相手の特性を混同しやすくなり（Aron et al., 1991），自分たちのことを一人称複数形（「私」ではなく「私たち」）で表現しやすくなる（Agnew et al., 1998）ことなどが明らかとなっている。これらの研究が示しているのは，自己拡張によって親密な他者の資源を自己に含めることで，認知的にも相互依存的になっていく（認知的相互依存性）ということである。

このように一体感や認知的な相互依存性を獲得することによって，親密な関係にある人々は情緒的にも，認知的にも互いに切っては切れないかけがえのない存在になっていくと考えられるのである。

(2) 一体感の測定　アロンら（Aron et al., 1992）は一体感の程度を測定する，IOS 尺度（Inclusion Other in the Self Scale）を作成している。この尺度は，2つの円の大きさと重なり合う程度によって親密さを測定するものである

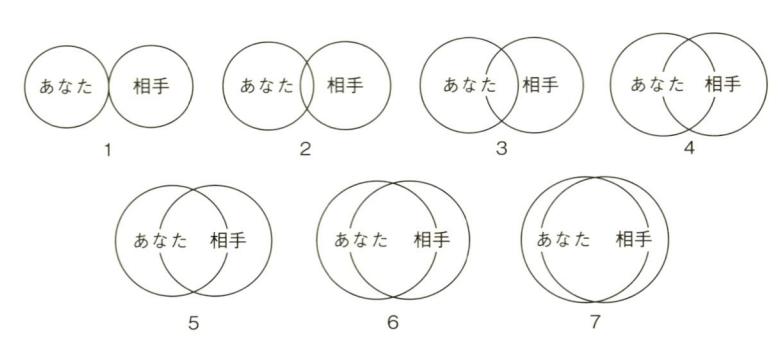

図3.2　IOS 尺度（Aron et al., 1992）を日本語用に改変

(図 3.2)。重なる部分が増えるにつれて円が大きくなっていることによって，自己の資源が増えていることを表現している。回答者は自分たちの関係を最も表現しているものを7つのうち1つ選択し，それがそのまま IOS 尺度の得点となる。

IOS 尺度は高い妥当性を持った尺度であり，IOS 得点が高いカップルはその後も長期的に継続することがわかっている。またこの尺度は親密性についての感情だけでなく，行動的な親密性（上に紹介した RCI が測定しているもの）とも相関することから，親密性の中核的な部分を測定している可能性が指摘されている（Aron & Aron, 1997）。

4. 資源の相互依存性としての親密性

前項まで，親密な関係研究における代表的な理論と測定尺度を説明してきた。これらの理論に共通しているのは，人々が報酬や資源を求めているということに加え，親密な2人が互いに相互依存的であり，資源を共有している存在であることを主張していることである。もしかしたら最初は，趣味が合う友人や外見的に魅力的な異性といった，「自分にとっての成果が高い人」を選んでいるかもしれない。しかし，関係が進むにつれ，互いに影響しあい，相互依存的になっていく。そうすれば，いつの間にか関係から得られる成果は自分だけのものではなく，相手のものでもあり，また2人にとってはなくてはならないものになっているのである。

次の節では，このような親密な関係と個人の適応の関係について見てみよう。

第2節　適応の視点から見た親密な関係―親密性の機能―

前節では，関係から得られる成果の量とその相互依存性に注目することで，親密性の構造について説明を行ってきた。次に，なぜ人々は親密な関係を形成するのか，またなぜ親密な他者に利他行動を行うのか，について考える。そこで本節では，進化論・適応論的な視点から親密性を研究した理論を紹介する。それらを通して，親密性の構造だけではなく機能的な側面についても考察することができるだろう。

1. 適応論的アプローチとは

　進化論によって親密性を説明すると聞くと，読者によっては「利他的な友情や愛情を，すべて利己的な心で説明する」ための理論であると思う人がいるかもしれないが，そうではない。人々が利他的で愛他的な心を（常にというわけではないにしろ）持っているのはある意味自明のことであり，それを否定する必要もないだろう。しかし，なぜ人がそのような利他的で愛他的な感情を持っているのかを説明するためには，「人はもともと利他的な存在である」という前提から出発するわけにはいかない。それではなんの説明にもなっていないからである。それに，すべての人がいつでもどこでも誰に対しても利他的なわけではない。家族や友人には利他的だが，他人には案外冷たかったりする。であるなら，「人はもともと利他的である」という説明は的を射ていないことになる。

　進化論や適応論的アプローチの心理学では，現在人々がある心の特性を持っているのは，「環境に適応した結果，そのような特性を持っている個体が増えたからである」と説明する。逆にいえば，環境にうまく適合しない行動や心の特性を持った個体の数は減っていき，最終的にはいなくなってしまうだろう。このように，適応論的アプローチとは基本的にはダーウィンの自然淘汰仮説に基づいて説明を行う，1つの「ものの見方」である[3]。

　以降の節では，親密な他者に対して人々がなぜ利他的な行動をしたり，利他的な動機を持ったりするのかについて，適応論的な観点から説明を試みた理論を紹介する。そして適応論的な観点から見た親密性を定義し，第3節では測定する尺度を紹介する。それらを通して，親密性が人々の適応（ここでは，生物学的ではなく心理学的な適応）に対して持つ機能を考察する。

2. 互恵的利他主義

　親密な関係の研究は，親密な二人の相互依存性の重要性を主張してきた

---

[3] ただし，すべての適応論アプローチに基づく理論が，遺伝子を基本に考えているわけではない。たとえば，学習理論に基づく行動の頻度の変化は，環境への適応という視点を導入して説明しているが，遺伝子が中心的な役割を持つわけではない。以下で説明する理論にも，厳密に進化生物学の立場になっていないものもふくまれている。ただ，「環境に適応するものが増えたから，現在に存在している」という発想自体は共有しているといえる。

が，そもそもなぜ親密な関係では相互依存的になるのだろうか。ラズバルト（Rusbult, 1980）の投資モデルでは，関係に投資をすることが相互依存性の要因となることを主張しているように，社会的交換理論では互いの投資（相手に資源を提供すること）によって相互依存的になっていくと説明する。しかし，他者に投資することはコストがかかるので，誰彼かまわずに利他的に振る舞うような「お人よし」が適応的であるとは考えにくい。よって，「お互いに友人同士で投資しているから，親密になるのだ」という説明は，親密性の「なぜ」を問う上では十分な論理的妥当性を持っているとはいえない。

そこでトリバース（Trivers, 1971）は互恵的利他主義（Reciprocal Altruism）という考えを導入することで，この問題を解決しようと試みた。互恵的利他主義とは，他者に投資する代わりにその人からもお返しをもらうことで，結果的に2人とも得をするという戦略（いわゆる，ギブアンドテイク）である。一般に，自分だけが探索できる資源には量的にも質的にも限界があるため，他者が持っている資源を獲得できるほうが効率的であることが多い。このように，交換に基づく利他行動戦略は，お互いにとって高い成果が得られる見込みがあるので，そのような行動をする人々が増える可能性があるといえる。

アクセルロッド（Axelrod, 1985）は，コンピューターを用いたシミュレーション研究によって，互恵的利他主義者が利己主義者よりも適応的になる可能性があることを明らかにした。彼は世界中の研究者から送られた多くの戦略プログラム同士に相互作用させ，どの戦略が最も適応的であるかを検討した。その結果，しっぺ返し（Tit for Tat）という互恵的利他主義に基づくプログラムが最も高い得点を得ることがわかった。この戦略は，協力的な人には協力するが，そうでない人には協力しないという行動プログラムである。

だが，互恵的利他主義の戦略が有効となるのは，ある程度継続的な関係においてである。たった一度きりの関係では，相手が利己主義者だった場合には持ち逃げされて損をしてしまうだろう。ある程度相互作用が継続的である場合に，互恵的利他主義者は利己主義者に利益を与えず，互恵的利他主義者だけで共栄関係を継続することができるのである。

このように互恵的利他主義は，継続的な関係における人々の利他的な行動を説明することができる。そして，恋人や友人関係のような親密な関係も継続的

な関係の1つである。奥田（1994）は，恋愛関係にある2人が投資している資源の量を測定し，愛やサービスといった資源において互恵性が成立していることを確認している。

以上の議論から，親密性は互恵的な利他行動を維持するための適応環境として機能している可能性が示唆される。人々は「継続的に互恵的利他行動を維持することで，お互いにとって適応的であるような環境を作るため」に親密な関係を形成しているのかもしれない。

3. 親密な関係は常に互恵的か？

一方で，人々は親密な関係になるほど互恵的に振舞わなくなるという指摘も多くある。クラークとミルズ（Clark & Mills, 1979）は，人間関係は大きく分けて交換関係（Exchange Relationships）と共同関係（Communal Relationships）に分けられると主張した。交換関係とは，互恵的利他主義が表現するような返報性が規範的に期待されるような関係である。知り合ったばかりの関係や，ビジネスの関係などがこれにあたる。共同関係とは，お返しを期待せず，むしろ相手の欲求に合わせて行動する規範が基盤となる関係である。夫婦関係や恋愛関係，親しい友人関係などがそれにあたる。

彼女らの主張で重要なのは，同じ利他行動であっても互恵的であるものとそうでないものがあるということ，そして，親密な関係では互恵的でない利他行動がむしろ期待されているということである。先にあげた奥田（1994）のデータが示すように，親密な関係にある2人の利他行動の量には相関があるため，確かに互恵的であるといえる。しかし，クラークらが指摘するように人々の規範や信念においては互恵的な利他行動は望ましいものと考えられていないのである。

清水・大坊（2009）では，友人からプレゼントをもらう場面をイメージしてもらい，その行動の意図を操作した実験を行った。実験では，友人が（1）見返りを期待しない利他的な条件，（2）見返りを期待する条件，（3）意図がない条件，の3条件で実験参加者にプレゼントをわたす場面を提示し，それぞれ「友人への評価がどのように変化すると思うか」について尋ねた。その結果，利他的な意図を持つ条件は評価が高くなる一方，返報期待を持つ条件はむしろ友人

図3.3 清水・大坊（2009）の実験結果

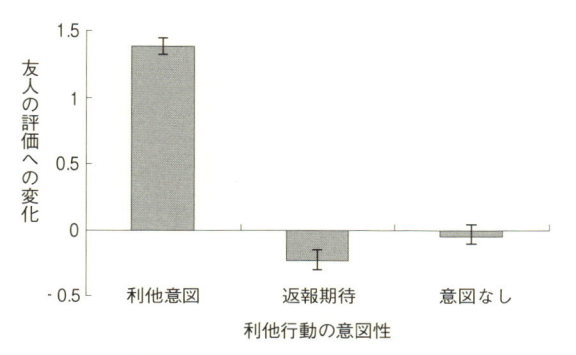

エラーバーは標準誤差を示している。

への評価が下がることが明らかとなった（図3.3）。このように，返報性を期待する互恵的な利他行動は，ときとして友人に悪い印象を与えてしまう可能性がある。

それでは，なぜ人々は返報性を期待するような利他行動ではなく，返報性を期待しない利他性を親密な他者に求めるのだろうか。この問題を考えることで，ギブアンドテイクだけではない，新たな親密性の側面が見えてくるのである。

4. かけがえのない人になること

トゥービーとコスミデス（Tooby & Cosmides, 1996）は，進化心理学的な観点から友人関係における利他行動について理論を展開している。彼らは，「銀行家のパラドックス（Banker's Paradox）」[4]というたとえから，なぜ人々が親しい友人に対して利他行動を行うのかについて適応論的な説明を行った。

銀行家のパラドックスとは，投資銀行家が企業などに投資する場合に遭遇するパラドックスである。投資銀行家は，お金を必要としている企業に投資して，利子によって利益を得るので，互恵的な意味での投資行動を行っていると

---

[4] この場合の銀行家とは，銀行員ではなくて投資家（投資銀行家）のようなものを指していると思われる。

いえる．ここで，相手がお金を必要としているほど利子を高くできるのでより儲かるのだが，本当にお金を必要としている企業は実は返済能力さえもない可能性が高い．よって，投資するメリットがある相手ほどその投資が返ってこないリスクも高いのである．これが銀行家のパラドックスである．

このパラドックスは，銀行と企業の関係に限った話ではない．利他的な行動を最も必要としているのは，そのとき困っていたり，病気になっていたりする人である．そして，そのような人は利他行動に対して返報することは難しいのである．病気の看病に行ったからといって，すぐにお返しがもらえることを期待できないのと同じである．とくにわれわれの先祖が暮らしていた死亡や病気のリスクが高い環境ではなおさらである．困っている人への投資は，コストがかかるだけでなく得られる成果も不確実なのである．

トゥービーらは，人々は銀行家のパラドックスを回避するために他の人が持たないような技術や知識を身につけることによって，「かけがえのない人（Irreplaceable person）」になることを目指すだろうと指摘している．なぜなら，もし貴重な技術や知識を持ったかけがえのない人が死んでしまったら周りの人も困ってしまうため，たとえすぐのお返しが期待できなくてもその人が死なないように利他行動をされると考えられるからである．つまり，かけがえのない人はそうでない人よりも，見返りがなくても助ける価値があるのである．すると，互いにかけがえのない資源を持つ人たちは，一緒に生活し，助け合うような親密な関係になることが予想される．このように友人のような親密な関係は，病気や死亡などのリスクが高い環境において，互いに弱っている・困っているときに助け合うような「危機管理機能」を持っていたのである．

このときに重要なのは，どのようにして「本当の友人」と「都合のいい友人」を区別するか，である．都合のいい友人は，必要なときだけ互恵的につき合おうとするが，自分がピンチのときは助けてくれないだろう．そのような友人を，かけがえのない人と判断するのはリスキーである．よって，同じ利他行動でも自分がピンチのときなのかそうでないのかによって，人々は敏感に相手の利他的な意図を推測しようとするだろう．これが，人々が親密な関係で返報性を期待した利他行動をよく思わない理由だと考えられる．

また，かけがえのなさは，第1節で紹介してきた相互依存性とも無関係で

はない。なぜなら，お互いにかけがえのない存在である親密なパートナーたちは，ピンチのときに助け合い，さまざまな危機や不幸な出来事に対するリスクを低減し合うことによって，相手の適応度は自分の適応度にも影響を及ぼすようになるからである。ブラウンとブラウン（Brown & Brown, 2006）はこのような状態を適応度相互依存性（Fitness Interdependence）と呼んでいる[5]。親密な関係では，そのとき得られる成果が相互依存的なだけではなく，それぞれの適応の程度さえも相互依存的になると考えられる[6]。

第3節　かけがえのなさの測定

　本節では，前節で紹介した親密な他者に対するかけがえのなさの感情（Feelings of Irreplaceability）を測定するための尺度，かけがえのなさ尺度を紹介する。この尺度は，清水・大坊（2009）などですでに固有性尺度という名前で使われているものであるが，ここでは信頼性と妥当性を検討した新しいデータについて報告を行う。

1.　尺度項目の作成と質問紙の構成

　かけがえのなさ尺度は，特定の親しい他者をどれほど「かけがえのない人」であると評価しているかを測定するものである。
　ここでは，かけがえのなさを「特定の他者が，他では手に入らない価値ある資源を持っている程度」として定義する。ポイントは，他では手に入らないという「代替不可能性」と，価値があるという「重要性」である。
　尺度項目は，特定の人が持つ資源についての代替不可能性と重要性の意味を持つよう，この定義を理解した親密な関係の研究者2名（筆者含む）のブレインストーミングによって構成された。全部で8項目が作成された。そのうちの

---

　[5] ブラウンとブラウン（2006）は，適応論的な観点から親密な関係における利他行動の動機を説明する理論（Selective Investment Theory）を提案している。
　[6] その他にも，適応論的な観点から親密性を考察した理論に，友人関係の同盟仮説（Alliance Hypothesis）がある（DeScioli & Kurzban, 2009）。
　[7] RCIの得点は，頻度・多様性・強度を投入した主成分分析による第一主成分得点を用いた。心理的疲労感などは今回の分析では用いなかった。

4項目は「大切な人」,「なくてはならない人」といった抽象的な表現を用い,残りの4項目は,「その人としかできないこと,話せないことがある」,「この人と過ごす時間は特別である」,といったように比較的具体的な表現を用いた。

尺度の基準関連妥当性を検討するために,久保（1993）の日本語版RCI[7]とミルズら（Mills et al., 2004）の共同関係尺度（Communal Strength Scale）を用いた。RCIは行動レベルの親密性を測定する尺度であり,共同関係尺度は相手に対してどれほどコストをかけて投資をすることができるかを測定する,利他行動への動機についての尺度である。さらに,関係への満足感を測定するためにラズバルトら（1998）の関係満足感尺度を用いた。

さらに,友人から「かけがえない」と思われることが人々の適応と関連することを検討するために,かけがえのなさ認知尺度を構成した。この尺度は,回答者の友人たちが回答者をかけがえない人だと思っているかどうかについての認知を測定する。尺度項目はかけがえのなさ尺度と同じだが,主語が「あなた」から「あなたの友人たち」に変更し,さらに目的語も回答者となるように変更した。加えて回答者の適応の程度を測定するために,ディーナーら（Diener et al., 1985）の人生満足度尺度（Satisfaction With Life Scale: SWLS）とローゼンバーグ（Rosenberg, 1965）の自尊心尺度を用いた。

2. 手続き

Webを用いた調査を行った。調査対象者はクロスマーケティング社のアンケートモニターから217名（男性98名,女性118名）の日本人がランダムに抽出された。年齢の範囲は15歳から69歳で,平均年齢は40.90歳（標準偏差=15.60歳）であった。サンプリングされた回答者はWebページへのリンクが記載されたメールを受け取り,Web上で回答を行った。

まず,回答者にとって親しい同性の友人を思い浮かべてもらい,友人を固定するためにイニシャルの記載を求めた。そしてその友人について,かけがえのなさ尺度などの関係性を問う尺度に回答してもらった。最後に,回答者は自分自身の適応についての尺度に回答した。

尺度はすべて5件法で測定され,尺度得点は平均値を用いた。

表 3.1 かけがえのなさ尺度の記述統計量と因子分析結果

項目	平均値	標準偏差	負荷量	共通性
私にとって，その人は非常に大切な人である	3.86	0.95	.95	.83
私にとって，その人はなくてはならない人である	3.82	1.01	.92	.71
私にとって，その人はかけがえのない人である	3.99	0.92	.91	.89
私にとって，その人の代わりになる人は誰もいない	3.78	0.98	.84	.85
私は，その人の，他の人にはない良い点を認めている	3.70	1.01	.76	.51
私にとって，その人と過ごす時間は特別である	3.56	0.94	.73	.53
私は，その人としかできないことや話せないことがある	3.67	0.88	.71	.50
私は，その人のことを，誰よりも信頼している	3.99	0.85	.70	.58
			α係数	寄与率
かけがえのなさ尺度平均値	3.80	0.80	.94	67.53%

尺度は5件法で，すべての項目の最小値は1点，最大値は5点であった。

3. かけがえのなさ尺度の信頼性と妥当性の検討

　かけがえのなさ尺度について最尤法による因子分析を行った。初期解の固有値の推移（5.79, 0.68, 0.48…）から，1因子解を選択した。抽出後の寄与率は67%と十分に高かった。表3.1に各項目の平均値と標準偏差，因子負荷量を記載した。なお，すべての項目は最小値が1点，最大値が5点であった。抽象的な表現の4項目は，具体的な項目よりも負荷量が高くなった。かけがえのなさ尺度の内的一貫性は α =.94 と高く，十分な信頼性を持っていた。分布は，歪度=-0.49，尖度=0.06であり，やや得点が高いほうに歪んでいる。さらに，かけがえのなさ尺度は性差があり，女性（4.01）のほうが男性（3.51）より高く評定していた（t (215) = 4.96, p< .01）。年齢との相関は有意ではなかった（r = -.11, $n.s.$）。

　次に，基準関連妥当性を検討するために，RCI全体とその要素，共同関係尺度との相関係数を表3.2に示した。RCIの頻度以外の尺度と有意な相関が見られた。特に，関係満足感への相関は非常に高いことが明らかとなった。これらの結果から，かけがえのなさ尺度が十分な妥当性を持つことが示唆される。

　最後に，他者にかけがえのない人だと認識されることが適応的な帰結をもたらすことを確認するために，かけがえのなさの認知と自尊心，人生満足感との

表 3.2　かけがえのなさ尺度と他の尺度との相関係数

	RCI	頻度	多様性	強度	共同関係	関係満足
かけがえのなさ尺度	.29**	.11	.20**	.33**	.54**	.78**

**$p<.01$

関連を検討した。性別と年齢を統制した偏相関分析の結果，かけがえのなさ認知は自尊心や人生満足感と高い正の関連が見られた（自尊心 $r = .52, p < .01$; 人生満足度 $r = .47, p < .01$）。このことは，かけがえのない人だと友人に思われることが人々の適応と強く関連することを示している。

4.「かけがえのなさ」としての親密性

　本節では，かけがえのなさ尺度の信頼性と妥当性，そして個人の適応に対して持つ機能について検討を行った。かけがえのなさ尺度は高い信頼性を持ち，さらに行動レベルの親密性や友人への利他的行動への動機などと相関していたことから，高い妥当性を持っていることが確認できた。また，トゥービーらの予測のように「友人たちから，かけがえがない人であると思われること」と，自尊心や人生満足度が強く関連することが明らかとなった。

　かけがえのなさ尺度は，異性・同性関係問わず用いることができる。浅野・吉田（2011）では，恋愛関係と友人関係のペアを対象にかけがえのなさ尺度（因子負荷量が高い 4 項目のみ使用）を測定した。恋愛関係では平均値 =4.13（標準偏差 =0.80），α 係数 =.91，友人関係では平均値 =3.56（標準偏差 =0.91），α 係数 =.93）という結果が得られており，恋愛関係でも高い信頼性を持っていることがわかっている。また，ペア内の類似性を表す級内相関係数も高く，1%水準で有意であった（恋愛関係の $ICC=.32$，友人関係の $ICC=.27$）。この結果から，かけがえのなさが親密な関係で共有されていることが示されたといえる。

　このように，本節で紹介したかけがえのなさ尺度は利他行動への動機や関係満足，そして個人の適応と強く関連しており，親密性を説明・測定する上で理論的に妥当性を持った概念・尺度であるといえる。

第4節 おわりに

　本章では，親密性の構造と機能についての社会心理学理論とその測定尺度について紹介してきた。だが，ここであげられた理論は親密な対人関係の理論の中でもごく一部に過ぎない。中でも比較的に論理展開が明確な理論を選んではいるが，これらが経済学的あるいは進化論的な，ある意味「ドライ」な説明を行うものに偏っていることは否めない。

　しかし興味深いことに，それらの理論によって結果的に表現される親密性は，ビジネスライクでドライな関係ではない。むしろ，互いに困っているときに助け合うようなハートフルな関係である。これまでの人類の歴史の中で人々が合理的・適応的に生きてきた結果，相互依存的な関係の形成を選択したことについて，われわれはまだまだ多くのことを学ばなければならないだろう。

　ここで注意しておきたいのは，親密性が「利己性 vs. 利他性」といったような二項対立の象徴として表現されているわけではない，ということである。むしろ，社会的交換理論や適応論的アプローチの理論が主張しているのは，極端にいえば「究極的に利己的になるには利他的にならなければならない」ということである。親密な関係にある人々は，相手が得したら自分が損をするといったシーソーゲームというよりは，互いに得をする Win-Win の関係にある。

　このように親密性は，社会における幸福や適応を考える上で無視できない重要な役割を持っている。それゆえに，いかにしてよりよい関係を作り営むかを考えることは，人々の幸福を考えるためには必要不可欠な問題なのである。

■引用文献

Agnew, C. R., Rusbult, Van Lange, P. A. M., & Langston, C. A. (1998). Cognitive interdependence: Commitment and the mental representation of close relationships. *Journal of Personality and Social Psychology*, **74**, 939-954.

Aron, A., & Aron, E. N. (1986). *Love as expansion of self: Understanding attraction and satisfaction.* New York: Hemisphere.

Aron, A., & Aron, E. N. (1997). Self-expansion motivation and including other in the self. In W. Ickes & S. Duck (Ed.), *The social psychology of personal relationships.* New York: Wiley & Sons.

Aron, A., Aron, E. N., & Smollan, D. (1992). Including other in the self scale and the structure of interpersonal closeness. *Journal of Personality and Social Psychology*, **63**, 596-612.

Aron, A., Aron, E. N., Tudor, M., & Nelson, G. (1991). Close relationships as including other in the self. *Journal of Personality and Social Psychology*, **60**, 241-253.

Aron, A., Paris, M., & Aron, E. N. (1995). Falling in love: Prospective studies of self-concept change. *Journal of Personality and Social Psychology*, **69**, 1102-1112.

浅野良輔・吉田俊和 (2011). 関係効力性が二つの愛着機能に及ぼす影響―恋愛関係と友人関係の検討― 心理学研究, **82**, 175-182.

Axelrod, R. (1984). *The evolution of cooperation.* New York: Basic Books. (松田裕之（訳）(1987). つきあい方の科学―バクテリアから国際関係まで ミネルヴァ書房)

Berscheid, E., Snyder, M., & Omoto, A. N. (1989). The Relationship Closeness Inventory: Assessing the closeness of interpersonal relationships. *Journal of Personality and Social Psychology*, **57**, 792-807.

Blau, P. M. (1964). *Exchange and power in social life.* New York: Wiley.

Brown, S. L., & Brown, R. M. (2006). Selective investment theory: Recasting the functional significance of close relationships. *Psychological Inquiry*, **17**, 1-29.

Clark, M. S., & Mills, J. R. (1979). Interpersonal attraction in exchange and communal relationships. *Journal of Personality and Social Psychology*, **37**, 12-24.

DeScioli, P., & Kurzban, R. (2009). The alliance hypothesis for human friendship. PLoS ONE 4 (6): e5802. doi:10.1371/journal.pone.0005802.

Diener, E., Emmons, R. A., Larsen, R. J., & Griffin, S. (1985). The Satisfaction with Life Scale. Journal of Personality Assessment, **49**, 71-75.

Homans, G. C. (1961). *Social behavior: Its elementary forms.* New York: Harcourt, Brace & World.

Kelley, H. H., Berscheid, E., Christensen, A., Harvey, J., Huston, T. L., Levinger, G., McClintock, E., Pelau, L. A., & Peterson, D. (1983). Analyzing close relationships. In H. H. Kelley, E. Berscheid, A. Christensen, J. Harvey, T. L. Huston, G. Levinger, E. McClintock, L. A. Pelau, & D. Peterson (Eds.), *Close relationships.* New York: W. H. Freeman.

Kelley, H. H., Holmes, J. G., Kerr, N. L., Reis, H. T., Rusbult, C. E., & Van Lange, P. A. (2003). *An atlas of interpersonal situations.* New York: Cambridge.

Kelley, H. H., & Thibaut, J. H. (1978). *Interpersonal relations: A theory of interdependence.* Wiley-interscience. (黒川正流（監訳）(1995). 対人関係論 誠信書房)

久保真人 (1993). 行動特性からみた関係の親密さ―RCI の妥当性と限界 実験社会心理学研究, **33**, 1-10.

Mills, J., Clark, M. S., Ford, T. E., & Johnson, M. (2004). Measurement of communal

strength. *Personal Relationships*, **11**, 213-230.
中村雅彦（1990）．大学生の友人関係の発展過程に関する研究—関係関与性を予測する社会的交換モデルの比較検討—　社会心理学研究, **5**, 29-41.
中村雅彦（1991）．大学生の異性関係における愛情と関係評価の規定因に関する研究　実験社会心理学研究, **31**（2），132-146.
奥田秀宇（1994）．恋愛関係における社会的交換過程—公平，投資，および互恵モデルの検討—　実験社会心理学研究, **34**, 82-91.
Rosenberg, M. (1965). *Society and the adolescent self-image*. Princeton, NJ: Princeton University Press.
Rusbult, C. E. (1980). Commitment and satisfaction in romantic associations: A test of investment model. *Journal of Experimental Social Psychology*, **16**, 172-186.
Rusbult, C. E. (1983). A longitudinal test of the investment model: The development of satisfaction and commitment in heterosexual involvements. *Journal of Personality and Social Psychology*, **45**, 101-117.
Rusbult, C. E., Martz, J. M., & Agnew, C. R. (1998). The Investment Model Scale: Measuring commitment level, satisfaction level, quality of alternatives, and investment size. *Personal Relationships*, **5**, 357-391.
清水裕士・大坊郁夫（2007）．恋愛関係の相互作用構造と関係安定性の関連：カップルデータへのペアワイズ相関分析の適用　社会心理学研究, **22**, 295-304.
清水裕士・大坊郁夫（2008）．恋愛関係における相互作用構造の研究—階層的データ解析による間主観性の分析—　心理学研究, **78**, 575-582.
清水裕士・大坊郁夫（2009）．かけがえのない他者への利他的投資の規範（2）—友人の投資行動への評価に対する固有性の調整効果—　日本社会心理学会第50回大会＆日本グループダイナミックス学会第56回発表論文集, 160-161.
谷口淳一（2004）．RCIの改訂と妥当性についての検討—RCIで測定される関係の親密さとは？—　対人社会心理学研究, **4**, 55-66.
Thibaut, J. H., & Kelley, H. H. (1959). *The social psychology of groups*. New York: Wiley.
Tooby, J., & Cosmides, L. (1996). Friendship and the Banker's Paradox: Other pathways to the evolution of adaptations for altruism. *Proceedings of the British Academy*, **88**, 119-143.
Trivers, R. L. (1971). The evolution of reciprocal altruism. *Quarterly Review of Biology*, **46**, 35-57.
Wieselquist, J., Rusbult, C. E., Foster, C. A., & Agnew, C. R. (1999). Commitment, pro-relationship behavior, and trust in close relationships. *Journal of Personality and Social Psychology*, **77**, 942-966.

コラム 3　自己呈示の葛藤―複数観衆問題―

　人は，日常生活の中で，家族，友人，知人，恋人…など多くの人と接し，自己呈示（self-presentation）を行っている。あなたは，誰に対しても同じような自己呈示を行っているだろうか。おそらく，「友人 A さんには，遊び好きな印象」，「恋人 B くんには，かわいくて女の子らしい印象」，「C 先生には，真面目で賢い印象」…というように，相手によって伝えたい印象が異なり，それを伝達するための行動も変えているのではないだろうか。
　これまで，人々が相互作用する相手に合った自己の側面を見せることが示されてきた（e.g., Swann et al., 2002）。特に，人の自己呈示行動は，相互作用する相手の性別の影響を大きく受ける。人々は，同性よりも魅力的な異性に対する自己呈示に関心が高く，異性に対しては，異性関係において特に重要である外見的魅力を好ましく呈示することが知られている（Leary et al., 1994）。一方で，芸術的才能や教養など，異性関係において特に重要ではない特性については，相手の性別によって自己呈示の程度は変化しないことが明らかとなっている。
　では，もし，普段それぞれに全く異なる印象を与えている相手が，複数人同じ場面に同時に存在したら，人はどのような自己呈示を行うのだろうか。たとえば，あなたが塾講師のアルバイトをしているとしよう。あなたは，自分の勤務している塾の生徒と，大学時代の友人に対して，異なる自己呈示を行っている。多くの場合，異なる印象を呈示している相手同士は異なる場面に存在しており，生徒と友人とがお互いに出会う可能性は非常に低い。しかし，あなたが友人と飲み騒いでいるところに生徒が偶然遭遇したとしたら…。どちらか一方の相手に合わせた自己呈示を行うと，もう片方の相手に望ましい印象を与えることができない。このように，異なる印象を与えたい相手が 2 人以上同じ場面に存在し，どの相手に合わせた自己呈示を行えばよいのかというジレンマに陥る。これを「複数観衆問題（multiple audience problem）」という（Fleming, 1994）。この状況では，人は，うまく自己呈示ができず，自尊心が低下したり，相手との関係維持が難しくなり，関係が崩壊することもある（Leary, 1999）。では，複数観衆問題にどのように対処すればよいのであろうか。
　異性に対して外見的魅力を好ましく呈示することは，同性の他者からは異性獲得の機会が妨害されると見なされ，否定的な評価を受ける（Buss, 1988）。したがって，どちらにもよい印象を与えたいと思っている異性と同性が同じ場面にいると，複数観衆問題が生じると考えられる。これを踏まえて，笠置・大坊（2010）の実験では，他の女性観察者が見ている前で，女性参加者に男性のサクラと短時間会話をしてもらった。その結果，複数観衆問題に直面した参加者は，同性の観察者にネガティブな印象を与えるのを懸念し，異性のサクラに対する外見的魅力の自己呈示行動を控えた。そして，その代わりに，外見的魅力以外の自身の特性（社会的望ましさ，個人的

親しみやすさ）を肯定的に呈示することが明らかとなった。これは，ある特性における自己呈示に失敗した人，もしくは失敗を予測した人が，他の次元で自分を肯定的に呈示するという補償的自己高揚呈示（compensatory self-enhancement）であると考えられる（Baumeister & Jones, 1978）。さらに，複数観衆問題に直面した際，どの相手に対しても呈示できる特性を用いて補償的自己高揚呈示を行うことによって，自己呈示者の自尊心の低下を防止できることも示されている。

社会的生活を送る上で，相手に応じて自己呈示の仕方を変えることは，さまざまな人間関係を維持するために求められるスキルである。しかし，複数観衆問題のような複雑な人間関係の結果生じる問題をうまく切り抜け，複数の人間関係を良好に保ちながら，自分の well-being も維持するためには，誰に対してもしっかりと呈示できる自己の側面を持つことも大切なのではないだろうか。

引用文献

Baumeister, R. F., & Jones, E. E. (1978). When self-presentation is constrained by the target's knowledge: Consistency and compensation. *Journal of Personality and Social Psychology*, **36**, 608-618.

Buss, D. M. (1988). The evolution of human intrasexual competition: Tactics of mate attraction. *Journal of Personality and Social Psychology*, **54**, 616-628.

Fleming, J. H. (1994). Multiple audience problems, tactical communication, and social interaction: A relational-regulation perspective. *Advance in Experimental Social Psychology*, **26**, 215-292.

Leary, M. R. (1999). The social and psychological importance of self-esteem. In R. M. Kowalski & M. R. Leary (Eds.), *The social psychology of emotional and behavioral problems: Interfaces of social and clinical psychology*. Washington, D.C.: American Psychological Association. pp. 197-221.

Leary, M. R., Nezlek, J. B., Downs, D., Rad-Davenport, J., Martin, J., & McMullen, A. (1994). Self-presentation in everyday interactions: Effects of target familiarity and gender composition. *Journal of Personality and Social Psychology*, **67**, 554-673.

笠置 遊・大坊郁夫 (2010). 複数観衆問題への対処行動としての補償的自己高揚呈示　心理学研究, **81**, 26-34.

Swann, W. B., Bosson, J. K., & Pelham, B. W. (2002). Different partners, different selves: Strategic verification of circumscribed identities. *Personality and Social Psychology Bulletin*, **28**, 1215-1228.

4 対人魅力の概念
―友情，愛情―

　人は他者との関係性の中に編み込まれている。われわれは他者の存在なくしては自らの存在を認識することさえも危うくなる。たとえば，われわれが常日頃行っているコミュニケーション，その手法や様式（言葉のルールや感情の表出方法など）もわれわれ各々が勝手に作り出したものなどではない。かつて，それらを周囲の人々から学び，習得することによってわれわれは他者との意思疎通が可能となったはずである。さらに，われわれは，そのようなコミュニケーションの手法や様式を日常のやり取りを通して次の世代へと伝えていく。このように他者とのかかわり合いの中に生きるわれわれにとって，親密な関係というものは個人の適応や幸福を考える上で大きな意味を持つ。本章では，このような親密な関係，特に友人関係ならびに恋愛関係にスポットを当て，それらの関係を捉えるための概念について触れるとともに，それらと個人の適応との関連，また，両関係をよりよく維持していくための要因について探っていく。

第1節　友人関係と恋愛関係

1. 友情と愛情の狭間

　友人関係や恋愛関係は基本的にピア（peer）関係である。ピア関係とは水平的関係（横のつながり），対等な関係であり，親子関係や学校での教師と生徒の関係，また，社会での上司と部下といった垂直的関係（縦のつながり）とは異なる。それゆえ，友人関係や恋愛関係での個々の役割や振る舞いはいくぶん流動的であり，それらを明確に定義することはかなりの困難が伴うといえる。さらに，両関係は当人どうしの嗜好によって選択的に築かれる，あるいは解消さ

表 4.1　恋愛相手と同性の友人に対する恋愛・好意尺度の得点（Rubin, 1970 より作成）

	恋愛相手		同性の友人	
	男性	女性	男性	女性
恋愛尺度得点	89.4	89.5	55.1	65.3
好意尺度得点	84.7	88.5	79.1	80.5

れる関係であるということもできよう。

　上記のような共通項を有するがゆえ，友人関係と恋愛関係の類似性は高く，両関係において経験される感情を弁別することは容易ではない。それらの弁別について実証的な検討を行った古典的研究としては，ルビン（Rubin, 1970）の恋愛尺度（Love Scale）と好意尺度（Liking Scale）があげられる。彼によると，恋愛関係で経験される恋愛感情（love）とは，①相手と身体的，心理的にもつながっていたい気持ち，②相手のために何かしてあげたい気持ち，③相手を独占し，2人きりの状態を望む気持ちが重なり合った感情であるとされ，また，友人関係で顕著に経験される好意感情（liking）とは，①相手のことを高く評価する気持ち，②相手を信頼，尊敬する気持ち，さらに，③相手を自分とよく似た人であると思う気持ちが含まれている感情と定義されている。

　ルビンは，上記のような好意感情と恋愛感情の概念的な弁別に基づき，双方を測定するための恋愛尺度ならびに好意尺度を作成して，大学生の回答者に自身の恋愛相手ならびに同性友人について両尺度への回答を求めた。その結果（表 4.1），恋愛相手に対しては恋愛感情と好意感情の両得点が高いが，友人に対しては好意感情の得点のみが高く，恋愛感情の得点は低かった。この結果は，私たちが恋愛感情と好意感情とをそれぞれ別々の経験として捉えていることを意味する。ルビンの研究は，上記のように友人関係と恋愛関係がいくつかの共通項を有するもののそこで経験される感情が実証的に弁別可能であることを示した点で，その功績は大きいといえよう。

2. 友人関係の概念

　友人関係は，特に親からの心理的な独立やアイデンティティの確立を図る青年期において重要な意味を持つことが指摘されている（松井，1996; 遠矢，

4 対人魅力の概念

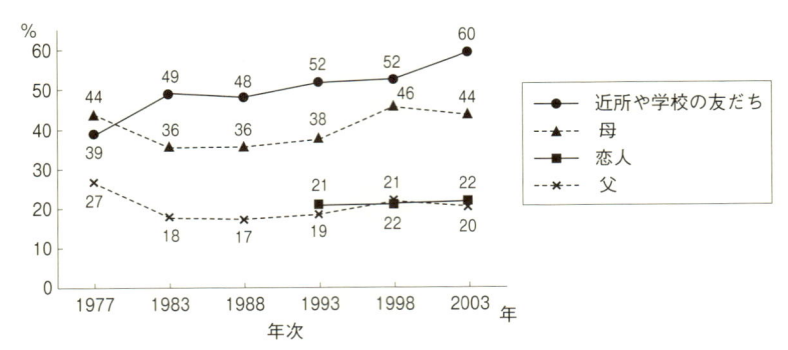

```
%
60                                          60
50      49    48    52    52
   44                            46    44
40 39         38
   36    36
30
   27
20            21    21    22
         18   17 19    22   20
10
 0
  1977 1983 1988 1993 1998 2003 年
              年次
```
──●── 近所や学校の友だち
──▲── 母
──■── 恋人
──✕── 父

なお，職場の同僚，きょうだいについては各年度17%～20%の範囲にあったがここでは記載しなかった。

図 4.1 悩みや相談ごとの相手（内閣府政策総括官，2004）

1996)。実際，18歳から24歳までの青年を対象とした調査では，「悩みや相談ごとの相手」として選択される割合は友人がもっとも高いことが示されており，また，その割合は近年増加傾向にある（図4.1）。さらに，同調査の「どのようなときに充実感（生きがい）を感じるか」という質問に対しても，「友人や仲間といるとき」と回答された割合は，1977年では50.1%だったものが2003年には72.5%とその数値が上昇しており，かつ1977年からは一貫して「友人や仲間といるとき」が他よりももっとも高い割合で選択されていた（2003年の2位は「スポーツや趣味に打ち込んでいるとき」で50.9%，3位は「仕事に打ち込んでいるとき」で30.6%）。これらの結果は，青年にとっての友人関係の重要さをうかがわせるものであるといえよう。さらに，友人関係は個人の社会化に影響を及ぼす機能も有している。松井（1990, 1996）は，そのような友人関係の機能として，①自分の悩みや不安を相手に打ち明けることでその軽減の助力になるといった精神的な「安定化の機能」，②対人関係における適切な行動を習得するための機会を提供する「社会的スキルの学習機能」，③自身の行動や考えの指針となる存在を獲得する「モデル機能」の3つをあげ，その重要性について言及している。

しかし，同時に，現代青年の友人関係の希薄さを指摘する声もある。たとえば，岡田（1993, 2007a）は，現代の青年が，友人関係にあまり深刻にならず表面的な楽しさを追い求める傾向があること，また，お互いに傷ついたり傷つ

けられたりすることを恐れて防衛的な関係を形成する傾向があることを指摘した。この点に関しては，1986年と2002年での大学生の友人関係の調査データを基に，それら年代間の比較を行った研究（和田・林，2004）がある。その研究結果によると，親友と交わした行動は1986年と比して2002年のほうが有意に少なく，また，気分や感情については，1986年よりも2002年のほうがより回避や緊張，さらに，反発感情を経験しやすかった。ただし，友人に対する期待に関しては，それら年代間で差は見られなかった。この結果について，彼らは，1986年から2002年の16年の間に友人関係においてお互いに寂しいのは避けたいが深くかかわりたくはないという適度な心理的距離を保とうとする傾向が強まったことを示すものとの見解を与えている。

　このような多種多面な関係の特性を捉えるために，これまで友人関係を対象とした研究ではさまざまな概念が提出されてきている。たとえば，上野ら（1994）は，「友人への同調性」と「友人との心理的距離」という2つの概念から，青年期の友人（交友）関係を図4.2のように4つのタイプに分類し，それらのタイプで自らが望む生き方（たとえば，お金持ちになる，家庭を大切にする）が異なることを示している。

　この他にもこれまで友人関係を捉えるために提出されてきた概念は多岐にわたるが，それらを大きくまとめるとすれば，表4.2のように5つに分類が可能であろう。また，それら5つの概念は発達的に変化していくことも示されてお

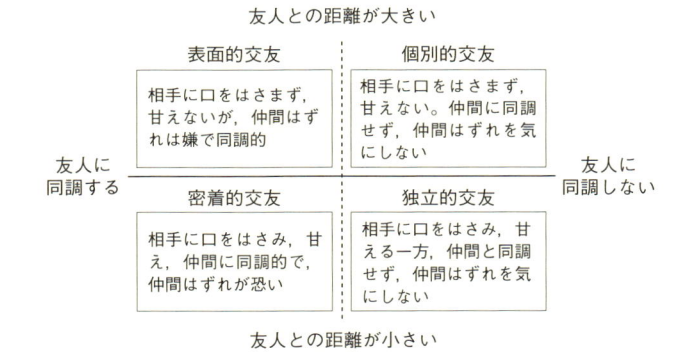

	友人との距離が大きい	
	表面的交友	個別的交友
友人に同調する	相手に口をはさまず，甘えないが，仲間はずれは嫌で同調的	相手に口をはさまず，甘えない。仲間に同調せず，仲間はずれを気にしない
	密着的交友	独立的交友
	相手に口をはさみ，甘え，仲間に同調的で，仲間はずれが恐い	相手に口をはさみ，甘える一方，仲間と同調せず，仲間はずれを気にしない
	友人との距離が小さい	友人に同調しない

図4.2　友人（交友）関係の4タイプ（上野ら，1994）

表 4.2 友人関係を捉えるための概念

概念	内容
相互理解	お互いに積極的に自己開示をして、双方の価値観などについて話し合い、互いを理解しようとする。
選択的親密化	誰とでも仲の良くなることを求めるのではなく、ある特定の友人たちと閉鎖的だが親密な関係を築く。
自律性・独立性	自分の意見や考えを重視し、友人に対してもそれらを表明したり、きちんと伝えようとする。
自己防衛性と同調	友人からどう思われているかを気にし、相手と意見が異なることに不安を感じる。また、傷つくことを恐れて自分の考えや気持ちを表出せず他者に同調する。
共行動と類似性の希求	友人と一緒にいることを望み、友人と共通の行動を取ろうとする。また、自分と友人との類似性や共通性を強調する。

り、基本的に、年齢とともに友人との共行動は次第に減っていくが、選択的な親密化が起こり、特定の人たちとの間で自分の価値観や考え方を開示し合う深く狭い関係が形成されていく（榎本，1999; 長沼・落合，1998; 落合・佐藤，1996; 岡田，2006; 吉岡，2001）。また、年齢が上昇するにつれて、友人関係への不安や懸念は低くなり、関係への不安からの同調や防衛的なかかわり方が減っていくことで、自律性や独立性が上昇して自分の主義主張を相手に表明することができるようになるとされる（榎本，1999; 石本ら，2009; 落合・佐藤，1996; 岡田，2002; 柴橋，2004）。

3. 恋愛関係の概念

恋愛関係に関する研究においてもこれまで膨大な量の概念が提出されてきている。恋愛関係の特質や関係内で経験される感情に焦点を当てたもの、恋愛の様式や恋愛に対する態度に注目したもの、また、恋愛や愛という概念自体を扱ったものなど、それらは枚挙にいとまがない。ここでは、その中でも主要な理論として知られる恋愛の色彩理論、愛の三角理論、成人の愛着理論の3つを取り上げて紹介することにする。

　(1) 恋愛の色彩理論　　一口に恋愛といってもその仕方や捉え方は千差万別であろう。相手のことを思い詰め嫉妬に身を焦がす人もいれば、相手にはこだ

表 4.3　6つのラブスタイルの特徴（Lee, 1988 に基づき作成）

ラブスタイル	特徴
エロス（美への愛）	恋愛を至上のものと考え，ロマンチックな行動を取る。相手の外見を重視しやすい。
ストルゲ（友愛的な愛）	穏やかで，友情的な恋愛のスタイル。愛は長い時間をかけて育むものであると考える。
ルダス（遊びの愛）	恋愛をゲームとして捉え，楽しむことを優先する。相手にあまり執着せず，複数の相手と同時に恋愛ができる。
マニア（熱狂的な愛）	独占欲が強く，相手に執着しやすい。激しい感情を経験しやすいため関係をなかなか安定させることができない。
アガペー（愛他的な愛）	相手のために自分を犠牲にすることもいとわない恋愛のスタイル。パートナーに親切で優しく，またその見返りを要求しない。
プラグマ（実利的な愛）	恋愛を地位の上昇などの手段と考える。恋愛相手を選ぶ際に社会的な地位や経済力などさまざまな基準を持つ。

わらず一瞬のきらめきのような恋愛を楽しみたいという人もいるはずである。リー（Lee, 1977, 1988）は，このような恋愛の仕方や捉え方の違いに着目し，小説や哲学書，歴史書といったさまざまな書物から得られた恋愛に関する言説，また，多数のインタビュー調査のデータを踏まえ，それらについて類型的な分類を行った。彼は，この恋愛の仕方や捉え方（もしくは恋愛への態度）のことをラブスタイル（愛の様式）と呼び，さらに，いくつかのラブスタイルを円環状に，色相環に似せて配置させることで，恋愛を色になぞらえて自身の理論を恋愛の色彩理論と名付けた（図4.3）。

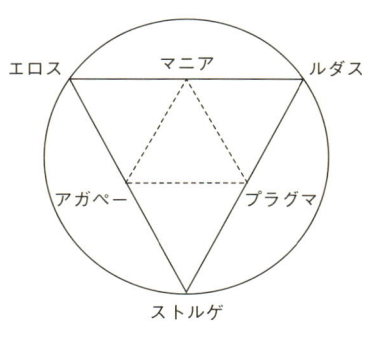

図4.3　6つのラブスタイル
（Lee, 1988 より作成）

リーによると，ラブスタイルはエロス，ストルゲ，ルダスの3つが基本型であり，さらに，それらの混合型として，マニア，アガペー，プラグマの3つが存在する。それら6つの主要なラブスタイルは，恋愛についてそれぞれ表4.3に示したような特徴を持つとされている。

(2) 愛の三角理論　上記の恋愛の色彩理論が恋愛の仕方や捉え方に焦点を

表4.4 愛の三角理論の3要素の説明 (Sternberg, 1986 に基づき作成)

愛の3要素	説明
親密性	愛の中心的要素であり,恋愛関係のみに限定される要素ではない。相手とつながっているという感覚や温かさとして経験される。関係への感情的なかかわりから形作られていく。
情熱	相手とのロマンスや身体的魅力によって喚起される要素。積極的に相手とかかわろうとする動機となり,激しい感情を伴って表出されることもある。
コミットメント	関係へのかかわりの程度や関与を意味し,関係を継続させていくためには欠かせない要素。短い関係では,愛する決意として,長い関係では,愛を維持していく意思として経験される。

当てていたのに対して,スタンバーグ (Sternberg, 1986) が提唱した愛の三角理論は,恋愛を構成する要素,すなわち,恋愛がどのような感情や気持ちから成り立っているのかに焦点を当てている。彼は自身のいくつかの研究を通して,人々が考える愛という概念がいくつかの要素を組み合わせることによって形作られているものであるとの結論に達した。スタンバーグによると,愛を構成する要素は,表4.4に示した親密性,情熱,コミットメントの3つであり,それら3つの要素によって形成される三角形が愛を表すものとされる (図4.4)。このことから彼は自身の理論を愛の三角理論と命名した。

　スタンバーグの愛の三角理論の特徴は,愛という概念を大きさや形を持つものとして視覚的に表現することを可能にした点にあるといえる。その際,愛の強さは,3要素が形成する三角形の大きさもしくは面積として,愛の形 (タイプ) は,三角形の形として表現される。たとえば,図4.4の左の三角形は,情熱のみが高いことから片思いのような愛として,中央の三角形は,親密性のみ

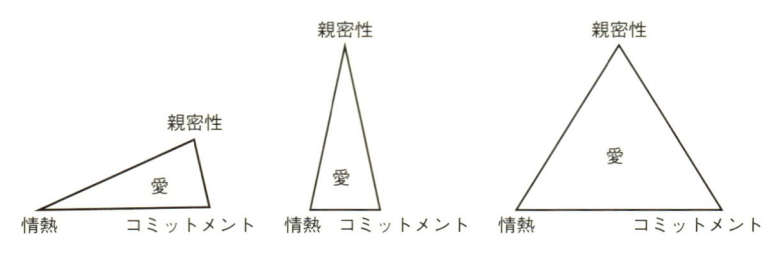

図4.4 愛の3要素と愛の形 (Sternberg, 1986 に基づいて作成)

が高いことから友愛的な愛として理解される愛の形といえる。また，右の三角形は，3要素のバランスが取れており，安定性のある大きな愛ということができるだろう。

(3) 成人の愛着理論　恋愛関係を発達的視点から捉えようとしたものに成人の愛着理論（Hazan & Shaver, 1987）がある。成人の愛着理論は，ボウルビィ（Bowlby, 1969/2000, 1973/2000）の動物行動学的な愛着理論をその源流に持ち，彼（Bowlby, 1977）によれば，愛着とは"ある特定の他者に対して強い絆を形成する人間の傾向"として捉えられるものであるとされる。成人の愛着理論では，このような愛着は人生を通して機能しており，幼き頃は子どもと親との絆を，また，青年・成人期においては恋愛関係や夫婦関係での絆を形成，継続させていくために重要な役割を担っていると考える。そのため，成人の愛着理論では，乳幼児期の親子関係と青年・成人期の恋愛・夫婦関係は共に愛着関係，すなわち，関係内の2人が互いに強い心理的な絆で結ばれている関係であると定義される。

　シェイバーとハザン（Shaver & Hazan, 1988）は，乳幼児期の親子関係と青年・成人期の恋愛・夫婦関係が愛着関係として捉えられることの理論的な根拠として，両関係の共通点（共通の要素）をいくつか指摘している。それらは，①近接性の模索（相手との近接性を探求し，維持しようとする傾向），②分離苦悩（相手との分離に対して抵抗を示し，苦悩する傾向），③安全な避難所（主観的または現実的な危険に直面した場合に相手から安心を得ようとする傾向），④安全基地（安心感を提供する相手の存在によって，探索行動などの非愛着的活動が活発になる傾向）という4つの要素である。さらに，両愛着関係では上記の4つの要素が関係の進展に沿う形で見受けられるようになり，その絆を強めていくとされる（図4.5）。このような共通点を持つことから，成人の愛着理論では，愛着の対象となる相手は，乳幼児期での親から青年・成人期では恋人や配偶者へと移行していくものと考え，それゆえに乳幼児期での親子関係の特徴が青年・成人期での恋愛・夫婦関係の特徴にある程度影響を及ぼすと仮定されている。

　この乳幼児期での親子関係の特徴が後の恋愛・夫婦関係の特徴に影響を及ぼすという仮定において重要となってくる概念が，内的作業モデルである。乳幼

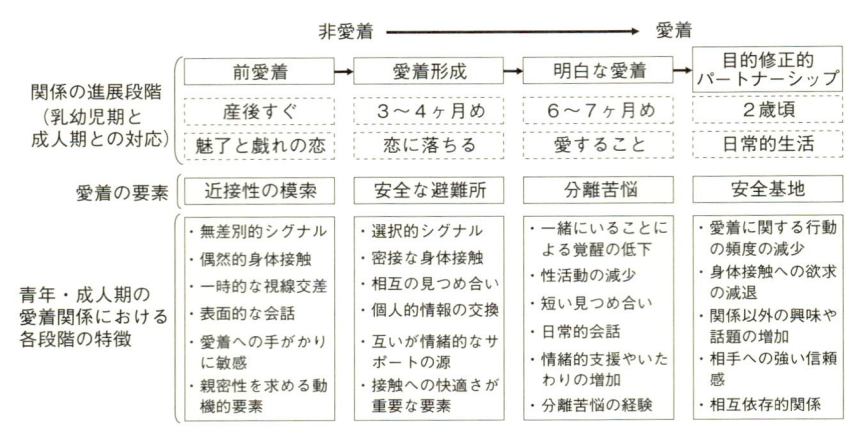

関係の進展段階 (乳幼児期と 成人期との対応)	非愛着 ──────────────→ 愛着			
	前愛着	愛着形成	明白な愛着	目的修正的 パートナーシップ
	産後すぐ	3～4ヶ月め	6～7ヶ月め	2歳頃
	魅了と戯れの恋	恋に落ちる	愛すること	日常的生活
愛着の要素	近接性の模索	安全な避難所	分離苦悩	安全基地
青年・成人期の 愛着関係における 各段階の特徴	・無差別的シグナル ・偶然的身体接触 ・一時的な視線交差 ・表面的な会話 ・愛着への手がかりに敏感 ・親密性を求める動機的要素	・選択的シグナル ・密接な身体接触 ・相互の見つめ合い ・個人的情報の交換 ・互いが情緒的なサポートの源 ・接触への快適さが重要な要素	・一緒にいることによる覚醒の低下 ・性活動の減少 ・短い見つめ合い ・日常的会話 ・情緒的支援やいたわりの増加 ・分離苦悩の経験	・愛着に関する行動の頻度の減少 ・身体接触への欲求の減退 ・関係以外の興味や話題の増加 ・相手への強い信頼感 ・相互依存的関係

図 4.5 愛着の形成プロセス―関係の進展と各要素の特徴（Zeifman & Hazan, 2000 より作成）

児は親との愛着関係での長期的なやり取りを通して，自分や他人をどのように捉え，どう認識するのかという自己や他者に対する信念や期待を心の中に形成していく。つまり，乳幼児は親との経験を通じて，"他人は自分のことを受け入れ，自分の要求に応えてくれるのか"といった他者への信念や期待を，また，"自分は相手から大事にされるだけの価値があるのか，愛されるに能う存在なのか"といった自己への信念や期待を心に形作っていく。このような自己や他者への信念や期待は内的作業モデルと呼ばれ，個人の対人関係における認知や予測，行動を方向づけることによって発達的にある程度継続していく。それゆえ，成人の愛着理論では，上記のように乳幼児期での親子関係の特徴がそこで形成された自己や他者への信念や期待を通して，後の恋愛・夫婦関係の特徴に影響を及ぼすと考えるのである。

　この内的作業モデル，すなわち，自己や他者への信念や期待は，成人の愛着理論において重要となる2つの概念を提出する。その1つは，関係不安であり，これは対人関係における過度の不安感や自信のなさ，相手から見捨てられることへの不安の高さを意味し，先の自己への信念や期待がネガティブな場合，関係不安は高くなる。もう1つの概念は，親密性回避であり，これは対人関係において相手と親密な関係を築くことを避けようとする傾向，もしくは相手に依存することへの嫌悪感として捉えられ，他者への信念や期待がネガティ

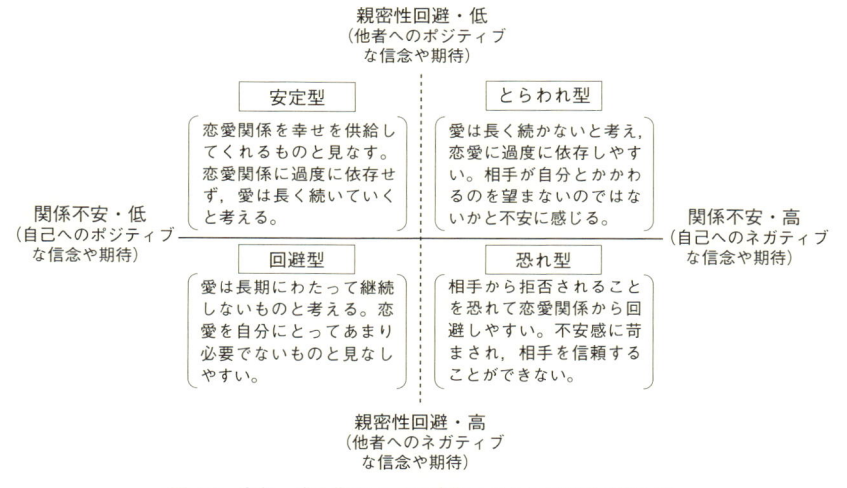

```
                    親密性回避・低
                   (他者へのポジティブ
                    な信念や期待)

            ┌─安定型─┐      ┌─とらわれ型─┐
            │恋愛関係を幸せを供給し│  │愛は長く続かないと考え,│
            │てくれるものと見なす。│  │恋愛に過度に依存しやす│
            │恋愛関係に過度に依存せ│  │い。相手が自分とかかわ│
            │ず,愛は長く続いていく│  │るのを望まないのではな│
            │と考える。      │  │いかと不安に感じる。 │
関係不安・低  └────────┘  └──────────┘  関係不安・高
(自己へのポジティブ ────────────┼──────────── (自己へのネガティブ
 な信念や期待)                          な信念や期待)
            ┌─回避型─┐      ┌─恐れ型─┐
            │愛は長期にわたって継続│  │相手から拒否されること│
            │しないものと考える。恋│  │を恐れて恋愛関係から回│
            │愛を自分にとってあまり│  │避しやすい。不安感に苛│
            │必要でないものと見なし│  │まされ,相手を信頼する│
            │やすい。      │  │ことができない。  │
            └────────┘  └──────────┘

                    親密性回避・高
                   (他者へのネガティブ
                    な信念や期待)
```

図 4.6　青年・成人期の 4 つの愛着スタイルと恋愛の捉え方
(Bartholomew & Horowitz, 1991; Hazan & Shaver, 1987 に基づき作成)

ブな場合,親密性回避は高くなる。

　この関係不安と親密性回避は,愛着 2 次元として青年・成人期の愛着を規定するものと考えられており,それらを縦横に配置することで,青年・成人期における愛着の個人差は 4 つに分類される (図 4.6)。この愛着の個人差は,愛着スタイルと呼ばれ,図 4.6 に示したように,関係不安と親密性回避が共に低い「安定型」,関係不安が高く親密性回避が低い「とらわれ型」,関係不安は低いが親密性回避が高い「回避型」,関係不安と親密性回避がともに高い「恐れ型」によって恋愛の捉え方や恋愛に対する考え方が異なるとされる。

第 2 節　親密な関係と個人的適応

1. 友人関係と個人の適応との関連

　第 1 節で述べたように,友人関係は,特に青年期において重要な意味を持つ。青年期は親からの心理的な自立やアイデンティディの確立を図る発達段階にあることから,悩みや考え方などを共有することのできる友人の存在は,それらの問題に取り組むためにも,また,精神的な安定を保つためにも重要とな

ってくる。そのため，友人とのかかわり方や友人関係の特質と個人の適応状態との関連については，これまでさまざまな視点から検討を行われており，また，その関連を支持する研究は数多く見られる。

先のように個人にとって重要な関係となりうる友人関係は，そうであるがゆえに，そこでの期待はずれが個人の適応に対して少なからぬ影響力を持つことが知られている。中村・浦（1999）は，「友人へのサポートの期待」と「相手の友人がどの程度サポートしてくれているかについての認知」とのズレをサポートの期待はずれとして，大学の新入生を対象とした縦断的研究を行った。その結果，ストレスの経験頻度が高い場合，旧友（大学入学前からの学外の親しい友人）からのサポートの期待はずれが，大学入学後の友人のそれと比して，本人の適応や自尊心にネガティブな影響を及ぼしやすいという結果を得ている。

また，適応の指標を自我同一性（もしくはアイデンティティ）の形成という視点から捉えた場合にも，友人関係はそれと関連することが知られている。宮下・渡辺（1992）は，自我同一性と友人関係との関連について検討した結果，主に大学生の女子において，自我同一性と現在もしくは高校時代の友人関係の特質とに関連性があることを示し，女性における友人関係の重要性を示唆している。さらに，この自我同一性という概念を多次元的に捉え，それらと友人関係との関連について検討を行った研究（安井・谷，2008）では，自分の心を打ち明けたりする「友人への信頼」や友人と一緒にいることで成長できるといった「友人からの肯定的影響」は，自我同一性全般にポジティブな影響を及ぼし，逆に，友人と同じでいたいという「密着・同調志向」や友人を傷つけないようにするといった「やさしさ志向」は，自我同一性全般にネガティブな影響を及ぼすことが示されている。これらの研究結果は，友人との関係が自我同一性の形成にとってかなり重要なものであることを示唆しているといえるだろう。

友人とのつき合い方と個人の適応との関連に着目している研究も数多く存在する。小塩（1998）は，大学生を対象として，友人関係の広さと深さの2次元で友人関係を4つに分類し，それら4群の適応性について検討を行っている。その結果，広い友人関係をとる者ほど自己愛傾向が高く，深い友人関係をとる者ほど自尊心が高い傾向があり，加えて，友人と「広く浅いつき合い方」をする者は，自尊心が低く，評価過敏や自意識過剰と関連する自己愛である「注

目・賞賛欲求」が高いというように適応性の低さを示す結果を得ている。同様の傾向は，岡田（2007b）においても見られ，「友人関係から回避し，自分にこもる傾向が高い者」や「傷ついたり傷つけられたりすることを恐れて表面的で円滑な関係を志向する者」は，「友人と内面的な関わり合いを求める者」と比して，自尊心が低く病理的な自己愛傾向が強いことを報告している。さらに，橋本（2000）や石本ら（2009）も，友人と表面的なかかわり方をする者は，対人ストレスが高く，精神的健康や自己への肯定感は低いという心理的にあまり適応的ではない状態にあることを示しており，これらの結果は，希薄な友人関係が，個人の適応状態に芳しくない影響を及ぼすことを示唆するものと考えられる。

ただし，現代の友人関係の特徴として，状況に応じた切替（自己や目的の切替，対象や対応の切替）に着目した研究（大谷, 2007）では，幅広い観点から友人関係を捉えることの重要性を指摘し，友人関係が希薄であるかどうかは必ずしも個人の適応状態を予測するものではないことが言及されている。また，ストレスへの対処法（ストレス・コーピング）に関しても，友人との親密さの程度によって，コーピングとストレス反応との関連が異なることを示す研究もある（加藤, 2007）。近年の携帯電話やメール，インターネットなどの急速な普及による友人関係の関係性の多様化，流動化を考慮すれば，今後，多種多様な友人関係への耐性（もしくは，多角的な友人関係の受容度）と個人の適応状態との関連についても検討を重ねていく必要があるだろう。

2. 恋愛関係と個人の適応との関連

愛しき人に自分の気持ちを打ち明けたとしても，それを受け入れてもらえなければ，おそらく多くの人は悲しみの感情を経験するであろう。また，その相手が自分以外の人に好意を寄せていると知った場合，嫉妬に身を焦がし，仕事や勉強が手につかなくなるという人もいるかもしれない。逆に，相手が自分の気持ちを受け入れてくれれば，道行く人が皆，自分を祝福してくれているような心持ちになるであろう。このように恋愛が時に個人の適応状態と関連するであろうことは経験的にも理解できる。実際，これまでさまざまな研究が恋愛関係と個人の適応状態との関連についての報告を行っている。

先に紹介した恋愛の色彩理論のラブスタイルとパーソナリティ機能との関連について検討を行った研究（Arnold & Thompson, 1996）では，ルダスやマニアはパーソナリティの機能障害と高い関連を示しており，その適応性の低さをうかがわせている。また，ラブスタイルとパーソナリティ特性との関連について検討した研究（Woll, 1989）でも，ルダス傾向の高い人は，外向的だが攻撃的であまり抑制的ではないこと，マニア傾向の高い人は，神経症的傾向が高く，防衛的で感情のコントロールに長けていないことが報告されている。加えて，プラグマ傾向の高い人は，自律性が低く社会的承認欲求が強い，エロス傾向の高い人は，忍耐強いが支配的で攻撃性が高いといった結果も得られており，これらは，ラブスタイル，すなわち，恋愛の仕方や捉え方の違いによって個人の適応状態が異なることを示すものであるといえる。

成人の愛着理論における愛着2次元，関係不安ならびに親密性回避と個人の適応状態との関連について検討した研究も数多く見られる。たとえば，関係不安の高さ（もしくは「とらわれ型」や「恐れ型」傾向の高さ）は自尊心の低さと結びついており，その関連は比較的強いことが知られている（e.g., Brennan & Morris, 1997; Mickelson et al., 1997）。また，関係不安の高さは自己受容感（self-acceptance）や自己確信（self-confidence）を低下させる（Bartholomew &

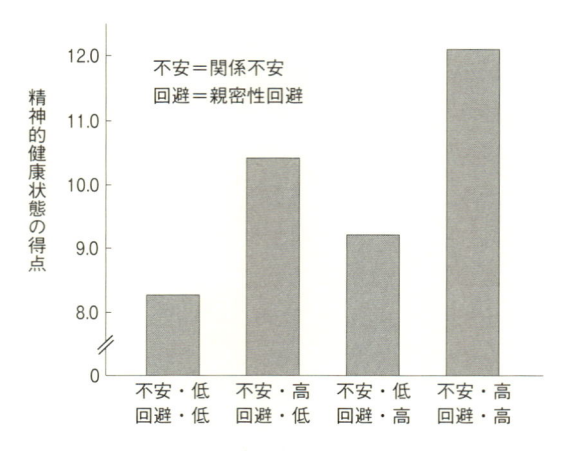

得点の範囲は0～28。なお，グラフの得点は高くなるほど精神的健康が悪くなることを表す。

図 4.7　関係不安と親密性回避の高群，低群別の精神的健康状態（金政・大坊, 2003a より作成）

Horowitz, 1991)。さらに，個人の適応状態として精神的健康を扱った研究（金政・大坊，2003a）においても，関係不安が高い場合には精神的健康状態が悪くなることが示されている（図4.7）。これらの研究結果は，関係不安の高さ，すなわち，対人関係において過度に不安を感じることは適応状態の低さへとつながることを示す結果であると考えられる。

　それでは，親密性回避という概念は個人の適応状態と関連していないのかというとそうではない。たとえば，金政・大坊（2003a）では，親密な異性との関係における自己認知については，親密性回避が高くなると，自分の社交性や魅力性を低く評価する傾向があることが示されている。類似した傾向はパーソナリティ特性のBig5との関連においても示されており，親密性回避は外向性や調和性とは負の関連が，情緒安定性とは正の関連があることが報告されている（Shaver & Brennan, 1992; Mickelson et al., 1997）。また，親密性回避の高さは，感情表出能力の低さならびに感情表出の抑制とも結びついており（Feeney, 1995, 1999; 金政, 2005)，それらの結果を感情の浄化もしくはネガティブ感情の解消といった観点から捉えた場合，その適応性の低さを示すものであると考えられる。さらに，先の関係不安とともに親密性回避はストレス反応と関連する生理的指標とも関連することが実験室実験において示されている。パワーら（Powers et al., 2006）は，恋愛カップルがもめ事について話し合いをするという葛藤状況でのストレス反応に関して，唾液に含まれるコルチゾール（ストレスを感じた際，唾液のコレチゾールレベルは高まる）を指標とした研究を行っている。その結果，女性では親密性回避が高いほど，また，男性では関係不安が高いほど，葛藤状況でのコルチゾールレベルが高くなることが報告されている。

　このように，恋愛の仕方や捉え方，また，それらと関連する自己や他者への信念や期待は，恋愛関係に対してのみならず個人の適応状態にまで影響を及ぼす可能性がある。それゆえ，個人の幸福，well-beingを考える際には先の友人関係とともに恋愛関係も考慮すべきことがらであるといえるだろう。

第3節　親密な関係の幸福を目指すために

1. よりよい友人関係に向けて

　前節でふれたように，友人関係は個人の適応と深く関連している。それゆえ，親密な友人関係を築き，それをより良く維持していくための要因を探ることは，関係そのものについてだけでなく，個人の適応について考える上においても重要な意味を持つといえる。

　友人関係をよりよく維持していくための1つの要因としては，友人間の相互のサポートの授受があげられる。デシら（Deci et al., 2006）は，友人関係で互いに自主的にサポートしているほど，すなわち，自ら進んでお互いを助け合っているほど，その関係での両者の関係満足度や情緒的信頼感が高くなることを示している。さらに，精神的健康状態などの well-being に対しては，友人からのサポート享受よりも，自らのサポート提供の方が強いポジティブな影響力を有することも報告されており，これらは友人関係で自主的に相手にサポートを提供することの重要さをうかがわせるものである。他の研究においても，友人のことを情緒的にサポーティブであると見なすかどうかが関係満足度の重要な予測子となりうること（Buhrmester et al., 1988），また，友人とのつながりが強い場合，友人からの（主に本人に向けられた）向社会的行動が，本人の向社会的目標の探求意識を高めることで本人の向社会的行動を促進させることなどが示されている（Barry & Wentzel, 2006）。これらの研究結果は友人関係におけるサポート行動ならびにその返報性の重要さを示しているものと考えることができる。ただし，未成年での喫煙（Ennett & Bauman, 1994）やアルコールの使用（Urberg et al., 1997）といったネガティブな行動への親友や友人グループからの影響を報告するものもあり，この点を鑑みれば，友人関係はよく悪くも個人の考えや行動に影響を及ぼすものといえるだろう。

　また，友人関係における感情経験や感情表出の抑制が友人関係の質に影響することを示した研究も見られる。第1節で述べたように基本的に水平的な関係である友人関係では，自身の感情を比較的相手に吐露しやすい。しかし，そのような友人関係で感情表出を抑制しなければならない場合，それは関係への

不満足を招く恐れがある。崔・新井（1998）は，この点についてネガティブ感情の抑制に焦点を当てた検討を行い，友人から言語による被害を受けた場合の怒りの抑制や自分の体面や体裁を保つための感情の抑制は，友人関係の満足度に対して好ましくない影響を及ぼすという結果を得ている。他にもネガティブ感情の1つである友人関係における嫉妬心を対象とした研究（Parker et al., 2005）では，クラスの同級生から評定された「友人への嫉妬心」（友人への嫉妬の第三者からの評価）が，本人の攻撃的な振る舞いや周囲からの受容度を予測していたことが報告されている。さらに，その予測性は本人や友人の評定した「友人への嫉妬心」よりも高いものであり（孤独感については本人の評定，いじめられている程度については友人の評定の予測性が高い），友人関係の研究における第三者の視点の重要性をうかがわせている。これらの結果は，友人関係で経験されるネガティブ感情への対処がよりよい友人関係の維持のための重要な要因となることを示唆しているといえる。

　友人関係における目標や友人への期待なども関係満足度と関連する。ヤルビネンとニコルズ（Jarvinen & Nicholls, 1996）は，先述のサポートに関する研究結果と類するように，友人に対する養護的もしくは親和的な目標は関係満足度と正の関連を示し，反対に支配的目標は関係満足度と負の関連を示すことを報告している。また，友人への期待については，下斗米（2000）が友人に期待する領域とその遂行度（相手の友人がその期待領域をどの程度遂行しているか）の認知に注目し，それらのズレが関係満足度に及ぼす影響について関係の進展段階を踏まえ検討を行っている。その結果，友人段階では，支援性，近接性，自律性，娯楽性，力動性とさまざまな領域での期待と遂行度の認知のズレが関係満足度に影響するのに対し，親友段階では，特に自律性と力動性でのズレが関係満足度に影響し，親密化の過程において友人関係の維持に重要となる領域が変化することを示している。さらに，友人関係における理想と現実のズレが関係満足感と関連することを報告する研究（吉岡，2001）もあり，友人関係は個人にとって重要な関係であるがゆえに，そこで抱く期待や理想がうまく果たされていないと感じられる場合には，関係への満足度が低下し，関係がうまく維持されなくなる可能性が高くなるといえるだろう。

2. 恋愛関係の幸福のために

"好きな相手と恋愛し，ある程度の交際期間を経て結婚する"，この恋愛と結婚の関係性は現代においてはごく自然に受け入れられているものであろう。しかし，恋愛の延長線上に結婚があるという「恋愛結婚イデオロギー」が人口に膾炙し，恋愛結婚が結婚の主流となり始めたのは1960年後半のことである。その頃に見合い結婚と恋愛結婚の割合が逆転し，その後，恋愛結婚の割合は増加し続け，2002年には恋愛の末に結婚をするというカップルの割合は9割程度にまで至っている（国立社会保障・人口問題研究所，2004）。また，同調査では初婚における平均交際期間が恋愛結婚では3.8年（見合い結婚では1.1年）となっており，結婚に至るまでには比較的長い間恋愛関係が維持される必要性のあることがうかがえる。ここで晩婚化・非婚化が叫ばれ初婚年齢の平均が上昇の一途を辿る現状（図4.8）を加味すれば，恋愛関係をよりよく維持していくことは，単に個人の適応上の問題や恋愛関係そのものの問題としてだけでなく，社会的な問題として捉え直すこともできるだろう。

これまで恋愛関係の質（関係満足度や関係の良好さ）もしくは関係の継続性に影響を及ぼす要因についてはさまざまな視点からの研究がなされてきている。カップル間の利害関係のバランスや関係への互い投資量（Rusbult, 1983;

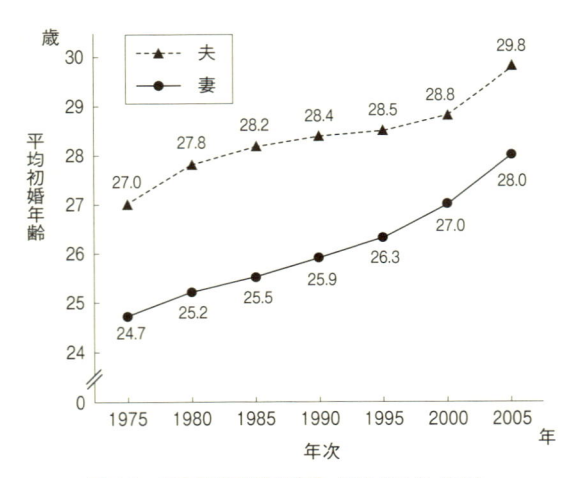

図4.8 平均初婚年齢の変化（厚生労働省，2011）

Walster et al., 1978), 関係葛藤やその対処法 (Rusbult et al., 1986; Surra & Longstreth, 1990) といった要因を扱った研究などは，その古典的な例といえる。また，第1節で触れた恋愛に関する概念と恋愛関係の質との関連について検討した研究も数多く見られる。色彩理論におけるラブスタイルを測定するための尺度開発を行ったヘンドリックら (Hendrick et al., 1988) は，エロス傾向が高くなるほど関係への満足度が高まること，反対にルダス傾向が高くなるほど関係への満足度が低くなることを示している。さらに，恋愛関係の質として，相手との親密さ，相手への熱愛傾向，相手へのケアなどを扱った研究 (Davis & Latty-Mann, 1987) でも，エロスやアガペーはそれらと正の関連を持ち，関係の良好さにつながるラブスタイルであること，ルダスはそれらと負の関連を示し関係の質を低下させる可能性の高いラブスタイルであることが報告されている。

　また，成人の愛着理論における愛着2次元である関係不安ならびに親密性回避も恋愛関係（および夫婦関係）の関係への評価と関連することが知られている。これまで数多くの研究において，カップルや夫婦の両者を対象にその検討がなされてきたが，関係不安や親密性回避の高さは，基本的に本人ならびに恋愛相手や配偶者の関係への評価の低さを予測するという共通の結果が得られている (e.g. Brennan & Shaver, 1995; Feeney, 1999; 金政, 2009, 2010; Shaver et al., 2005)。さらに，青年・成人期の愛着次元は，恋愛や夫婦関係におけるストレス状況下でのサポート関連行動にも影響を及ぼす。たとえば，シンプソンら (Simpson et al., 1992) の恋愛カップルを対象とした実験的研究では，男性の親密性回避（回避傾向）は，ストレス状況下にある女性へのケアの適切さを予測しており，回避傾向が低いほど，不安を感じサポートを求めている女性に対してケアを提供する傾向にあった。加えて，女性のサポート探索行動にも回避傾向の影響は見られ，回避傾向が低いほど相手にケアを求めやすいという結果が得られている。また，先の研究での性別によるサポートの授受の役割を逆転させた研究 (Simpson et al., 2002) においても，女性の回避傾向の高さは，男性へのケア提供の低さを予測していた。類似した結果は，空港でのカップルの別離場面におけるアタッチメント関連行動の観察的研究 (Fraley & Shaver, 1998) や他の実験的研究 (Collins & Feeney, 2000; Feeney & Collins, 2001) でも見ら

れており，青年・成人期の愛着次元とサポート行動との関連の堅固さを示している。さらに，愛着2次元は恋愛相手から提供されるサポートの解釈に対しても影響を及ぼすという報告（Collins & Feeney, 2004）もあり，これらの研究結果は，青年・成人期の愛着2次元（もしくは愛着スタイル）が恋愛や夫婦関係における相互作用時の行動とその認知（特にサポートに関連した行動とその認知）を通して関係の継続性に影響を及ぼす可能性を示唆するものであるといえる。

スタンバーグの愛の三角理論における3要素も恋愛関係の質と関連する。たとえば，親密性の高さは，恋愛関係において自分自身のことをポジティブに捉えられるかどうかを予測し（金政・大坊，2003b），コミットメントの高さは，恋愛関係への満足感につながること（Acker & Davis, 1992）が報告されている。また，親密性やコミットメントの両要素は，恋愛関係が長くなるにつれて次第に高まる傾向にあるが，もう1つの要素である情熱は関係の継続期間との関連が見られていない（金政・大坊，2003b）。これらの結果は，恋愛関係をよりよく維持していくためには，情熱的な感情よりも，親密性という相手との情緒的なつながりや相手との関係を続けていこうとする意思であるコミットメントが重要になることを示しているといえる。

それでは，恋愛関係で親密性やコミットメントを確立していくためにはどうすればよいのか。その1つの答えは，恋愛関係での相互のコミュニケーションということになるであろう。つまり，恋愛関係におけるお互いのコミュニケーションのやり取りが，相手との情緒的なつながりや関係を続けていく意思を育むと考えられるのである。実際，これまでいくつかの研究でカップル間の自己開示や日常的なコミュニケーションが恋愛関係の質に影響することが示されている（Attridge et al., 1995; Fitzpatrick & Sollie, 1999; 多川・吉田，2006）。また，そのようなコミュニケーションにおいて，第10章で紹介されている社会的スキル（他者と円滑な人間関係を形成，維持していくために必要な判断や行動；堀毛，1994）が必要となってくることはいうまでもないだろう。

友人や恋人といった親密な他者との関係をよりよく維持していくことはそう簡単なことではない。親密であるからこそお互いが自分の考えや感情を直接的に吐き出してしまって些細な問題を深刻化させ，互いに傷ついてしまう可能性

もある。しかし，それでもなお私たちは親密な関係を形成し，維持していくことに動機づけられる。それは，親密な関係が時に私たちに安心感を提供する心のよりどころとなるからであろう。親密な関係をよりよく継続すること，それは私のみが満足するのではなく，その満足を関係内の人々の満足へと変換させていくこと，つまり，お互いの幸せを考えることなのかもしれない。

■引用文献

Acker, M., & Davis, K. E. (1992). Intimacy, passion, and commitment in adult romantic relationships: A test of the triangular theory of love. *Journal of Social and Personal Relationships*, **9**, 21-50.

Arnold, M. E., & Thompson, B. (1996). Love style perception in relation to personality function. *Journal of Social Behavior and Personality*, **11**, 425-438.

Attridge, M., Berscheid, E., & Simpson, J. A. (1995). Predicting relationship stability from both partners versus one. *Journal of Personality and Social Psychology*, **69**, 254-268.

Bartholomew, K., & Horowitz, L. M. (1991). Attachment styles among young adults: A test of a four-category model. *Journal of Personality and Social Psychology*, **61**, 226-244.

Barry, C. M., & Wentzel, K. R. (2006). Friend influence on prosocial behavior: the role of motivational factors and friendship characteristics. *Developmental Psychology*, **42**, 153-163.

Bowlby, J. (1969/2000). *Attachment and loss*. Vol. 1. *Attachment*. New York: Basic Books.

Bowlby, J. (1973/2000). *Attachment and loss*. Vol. 2. *Separation: Anxiety and anger*. New York: Basic Books.

Bowlby, J. (1977). The making and breaking of affectional bonds. *British Journal of Psychology*, **130**, 201-210.

Brennan, K. A., & Morris, K. A. (1997). Attachment styles, self-esteem, and patterns of seeking feedback from romantic partners. *Personality and Social Psychology Bulletin*, **23**, 23-31.

Brennan, K. A., & Shaver, P. R. (1995). Dimensions of adult attachment, affect regulation, and romantic relationships functioning. *Personality and Social Psychology Bulletin*, **21**, 267-283.

Buhrmester, D., Furman, W., Wittenberg, M. T., & Reis, H. T. (1988). Five domains of interpersonal competence in peer relationships. *Journal of Personality and Social Psychology*, **55**, 991-1008.

崔　京姫・新井邦二郎（1998）．ネガティブな感情表出の制御と友人関係の満足感および

精神的健康との関係　教育心理学研究, **46**, 432-441.
Collins, N. L., & Feeney, B. C. (2000). A safe haven: An attachment theory perspective on support seeking and caregiving in intimate relationships. *Journal of Personality and Social Psychology*, **78**, 1053-1073.
Collins, N. L., & Feeney, B. C. (2004). Working models of attachment shape perceptions of social support: Evidence from experimental and observational studies. *Journal of Personality and Social Psychology*, **87**, 363-383.
Davis, K. E., & Latty-Mann, J. (1987). Love styles and relationship quality: A contribution to validation. *Journal of Social and Personal Relationships*, **4**, 409-428.
Deci, E. L., La Guardia, J. G., Moller, A. C., Scheiner, M. J., & Ryan, R. M. (2006). On the benefits of giving as well as receiving autonomy support: Mutuality in close friendships. *Personality and Social Psychology Bulletin*, **32**, 313-327.
Ennett, S. T., & Bauman., K. E. (1994). The contribution of influence and selection to adolescent peer group homogeneity: The case of adolescent cigarette smoking. *Journal of Personality and Social Psychology*, **67**, 653-663.
榎本淳子 (1999). 青年期における友人との活動と友人に対する感情の発達的変化　教育心理学研究, **47**, 180-190.
Feeney, B. C., & Collins, N. L. (2001). Predictors of caregiving in adult intimate relationships: An attachment theoretical perspective. *Journal of Personality and Social Psychology*, **80**, 972-994.
Feeney, J. A. (1995). Adult attachment and emotional control. *Personal Relationships*, **2**, 143-159.
Feeney, J. A. (1999). Adult attachment, emotional control, and marital satisfaction. *Personal Relationships*, **6**, 169-185.
Fitzpatrick, J., & Sollie, D. L. (1999). Influence of individual and interpersonal factors on satisfaction and stability in romantic relationships. *Personal Relationships*, **6**, 337-350.
Fraley, R. C., & Shaver, P. R. (1998). Airport separations: A naturalistic study of adult attachment dynamics in separating couples. *Journal of Personality and Social Psychology*, **75**, 1198-1212.
橋本　剛 (2000). 大学生における対人ストレスイベントと社会的スキル・対人方略の関連　教育心理学研究, **48**, 94-102.
Hazan, C., & Shaver, P. R. (1987). Romantic love conceptualized as an attachment process. *Journal of Personality and Social Psychology*, **52**, 511-524.
Hendrick. S. S., Hendrick, C., & Adler, N. L. (1988). Romantic relationships: Love, satisfaction, and staying together. *Journal of Personality and Social Psychology*, **54**, 980-988.
堀毛一也 (1994). 恋愛関係の発展・崩壊と社会的スキル　実験社会心理学研究, **34**, 116-128.
石本雄真・久川真帆・齋藤誠一・上長　然・則定百合子・日潟淳子・森口竜平 (2009).

青年期女子の友人関係スタイルと心理的適応および学校適応との関連　発達心理学研究, **20**, 125-133.

Jarvinen, D. W., & Nicholls, J. G.（1996）. Adolescents' social goals, beliefs about the causes of social success, and satisfaction in peer relations. *Developmental Psychology*, **32**, 435-441.

金政祐司（2005）. 青年期の愛着スタイルと感情の調節と感受性ならびに対人ストレスコーピングとの関連—幼児期と青年期の愛着スタイル間の概念的一貫性についての検討—　パーソナリティ研究, **14**, 1-16.

金政祐司（2009）. 青年期の母−子ども関係と恋愛関係の共通性の検討：青年期の２つの愛着関係における悲しき予言の自己成就　社会心理学研究, **25**, 11-20.

金政祐司（2010）. 中年期の夫婦関係において成人の愛着スタイルが関係内での感情経験ならびに関係への評価に及ぼす影響　パーソナリティ研究, **19**, 134-145.

金政祐司・大坊郁夫（2003a）. 青年期の愛着スタイルと社会的適応性　心理学研究, **74**, 466-473.

金政祐司・大坊郁夫（2003b）. 愛情の三角理論における３つの要素と親密な異性関係感情　心理学研究, **10**, 11-24.

加藤　司（2007）. 大学生における友人関係の親密性と対人ストレス過程との関連性の検証　社会心理学研究, **23**, 152-161.

国立社会保障・人口問題研究所（2004）. わが国夫婦の結婚過程と出生力：第12回出生動向基本調査　厚生統計協会

厚生労働省（2011）. 人口動態統計年報　婚姻　第５表「都道府県別にみた夫・妻の平均初婚年齢の年次推移」<http://www.mhlw.go.jp/toukei/saikin/hw/jinkou/suii07/marr5.html>（2011年２月１日）

Lee, J. A.（1977）. A typology of styles of loving. *Personality and Social Psychology Bulletin*, **3**, 173-182.

Lee, J. A.（1988）. Love styles. In R. J. Sternberg & M. L. Barnes（Eds.）, *The psychology of love*. New Haven, CT: Yale University Press. pp.38-67.

松井　豊（1990）. 友人関係の機能 "青年期における友人関係"　斉藤耕二・菊池章夫（編）　社会化の心理学ハンドブック　川島書店　pp.283-296.

松井　豊（1996）. 親離れから異性との親密な関係の成立まで　斎藤誠一（編）　青年期の人間関係　培風館　pp.19–54.

Mickelson, K. D., Kessler, R. C., & Shaver, P. R.（1997）. Adult attachment in a nationally representative sample. *Journal of Personality and Social Psychology*, **73**, 1092-1106.

宮下一博・渡辺朝子（1992）. 青年期における自我同一性と友人関係　千葉大学教育学部研究紀要, **40**, 107-111.

長沼恭子・落合良行（1998）. 同性の友達とのつきあい方からみた青年期の友人関係　青年心理学研究, **10**, 35-47.

内閣府政策統括官（2004）. 世界の青年との比較からみた日本の青年—第７回世界青年意識調査報告書　国立印刷局

中村佳子・浦　光博（1999）．適応及び自尊心に及ぼすサポートの期待と受容の交互作用効果　実験社会心理学研究, **39**, 121-134.
落合良行・佐藤有耕（1996）．青年期における友達とのつきあい方の発達的変化　教育心理学研究, **44**, 55-65.
岡田　涼（2006）．青年期における友人関係への動機づけの発達的変化―横断的データによる検討　名古屋大学大学院教育発達科学研究科紀要（心理発達科学）, **53**, 133-140.
岡田　努（1993）．現代青年の友人関係に関する考察　青年心理学研究, **5**, 43-55.
岡田　努（2002）．友人関係の現代的特徴と適応感及び自己像・友人像の関連についての発達的研究　金沢大学文学部論集　行動科学・哲学篇, **22**, 1-38.
岡田　努（2007a）．現代青年の心理学―若者の心の虚像と実像　世界思想社
岡田　努（2007b）．大学生における友人関係の類型と，適応及び自己の諸側面の発達の関連について　パーソナリティ研究, **15**, 135-148.
小塩真司（1998）．青年の自己愛傾向と自尊感情，友人関係のあり方との関連　教育心理学研究, **46**, 280-290.
大谷宗啓（2007）．高校生・大学生の友人関係における状況に応じた切替―心理的ストレス反応との関連に注目して―　教育心理学研究, **55**, 480-490.
Parker, J. G., Low, C. M., Walker, A. R., & Gamm, B. K. (2005). Friendship jealousy in young adolescents: Individual differences and links to sex, self-esteem, aggression, and social adjustment. *Developmental Psychology*, **41**, 235-250.
Powers, S., Pietromonaco, P. R., Gunlicks, M., & Sayer, A. (2006). Dating couples' attachment styles and patterns of cortisol reactivity and recovery in response to a relationship conflict. *Journal of Personality and Social Psychology*, **90**, 613-628.
Rubin, Z. (1970). Measurement of romantic love. *Journal of Personality and Social Psychology*, **16**, 265-273.
Rusbult, C. E. (1983). A longitudinal test of the investment model: The development (and deterioration) of satisfaction and commitment in heterosexual involvements. *Journal of Personality and Social Psychology*, **45**, 172-186.
Rusbult, C. E., Johnson, D. J., & Morrow, G. D. (1986). Impact of couple patterns of problem solving on distress and nondistress in dating relationships. *Journal of Personality and Social Psychology*, **50**, 744-753.
Shaver, P. R., & Brennan, K. A. (1992). Attachment styles and the "big five" personality traits: Their connections with each other and with romantic relationship. *Personality and Social Psychology Bulletin*, **18**, 536-545.
Shaver, P. R., & Hazan, C. (1988). A biased overview of the study of love. *Journal of Social and Personal Relationships*, **5**, 473-501.
Shaver, P. R., Schachner, D. A., & Mikulincer, M. (2005). Attachment style, excessive reassurance seeking, relationship processes, and depression. *Personality and Social Psychology Bulletin*, **31**, 343-359.
柴橋祐子（2004）．青年期の友人関係における「自己表明」と「他者の表明を望む気持ち」の心理的要因　教育心理学研究, **52**, 12-23.

下斗米淳 (2000). 友人関係の親密化過程における満足・不満足感および葛藤の顕在化に関する研究—役割期待と遂行のずれからの検討— 実験社会心理学研究, **40**, 1-15.

Simpson, J. A., Rholes, W. S., & Nelligan, J. S. (1992). Support seeking and support giving within couples in an anxiety-provoking situation: The role of attachment styles. *Journal of Personality and Social Psychology*, **62**, 434-446.

Simpson, J. A., Rholes, W. S., Orina, M. M., & Grich, J. (2002). Working models of attachment, support giving, and support seeking in a stressful situation. *Personality and Social Psychology Bulletin*, **28**, 598-608.

Sternberg, R. J. (1986). A triangular theory of love. *Psychological Review*, **93**, 119-135.

Surra, C. A., & Longstreth, M. (1990). Similarity of outcomes, interdependence, and conflict in dating relationships. *Journal of Personality and Social Psychology*, **59**, 501-516.

多川則子・吉田俊和 (2006). 日常的コミュニケーションが恋愛関係に及ぼす影響 社会心理学研究, **22**, 126-138.

遠矢幸子 (1996). 友人関係の特性と展開 大坊郁夫・奥田秀宇（編） 親密な対人関係の科学 誠信書房 pp.90-116.

上野行良・上瀬由美子・松井 豊・福富 護 (1994). 青年期の交友関係における同調と心理的距離 教育心理学研究, **42**, 21-28.

Urberg, K. A., Değirmencioğlu, S. M., & Pilgrim, C. (1997). Close friend and group influence on adolescent cigarette smoking and alcohol use. *Developmental psychology*, **33**, 834-44.

和田 実・林 文俊 (2004). 現代大学生の友人関係 (1) —1986年と2002年の比較 日本社会心理学会第45回大会発表論文集, 538-539.

Walster, E., Walster, G. W., & Traupmann, J. (1978). Equity and premarital sex. *Journal of Personality and Social Psychology*, **36**, 82-92.

Woll, S. B. (1989). Personality and relationship correlates of loving styles. *Journal of Research in Personality*, **23**, 480-505.

安井圭一・谷 冬彦 (2008). 現代青年の友人関係と自我同一性との関連 日本パーソナリティ心理学会第17回大会発表論文集, 212-213.

吉岡和子 (2001). 友人関係の理想と現実のズレ及び自己受容から捉えた友人関係の満足度 青年心理学研究, **13**, 13-30.

Zeifman, D., & Hazan, C. (2000). A process model of adult attachment formation. In W. Ickes & S. Duck (Eds.), *The social psychology of personal relationships*. Chichester: John Wiley & Sons. pp.37-54.（金政祐司（訳）(2004). 成人の愛着形成についてのプロセス・モデル 大坊郁夫・和田 実（編訳） パーソナルな関係の社会心理学 北大路書房 pp.47-69.）

コラム4　顔面表情と文化

　対人社会心理学を学ぶ上で必要不可欠な概念の1つに，人間の感情表出としての表情があげられる。表情には，生物学的に文化を超えて万国共通である普遍的な表情と，文化によって異なる表情とが存在する。
　エクマンとフリーセン（Ekman & Friesen, 1971）は，欧米文化と接触を持たないニューギニア高地に住むフォア族を対象に，特定の感情が表出された表情の写真を提示し，どのような感情が表出されているか評定させた。その結果，「幸福」「悲しみ」「怒り」「驚き」「嫌悪」「恐れ」の6種類の表情が正しく識別され，これらが文化を超えて普遍的な表情であると定義された。
　その一方で，文化によって異なる表情は，表示規則（display rule）という概念によって説明される。表示規則とは，人間が生得的に獲得している普遍的な表情に加えて，成長するとともに，周囲の人間や環境なども含めた文化や社会から学ぶものであり，表出することがのぞましくない表情を隠蔽したり，他の表情を表出することによって偽装するなど，さまざまな手法がある。フリーセン（Friesen, 1972）は，強いストレスを誘発する映像を，日本人学生とアメリカ人学生に提示し，両者の表情表出を比較することによって，文化的な表示規則の存在を明らかにした。この実験は2つの条件下で行われ，1回目は学生だけで視聴したが，2回目は地位が上の実験者と同席して視聴した。その結果，アメリカ人学生は，1回目も2回目も同様に否定的な感情を表情に表していたが，日本人学生は1回目の実験において否定的な感情を表情に表していたものの，2回目の実験では全く感情を表出しないか微笑したのである。
　アジア圏内の実験としては，高橋ら（2007）が，幸福と怒りの表情表出における日韓比較を行った。この研究において，学生は自分より地位が上の実験者の前で，幸福と怒りの表情を表出するよう求められた。その結果，日本人学生は顔を下に向けることによって怒りの表情を隠そうとしたが，韓国人学生は怒りの表情を隠さなかった。このような文化的な表示規則の作用を厳密に理解するためには，両国の文化的背景と現代文化について深く理解する必要がある。そして，この理解を通じてこそ，有益な異文化コミュニケーションが成立するのではないかと思われる。
　また，高橋・大坊（2003，2004）は，ACT（Affective Communication Test）によって測定される非言語的表出性によって，怒り，悲しみ，驚きの表情表出が異なることを示し，文化のみならず，社会的スキルなどの個人差が表情表出に影響を与えることを明らかにした。
　さらに，高橋・大坊（2005）は，軽蔑や興味などのような普遍的な表情以外も研究対象として，表情の種類別に表示規則を調べる必要があると述べている。
　以上の研究から，人間は決して生得的に備わっている表情だけで生きているのではないことが分かる。それはなぜかというと，人間が日常生活を送る上で，自分のネ

ガティブな感情を相手に伝えることによって，相手を不快な思いにさせないように配慮する必要があるからではないかと思う。逆に，相手の怒りや悲しい気持ちに共感していることを伝えるために，ネガティブな感情を隠さずに，むしろ強調する場合もある。つまり，人間は，文化や対人関係などによって，自分の表情を調節しながら生きているのである。その目的は，表情を表出する者と認知する者の双方が幸福になるためではないだろうか。

参考・引用文献

Ekman, P., & Friesen, W. V. (1971). Constants across cultures in the face and emotion. *Journal of Personality and Social Psychology*, **17**, 124-129.

Friesen, W. V. (1972). Cultural difference in facial expression in a social situation: An experimental test of the concept of display rules. Unpublished doctoral dissertation, University of California, San Francisco.

高橋直樹・大坊郁夫 (2003). 感情教示法と写真教示法による怒りと悲しみの表情表出と他者の存在の効果　対人社会心理学研究, **3**, 65-72.

高橋直樹・大坊郁夫 (2004). 驚きの表情表出における他者の存在の効果　対人社会心理学研究, **4**, 69-75.

高橋直樹・大坊郁夫 (2005). 感情教示法と写真教示法による軽蔑の表情表出と他者の存在の効果　日本顔学会誌, **5**, 67-74.

高橋直樹・大坊郁夫・趙　鏞珍 (2007). 感情教示法を用いた幸福と怒りの表情表出における日韓比較　対人社会心理学研究, **7**, 61-65.

5 自己呈示が well-being に果たす役割

第1節　対人関係も自己の認識もポジティブに

　最近,「幸せだな」と思ったのはどんなときだったか思い出してもらいたい。美味しいものを食べたとき,ぐっすり寝ることができたとき,面白い漫画を読んだときなどがまずは浮かぶであろうか。ただ,そのような個人的な欲求の充足の瞬間だけではないであろう。他者とのかかわりの中で多くの「幸せだな」という気持ちは生まれているのではないか。

　対人関係が well-being に深くかかわっていることは本書全体のテーマであるが,そのかかわり方は大きく2つに分けられると考えられる。1つは対人関係の良好さが直接的に well-being につながるということである。他者と親密であることでわれわれは,肉体的にも精神的にも健康に暮らすことができ,多くの活力や喜びを得ることができる。このように対人関係の良好さは個人の精神的適応に大きな影響力を持つ。

　もう1つは他者とのかかわりの中でいかに自身を価値ある存在として認識できるのかということが well-being につながるということである。そして,そのような自己評価は自らのみで決まるわけではなく,他者が自分に対して持つイメージや,自分の行動に対する他者からのフィードバックに大部分が依存している。

　対人関係が良好であるならば,その関係の中での自己についての認識もポジティブになることが多いであろう。実際,親密な関係では自己認知のポジティブ・イリュージョンが見られること(外山, 2002)や,恋愛関係を持つことで自

己概念の多様性が増加し，自己効力感や自尊心が増加する（Aron et al., 1995）ことが明らかになっている。ただし，必ずしも対人関係の良好さと自己認識の良好さは両立するわけではない。たとえば友達との関係はうまくいっているが，友達と一緒にいるときの自分を好きになれないということもありえる。それでは，対人関係の良好さと自己認識の良好さを両立するために必要なことはなんなのか。いくつかの候補があげられるが，筆者は自己呈示をあげたい。自己呈示とは自分が他者にどのように見られているのかに気を配り，他者の目に映る自己のイメージをコントロールしようとすることである。他者との関係の中で適切な自己呈示を行うことができれば，関係も自己に対する認識も良好になるであろう。

本章では，対人関係の中で行われる自己呈示に注目し，自己呈示が対人関係や自己の認識にどのような影響を与えるのか，適切な自己呈示とはなんなのかについて説明したい。

第2節　自己呈示とは何か

リアリーとコワルスキー（Leary & Kowalski, 1990）によれば，自己呈示（self-presentation）とは，他者が形成する自らの印象をコントロールしようと試みることである。われわれはふだんの生活の中で多くの人とかかわる。そのかかわりの中でわれわれは相手の言動や行動，その人についての情報などからその人の印象を形成する。そして，相手もまたわれわれの言動や行動，情報からわれわれに対するイメージを形成する。この他者がわれわれに形成するイメージをわれわれが望むものにしようと試みることが自己呈示である。

自己呈示と類似した概念として自己開示（self disclosure）がある。この2つは異なるものとして扱われ，自己をありのままに他者に伝える自己開示に対し，自己を操作的に歪めて他者に伝えることが自己呈示とされることが多い。しかし，そもそも"ありのまま"とはなにかを決めるのは難しく，また，自己に関する印象を操作することは必ずしも歪めることではない。つまり，厳密に自己開示と自己呈示を区別することは難しいであろう。

第3節　自己呈示の3つの機能

　自己呈示はなんのためにするのであろうか。自己呈示をすれば，どのような効果があるのであろうか。安藤（1994）は自己呈示には次のような3つの機能があると述べている。

　1つは，報酬の獲得と損失の回避である。つまり，自己呈示を行うことによって，広い意味での報酬を得ることができ，損失を被ることを防ぐことができる。たとえば，面接試験において，志願者が面接者に対して適切な印象を与えることに成功すれば，それが内定を勝ち取るための追い風になる。また，好感度を高めることができれば，多くの友人ができ，友達関係もうまくいくであろうし，恋人に異性として素敵であると評価されれば，その恋愛関係もうまくいくであろう。さらに，友達との約束に遅刻してしまった時に，謝罪の気持ちが相手に伝われば，友達は許してくれて，その関係が壊れることを防ぐことができる。

　2つ目は自尊心の高揚と維持である。一般に，われわれが適応的に生活をしていくためには自分を価値ある存在であると見なすこと，つまり自尊心が高いことが必要であるとされている。そして，この自尊心の高さは，他者から受容されているかに大きく左右される。リアリーが提唱するソシオメーター理論では，自尊心とは自分と他者との関係を監視するシステムであり，他者からの受容の程度を示す計器である（Leary, 1999）と説明している。つまり，他者から高い評価を得て，受け入れられていると思えば，自尊心が高まる。適切な自己呈示を行い他者から受容されることは自尊心の高揚と維持につながるということである。

　3つ目はアイデンティティの確立である。自分では自分のことをこうだと思っているという自己認知と，他者からの自分に対する見方である他者認知とが必ずしも一致するわけではない。たとえば自分ではおしゃれであると思っているのに，友達からは"ダサい"と思われていることが分かるような場合である。このような自己認知と他者認知の不一致は，自分のことが分からないという気持ちにもつながり，不快である。そこで，その友達と会う時はファッショ

ン雑誌などで検討したおしゃれな服装をすることによって、おしゃれであると思わせることができれば自己認知と他者認知を一致させることができ、"おしゃれな"自分というアイデンティティを確かなものとすることができる。

第4節　どんなイメージを伝えるのか

　自己呈示と一言でいっても、その種類は多種多様である。つまり、他者に伝えるイメージはさまざまである。このような多種多様な自己呈示を分類しようという試みは多くの研究者が行っている。ここではそのうちジョーンズとピットマン（Jones & Pittman, 1982）の代表的な分類について説明したい。

　彼らは自己呈示者が自己呈示の対象である他者にどのように思われたいのかに焦点をあてて、自己呈示を①取り入り（ingratiation）、②威嚇（intimidation）、③自己宣伝（self-promotion）、④示範（exemplification）、⑤哀願（supplication）、の5つに分類している。「取り入り」では、"好感がもてる（likable）"、「威嚇」では"危険な（dangerous）"、「自己宣伝」では"能力がある（competent）"、「示範」では"価値ある（worthy）"、「哀願」では"かわいそう（helpless）"というイメージを他者が自分に対して持つことを求めている（表5.1 参照）。

表5.1　ジョーンズとピットマンによる自己呈示の5つの分類
（Jones & Pittman, 1982; 訳出は安藤（1994）を参考にした）

	求める評価	失敗した場合の評価	相手に喚起される感情	典型的な行為
取り入り	好感が持てる	追従者 卑屈な 同調者	好意	自己描写、意見同調 親切な行為、お世辞
自己宣伝	能力がある	自惚れな 不誠実	尊敬	パフォーマンスの主張 パフォーマンスの説明
示範	価値がある 立派な	偽善者 信心ぶった	罪悪感 恥	自己否定、援助 献身的努力
威嚇	危険な	うるさい 無能な 迫力なし	恐怖	脅し 怒り
哀願	かわいそう 不幸な	なまけ者 要求者	養育・介護	自己非難 援助の懇願

また，どの方略も，自己呈示者が社会的環境に対する影響力や統制力といった勢力を拡大する，あるいは社会的環境から自分自身を防御することが根本的な目標となっている。「取り入り」では"好感が持てる"というイメージを他者が自分に対して抱くことで，自己呈示の対象となる他者が自分にネガティブな結果をもたらす可能性を減少させ，ポジティブな結果をもたらす可能性を増加させることによって勢力を拡大する。「威嚇」では"危険な"という印象を他者に抱かせることで，自己呈示の対象となる他者に対して自己呈示者がネガティブな結果をもたらす可能性を増加させることによって勢力を高める。「自己宣伝」では"能力がある"というイメージを呈示することで，自己呈示の対象となる他者に対する問題解決者としての自身の道具的価値を高めることによって勢力を増す。「示範」では（社会的に）価値があるというイメージを他者が抱くことで，社会的規範をうまく反映することによって影響力を持つ。「哀願」では，他者に"かわいそう"と思わせることで，社会的責任の養護規範を利用することによって勢力を得る。

　表5.1は，5つの自己呈示方略を，①自己呈示をすることによって他者から求めるイメージ，②自己呈示の失敗によって予想されるネガティブなイメージ，③自己呈示の対象となる他者に喚起される感情，④典型的な行為，という観点からまとめたものである。

第5節　どのように自己呈示をするのかを決めるもの

　他者とのかかわりの中で呈示されるイメージは先述したように多種多様であるが，それではどんな自己呈示を行うのかはなにによって決まるのであろうか。これについてはリアリーとコワルスキー（Leary & Kowalski, 1990）が5つの要因をあげている。それは，自己概念と理想の自己像，役割・規範，他者の価値づけ，自分に対する他者の現在のイメージである。

　まず，自分自身をどのように見ているのかという自己概念がどのような自己呈示を行うのかに影響することがあげられる。たとえば，自分のことを"明るい"と思っていれば，他者にもそのように思われるように振る舞うであろう。リアリーら（Leary & Kowalski, 1990）は自己概念と一致した自己呈示をする

理由を2つ述べている。1つは，一般にわれわれは「嘘をつくことは悪いことだ」という倫理観を内在化しているため，自己概念と異なる自己呈示を行うことはためらわれるということである。そしてもう1つは，自己概念と一致した自己呈示の方がうまくスムーズに行うことができるということである。また，自己評価動機のうちの1つである自己確証動機の働きも自己概念に基づく自己呈示の説明因としてあげられる。自己確証動機とは，肯定的であれ，否定的であれ，もともと持っている自己概念に一致するような情報を得たいとする動機である（Swann, 1990; 小林，2003）。人には自分や世界を予測・統制したいという欲求があり，世界が予測可能で統制可能であるという知覚を得るためには，安定的な自己概念を保持する必要があることから自己確証動機は生じると考えられる（沼崎，2001a）。つまり，自分のことを"明るい"と思っている人は，周囲の他者から"明るい"というフィードバックを受け取ることで，この自己確証動機を満たすことができるといえる。

　ただし，われわれはいつでも自分が思う自分自身の姿を他者に示すわけではない。どのような自分でありたいのか，あるいはどのような自分でありたくないのかということも他者に見せる姿の規定因となる。たとえば，自分のことを"暗い"と思っていたとしても，"明るい"と思われるような人になりたいと思っていれば，新しく知り合った人には"明るく"振る舞おうとするかもしれない。自己概念と一致した自己呈示を行うように働きかけるのが自己確証動機であるのに対し，理想の自己像に合った自己呈示を行うように働きかけるのは自己高揚動機である。自己高揚動機とは，自分にとってポジティブな意味を持つように現象を解釈したり説明したりし，そのような意味を持つ情報を収集しようとする動機である（沼崎，2001b）。つまり，自らが望む"明るい"イメージを他者から得ることによって，自尊心の維持，高揚ができるわけである。

　以上のような自己概念や理想の自己像は自分自身に関することであるが，それ以外の要因もどのような自己呈示を行うのかに影響を及ぼす。1つは，社会的にどのような役割を担っているのか，どのような社会的規範に従い行動しているかである。たとえば，大学内では無口な学生であっても，接客のバイト中はハキハキと話すであろう。

　また，相互作用を行っている他者がもともとどのような価値観や好みを持っ

ているのかという他者の価値づけもわれわれがその他者に行う自己呈示に影響する。たとえば，就職の面接を受けに行った会社が"何事にも積極的に取り組む人"を求めているということを知れば，自分自身の積極的な一面を探し，それをアピールするかもしれない。

すでによく知った関係であれば，どのような自己呈示を行うのかを規定する要因もさらに増える。つまり，他者が現在，自分のことをどのように見ているのかという自分に対する他者の現在のイメージもどんな自己呈示を行うのかに影響する。たとえば，高校への入学当初に緊張してあまり積極的にクラスメートとかかわることができなかったことで，"おとなしい"と思われてしまうと，学校に慣れてきて積極的になろうとしても，まわりからの評価が邪魔して積極的になれないこともありえる。

第6節　自己呈示者のジレンマ

前節で説明したように，他者に対して自己呈示を行う場合にはどのような自己呈示を行うのかにさまざまな要因が影響する。そのような自己呈示の規定因のそれぞれが同じような自己の姿を他者に呈示するように働きかけるならば問題はないのだが，しばしば異なる自己呈示を行うように働きかけるときがある。このような場合には自己呈示を行う人はジレンマ状況に陥る（Leary, 1995）。特に自己概念と自己呈示の対象となる他者の価値づけが異なることは頻繁に起こる可能性もありながら，とても悩ましい状況である。たとえば，就職活動の面接で，自分のことを「与えられた課題を責任感を持ってきっちりとこなせる」人間であると思っていた受験者が，面接者から「わが社はリーダーシップがあり斬新な考えを持った人を求めている」と言われた場合がそれにあたる。リアリー（Leary, 1993）によれば，このようなジレンマ状況では，自己呈示の対象となる他者が価値を置いている属性を所有していない，または他者がネガティブとみなしている属性を所有していると本人は思ってしまう。そして，自己概念と一致した自己呈示を行うことは，他者の価値づけに合わせた自己呈示を行うよりも相手にネガティブな印象を与えてしまうと考える。それでは迷いなく他者の価値づけに合わせた自己呈示を行うかというとそうもいか

ない。先述したように自己概念と不一致な自己呈示をスムーズに行うことは難しいし，そのような自己呈示が仮にうまくいったとしても，他者が自分に対して抱く姿と自己概念との乖離を経験し，また自己概念を否定した自己呈示を行っていることから自尊心の低下をもたらす可能性も考えられる。つまり，他者の価値づけに合わせた自己呈示を行うことは，先述した自己呈示の3つの機能のうち，他者からの高い評価という報酬を獲得できるものの，自尊心を低下させ，望ましいアイデンティティの確立を阻害してしまう。

それではそのようなジレンマ状況において，どのような自己呈示を行うのかを決める要因は何であろうか。リアリー（Leary, 1993）は，目標の価値と自己概念の重要度という2つをあげている。自己呈示を行うことによって達成される目標の価値が高い，つまり獲得される報酬が魅力的なほど，他者の価値づけに合致した自己呈示を行うことが予期される。また，自己呈示を行う自己概念の領域を重要だと思っているほど，自己概念と一致した自己呈示を行うと考えられる。先の就職面接の例にあてはめると，面接を受けている会社から内定が欲しい気持ちが強いほど，その会社が望む人物像に合わせた自己呈示を行い，自己概念である「与えられた課題を責任感を持ってきっちりとこなせる」ということが自分にとって重要であるほど，そのままの自己呈示を行うといえる。

目標の価値が高いほど，他者の価値づけに合わせた自己呈示が行われることは，異性に対して自己呈示を行う場面において多くの研究が行われている。それらの研究において，目標の価値が高い状況として設定されているのは，自己呈示の対象となる異性が魅力的であるという状況である。魅力的な異性の価値づけが自己概念と異なっていてもそれに合わせた自己呈示を行うということである。

たとえば，ザンナとパック（Zanna & Pack, 1975）が行った実験では，魅力的な男性と対面することを予期させられた事態において女性実験参加者は，男性のもつ性役割ステレオタイプに合致するような女性であると自らのことを説明していた。また，プリナーとチェイクン（Pliner & Chaiken, 1990）の研究では，魅力的な男性によい印象を与えたい時，女性はその男性の前で少ししか食べず，女らしさのステレオタイプに合わせようとするが，あまり魅力的でない男性と相互作用しているときは食べることを控えないことが明らかになってい

る。

　このように魅力的な異性を前にすると，われわれは相手の好みや価値観に影響を受けて自分がどういう人間であるかを説明したり，そのような人間であるように振る舞ったりする。別の言い方をすれば，相手に同調しているといえるこのような傾向は，過度になると，嘘をついてでも自分があたかも魅力的な異性の理想像にぴったりの人間であるように見せるということもある。ロワットらの研究（Rowatt et al., 1999）では，異性と関係を始めようとするときに，その異性の外見的魅力が高ければ，自分自身を偽って伝える自己呈示を行う度合いも高いかどうかを調べている。実験参加者は，後で異性とデートをすることになると説明され，外見的魅力の異なる2種類の異性のプロフィールを読まされ，その異性に対して自分自身のパーソナリティを自己記述するよう求められた。また，その異性に対して，自分をよりのぞましく見せるため，嘘をつきたいかどうかを報告した。男性も女性も，より魅力的な異性に対して，パーソナリティや恋愛に対する態度において，その異性の理想と一致した，本当の自分とは異なった偽の自己呈示を行っていた。また，魅力的な異性に対して，自分の外見，特性，収入，過去，キャリアスキル（資格や仕事上の能力），知性について，嘘をつきたいと報告していた。

　このように魅力的な異性に対してはその異性の価値づけに合わせた自己呈示が行われることを示した研究は数多くある。これに対して，自己概念と他者の価値づけが異なるようなジレンマ状況において問題となる自己概念の領域がどの程度本人にとって重要であるかどうかが，その時にどのような自己呈示を行うかを決定するのに影響するのかについて検討を行った研究としては，谷口（2001）の実験がある。この実験では，後で対面することになっている女性に対して自分のことを説明するように求められた男性は，自分にとって重要であると考えている領域において，あまり重要ではない領域よりも，女性に気に入られようとして，女性の好みに近いイメージを示そうとしたという結果が得られており，予測を支持している。

　先に述べたように，自己概念と他者の価値づけが異なるようなジレンマ状況において，他者の価値づけとは異なる自己概念に合致した自己呈示を行うことは，その他者に対してネガティブな印象を与えてしまう可能性がある。リアリ

ー（Leary, 1995）によれば，このような状況のように，他者が自分に対してネガティブな印象を保持していると認識した時に，その印象とは無関係な領域でポジティブな印象を呈示することによってネガティブな印象を補償しようとすることがある。バウマイスターとジョーンズが行った実験（Baumeister & Jones, 1978）はそのことを明らかにしている。実験参加者はパーソナリティテストを受け，その後，それに対する偽の結果がフィードバックされる。また，後で相互作用することになる別の実験参加者にもその結果が提示されると伝えられる。その後，実験参加者には自己評定の形で追加情報を別の実験参加者に示す機会が与えられる。実験の結果，実験参加者は偽の結果の影響を受けて，追加の自己評定を行っていることが示された。偽の結果が全体的にネガティブであった場合は，その結果でネガティブな評価をされた特性についてはネガティブに自己評定を行い，偽の結果において言及されていなかった特性についてはポジティブな自己評定を行うという補償的な自己呈示を行っていた。偽の結果が全体的にポジティブであった場合は，補償的な自己呈示を行う必要がなかったために，謙虚に自己呈示を行っていた。さらに，最初のパーソナリティテストの結果が他の実験参加者に提示されない場合には，このような傾向は見られなかった。つまり，ネガティブな情報を知られている場合は，その情報と矛盾しないように補償的な自己呈示を行っているといえる。また，他者にポジティブに認知されている場合は，能力がないと思われるリスクなしに，謙虚さという追加の社会的報酬を求めると考えられる。

　以上の研究結果を踏まえると，われわれはいつでも自分自身のことをあるがままに見せようとするわけでもなく，だからといって相手の好みに完全に一致した人間であるということを示すわけでもない。自己呈示を行っている状況や相手，自己呈示を行う領域によって柔軟な形で自己呈示を行っているといえる。

第7節　自己呈示のコスト

　先述したように自己概念と，自己呈示の対象となる他者の価値づけが異なるようなジレンマ場面はとても悩ましい状況である。このような状況では，いつも以上にどのような自己呈示を行うのかに注意が払われ，それを決定するのに

労力，すなわち心理的コストが必要となる。このようにわれわれが自己呈示を行おうという動機づけや意識はいつも一定ではなく，状況によって高い場合もあれば低い場合もある。また，自己呈示を行おうとすることに注意や意識が向けられることは認知的負荷となるため，自己制御（self-regulation）を行えなくなってしまうこともある。このような自己呈示に伴う心理的コストの問題について，ここでは述べたい。

自己呈示を行おうとする動機づけは状況によって異なるが，動機づけが高まる状況としてリアリーとコワルスキー（Leary & Kowalski, 1990）は3つの要因をあげている。それは，①目標達成への関連性の高さ，②目標の価値の高さ，③望ましいイメージと現実のイメージの不一致である。

自己呈示をうまく行うことによって目標を達成する可能性が高くなるほど，自己呈示への動機づけは高まる。たとえば，同じクラスにいる好意を持っている異性よりも，合コンやお見合いで知り合った異性に対しては，異性に与える印象がその後，その関係が継続するかに大きく関わっていると考えられ，自分をよく見せようという気持ちは強くなると考えられる。

また，自分が高い価値を置いている目標であれば，それだけ自己呈示への動機づけが高まる。他者との出会いの場面を考えれば，相手に魅力を感じていたり，好意を抱いていればいるほど，また，これからも相手と関係を続けていきたい，もっと親密な関係になりたいと思うほど，自己呈示への動機づけは高まるといえる。

さらに，自分がのぞましいと考えている印象と，相手が自分に対して抱いていると思う印象の間にギャップが生じた場合に，自己呈示への動機づけは高まる。たとえば，恥をかいたり，失敗した時，他者に否定的な印象を持たれたと感じるので，その印象を取り払おうとして自己呈示への動機づけが高まる。

シュレンカーらは，自己呈示を扱った研究を，だましや見せかけを自己呈示の特徴とする制限的アプローチと，自己呈示をコミュニケーションの目標志向的な側面に焦点をあてたものとして，自己呈示は社会的行動のどこにでも姿をあらわすものとする広範的アプローチとに分かれるとしている（Schlenker & Pontari, 2000; Schlenker & Weigold, 1992）。さらに，シュレンカーらは，広範的アプローチに基づき，アジェンダ（agenda）という言葉を使って統制的な自

己呈示と自動的な自己呈示の区別について述べている（Schlenker & Pontari, 2000）。アジェンダとは達成しようとする目標や，目標を達成するためのスクリプトや計画のことである。われわれは，日常生活において1つの目標だけを追い求めているのかといえばそのようなことはなく，多くの目標を同時に追い求めながら生活している。つまり，複数のアジェンダを抱えているといえる。そして，われわれの認知容量には限界があるので，そのアジェンダのどれにも注意や意識を向けるというわけにはいかない。シュレンカーは注意や意識を強く向けているアジェンダを"前景アジェンダ（foreground agenda）"，弱い注意や意識しか向けられていないものを"背景アジェンダ（background agenda）"と呼んでいる。自己呈示の目標は他者に適切な印象を与えることであるが，先に説明した要因から自己呈示への動機づけが高くなっている状況とはアジェンダが前景にきている状況といえる。このような状況では適切な印象を相手に与えたいと意識が高くなっており，統制的な自己呈示が行われる。ではそのような自己呈示への動機づけが高くはならない状況ではどうなのか。たとえば，仲のよい友人とカフェでおしゃべりをしているときに"適切な印象を与えたい"とは思わないであろう。それでは自己呈示が行われていないのかというとそうではないとシュレンカーらは説明する。このような状況では自己呈示のアジェンダが背景で働いている。言い方を変えれば仲のよい友人に適切な印象を与えることに関心がないわけではなく，友人とは頻繁にコミュニケーションをとっていることから，どのように接するのか，自己呈示するのかというスクリプトができあがっており，それに従って自己呈示をするために意識や注意をそれほど必要とせず，自動的に行われるのである。そしてアジェンダが前景で働く場合は多くの認知資源を必要とするが，それが背景で働く場合は認知資源をあまり消費しない。

　このようなシュレンカーのアイデアと一致した結果をティスら（Tice et al., 1995）は報告している。この研究で実験参加者は，初対面の人か友人かのいずれかに対して，できる限りポジティブに自分のことを呈示するか，謙虚に呈示するかのいずれかを行った。そして，その後に直前に行った相互作用がどのようなものだったのかを思いだすように求められた。結果は，初対面の人に対しては，謙虚な自己呈示を行った人のほうがポジティブな自己呈示を行った人よ

りも相互作用について多くを思い出すことができなかった。また，友人に対しては，ポジティブな自己呈示を行った人の方が謙虚な自己呈示を行った人よりも思い出した量は少なかった。これは，初対面の人に対してはできる限りポジティブに自己呈示をし，友人に対しては謙虚に呈示することが一般的であり，そのように行うことに慣れており，比較的に自動的に行われるためである。このような場合は認知的資源を消費しないが，初対面の人に対して謙虚に自己呈示を行ったり，友人に対してできる限りポジティブな自己呈示を行うことには認知的資源を必要とする。そのため，相互作用について思い出すことに十分な認知的資源を費やすことができず，うまくいかなかったと考えられる。

　また，シュレンカーのアイデアからは，自己概念と一致した自己呈示を行うことは慣れていることであり認知的資源を使用しないが，自己概念と一致しない自己呈示を行うことは多くの認知資源を必要とすると考えられる。ポンタリとシュレンカーが行った研究（Pontari & Schlenker, 2000）はこのことを検討している。実験では，あらかじめ内向的な人と外向的な人を選んでおき，その人たちにインタビューを受けてもらい，その中で内向的か外向的かいずれかの役割で振る舞ってもらうように指示した。さらに，それぞれの半分の実験参加者にはインタビューの間，8つのアラビア数字を復唱させることで認知的負荷を与えた。実験の結果，自己概念どおりの自己呈示を行った参加者（外向的にふるまった外向的な人，内向的に振る舞った内向的な人）はインタビューを行った人に狙い通りの印象を与えており，自己呈示はうまくいっていた。また，認知的負荷が追加されていた場合もそうでない場合も結果は変わらなかった。これに対して，内向的な役割を演じた外向的な人のうち，認知的負荷が追加された人はそうでない人に比べて，面接者に対して内向的な印象を与えることができていなかった。この結果は，数字の復唱を行ったことで認知資源が減ったことによって，外向的な人が内向的な自己呈示を行うのに十分な認知資源を費やせなかったためであると考えられる。

　このポンタリとシュレンカーの研究ではさらに興味深い結果が得られている。それは，外向的な役割を演じた内向的な人は，認知的負荷が追加された場合の方が，外向的であるという適切な印象を与えることができていた。この結果について彼女らは内向的な人の社会的不安の高さをあげて説明を行ってい

る。つまり，内向的な人にとってインタビューを受けるというのは高い不安を喚起するが，数字を復唱するという認知的負荷によって，インタビューへの注意がそらされ不安も喚起されず，外向的な自己呈示がうまくいったのだと考えられる。ポンタリとシュレンカーは実際に研究2としてこのことを検証しており，外向的な役割を演じるように求められた内向的な人は，認知的負荷が高いときに，自分自身についてネガティブに考えたり，自分がどう思われているかを意識したりしないという結果を得ている。

このように認知的負荷を与えることが適切な自己呈示にネガティブな結果を与える場合もあれば，ポジティブな結果を与える場合もあるが，自己概念と一致しない自己呈示を行うなど，ふだんとは異なる自己呈示を行うことは認知的なコストを伴うものであるといえる。そして，そのことによって自己制御がうまく行えないというネガティブな影響を与える場合もある。

自己制御（self-regulation）とは自分自身の行動を維持したり，変化させようとすることであり，衝動を抑えたり，誘惑に抵抗したり，思考を統制したり，感情を変化させたりすることである（Dale & Baumeister, 1999）。自己制御の失敗の例としては，アルコールやギャンブルに依存したり，摂食障害に陥ったりといったことがあげられる。幸せな生活を送る上で自己制御をうまく行うことは欠かせないことであろう。

ヴォースらが行った研究（Vohs et al., 2005）では，ふだんはあまり行わない自己呈示や，自己概念と不一致な自己呈示を行うことは，それ自体に自己制御が必要なことであり，そのことによって自己制御のための資源が枯渇し，自己呈示以外の自己制御を阻害することを示している。彼女らは研究1〜研究8の8つの研究を行っているが，このうちの研究1では，先のティスらの研究と同じく，初対面の人か友達かのいずれかに，できる限りポジティブな自己呈示を行うか，謙虚な自己呈示を行うかのいずれかを行うように実験参加者に求めている。そして，その後に"つまらない"数学的課題を自分でやめようと思うまで解き続けるように指示し，どれくらいの時間解き続けたかを自己制御の指標としている。結果は，いつも行っている自己呈示（知らない人へのポジティブな自己呈示，友達への謙虚な自己呈示）を行った場合の方が，ふだんはあまり行わない自己呈示（知らない人への謙虚な自己呈示，友達へのポジティブな自

己呈示）を行った場合に比べて，長い時間，問題を解き続けた。つまり，自己制御を行えたのである。また，研究2ではジェンダー規範に合わない自己呈示を行った後では，ハンドグリップを握り続ける時間が短くなるという結果が得られており，身体的な自己制御への影響も示された。さらに，研究5～研究8では，自己呈示を行う前に実験参加者にそれ以外の自己制御を行わせることによって，自己呈示を行うための自己制御資源が乏しくなり，自己呈示が適切でないものになることを示している。研究5では，思考リスト課題（考えていることを紙に書きだす）において，白熊を思い浮かべないようにとの教示を受けた場合にそのような教示を受けなかった場合に比べて，その後の質問紙で自分が心に浮かんだことを統制することなく冗長に話してしまうと答えていた。研究6では，コメディー映画を見るときに自然に感情表出をするように言われた場合は，アタッチメントスタイルが安定型，回避型，アンビバレント型いずれの人でも自己開示の親密さのレベルは同程度だったが，感情を制御するように言われた場合（感情を顔に出さないようにする，あるいは大げさに顔に出すようにする）は，自己開示の親密さのレベルが，回避型の人は低くなり，アンビバレント型の人は高くなり，最適なレベルを逸脱したものとなった。これらの結果は，効果的な自己呈示を行うためには，十分な自己制御の資源を確保しておく必要があることを示している。

第8節　自己呈示と感情

　自己呈示というと，自分は「明るい」といったパーソナリティや，このような考え方を持っているという価値観が他者に呈示されることが思い浮かぶが，どのような感情を抱いているかも自己呈示の対象となる。
　いつも自己概念に一致した自己呈示が行われるわけではないのは感情の自己呈示についてもあてはまる。実際に経験している感情を隠して他者に示すことも頻繁に行われる。パタキとクラーク（Pataki & Clark, 2004）は異性に会ったときに経験する幸福の感情をどのように呈示するかについて検討を行っている。パタキとクラークは2つの研究を行っているが，研究1では，男性が実験参加者となり，後で会うことになっている女性の写真や背景情報が伝えられ，

魅力的な女性か，そうでない女性のいずれかと会うことになっていることを知る。男性はその時点で感じている幸福感を回答するが，私的条件の男性はその評定は女性に伝えないとされ，公的条件の男性は評定した幸福感が女性に伝えられると教示される。実験の結果，魅力的な女性と会うとされた男性の方が，魅力的でない女性と会うとされた男性よりも高い幸福感を報告していた。そして，魅力的な女性と会うとされた男性の幸福感の評定は公的条件でも私的条件でも変わらなかったが，魅力的ではない女性と会うとされた男性の幸福感は，公的条件において私的条件よりも高くなっていた。これは，魅力的でない女性と会うことに幸福を感じなかったものの，そのことを相手の女性に伝えると相手を傷つけてしまうと考え，幸福であると報告したと考えられる。つまり，相手の感情を守って，本来の自らの感情を隠したということである。

　研究2では，今度は女性が実験参加者となり，魅力的な男性と会うことが想定された。そして，男性が自分と会うことをどれくらい幸せだと感じているのか，また，男性は自分に会うことをどれくらい幸せであると評定するのかを推測した。結果は，魅力的な女性は，男性が実際に感じているままの幸福感を自分に表明すると推測したが，魅力的でない女性は，男性が実際に感じているよりも幸福であると自分に表明するであろうと予測していた。つまり，魅力的でない女性は表明される男性の幸福感を疑い，割り引いていた。これは，相手が自分が傷つかないように配慮してくれると思った結果であると解釈される。このように感情の自己呈示はあるがままに行われない場合もあり，自己呈示の受け手も表明された感情をそのまま受け止めるわけではないといえる。

　ここまで感情をどのように自己呈示するかについて述べたが，それでは自己呈示を行うことは呈示者自身の感情にどのような影響を与えるのであろうか。ダンとフィン（Dunn & Finn, 2007）は，他者に自分のことをポジティブに自己呈示することで自らの感情もポジティブになるが，その効果を呈示者は過小評価していることを示した研究を行っている。実験参加者は恋人か初対面の異性のいずれかと相互作用をしたが，その前に，相互作用の直前および直後にどのような感情を経験するかを予測した。そして，実際に相互作用を行い，その直前と直後に実際にどのような感情を経験しているかを回答した。すると，初対面の異性と相互作用をする直前と直後には，予測よりもポジティブな感情を

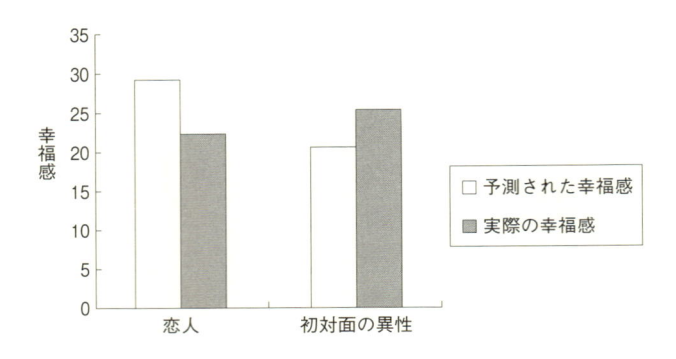

図 5.1　恋人及び初対面の異性との相互作用の直前に予測した幸福感と実際に経験した幸福感
（Dunn & Finn, 2007 より作成）

経験していた。また，初対面の異性との相互作用では恋人とよりも自己呈示を行っており，自己呈示を行っているほど相互作用後にポジティブな感情を経験していた（図 5.1 参照）。さらに，恋人に対して自己呈示を行うように教示したところ，そのような教示を行わなかった場合に比べて，恋人と相互作用を行った後にポジティブな感情を経験したという結果も得られた。ダンとフィンはこの結果について次のように解釈している。ポジティブな自己呈示を行おうとすると，その前に感情をポジティブにしようとする調節が働く。また，実際にポジティブな自己呈示を行うことによって，そのようにしている自分をふりかえってポジティブな感情を経験するというわけである。ただし，このような自己呈示の効果を見落としてしまうために，相互作用の直前や直後に経験するであろう感情が過小評価されて予測されてしまうというわけである。

第 9 節　親密な関係の自己呈示を考える

　ここまでにさまざまな自己呈示に関する研究を紹介してきたが，その多くは初対面の他者との相互作用に焦点をあてた研究であった。初対面ではなく，すでによく知った相手，たとえば，恋人や友人に対する自己呈示を扱った研究はあまり見られないのが現状である。このことは，そもそもそのような継続的で親密な関係では，他者の目に映る自分のイメージをコントロールしようとする

自己呈示は行われないと経験的に考えられることとも一致する。確かに，友達や恋人と知り合って間もない頃のことを思いうかべると，その人にどのように思われているのかを気にしてよい印象を与えたいと思っていても，親密になるにつれてそのように思うこともなくなってきたように思う人も多いであろう。やはり親密になるにつれて自己呈示は行われなくなるのであろうか，また，親密な関係において自己呈示が果たす役割は小さいのであろうか。

　確かに他者と親密になるにつれて自己呈示への関心や動機が弱くなり，自己呈示も行われなくなると考えられる理由はいくつかある。リアリーとミラー（Leary & Miller, 2000）は親密さが自己呈示を抑制する理由をあげているが，ここではそのうち2つをあげる。1つ目は親密になるにつれて，相手が自分のことを知るようになることによって，コントロールしようとする自己の情報が制限されるということである。先にどのような自己呈示を行うのかを規定する要因として，"自分に対する他者の現在のイメージ"をあげたが，まさに親密な関係では自己呈示を行う場合にこの規定因の影響を強く受けることになる。2つ目は親密になるにつれて，自己呈示を行うことが面倒くさくなるということがあげられる。自分がどう思われるかに気を配ったり，イメージをコントロールしようとすることは元来，労力がいることである。自己呈示を行うことによって得られる報酬がその労力によるコストを上回ると思うからこそ，自己呈示は行われるといえる。親密になる前も後も自己呈示に伴う労力は変わらなくても，1つ目の理由であげたように親密になることで，自己呈示をすることが相手から望ましい評価を得られることにはつながらないと感じるようになり，また，親密であることで既に相手から望ましい評価を得ているために，さらに自己呈示をすることは必要はないという安心感から，自己呈示に伴う報酬が割り引かれ，コストである労力に焦点があてられて面倒くさいと感じてしまうと考えられる。

　ただし，親密になることが自己呈示の抑制要因となるだけでなく，促進要因ともなるとリアリーとミラー（Leary & Miller, 2000）は述べている。それは他者と親密になるにつれて，その他者との関係が重要なものになることによる。自己呈示が，他者に望ましい印象を与えることでその他者との関係の形成，維持，発展を目標として行われるものと考えれば，その関係が重要であるほど目

標の価値は高く，自己呈示への動機づけは高まるといえる。また，親密でない他者からよりも親密な他者からの評価の方が，われわれの自尊心や精神的健康に影響を与えると考えられ，親密な他者からの望ましい評価を求めて自己呈示が行われるとも考えられる。

このように関係の親密さが自己呈示に与える影響については抑制，促進，両面が考えられるが，実際はどうなのであろうか。リアリーら（Leary et al., 1994）が行った研究では，1週間にわたって実験参加者にふだんの生活において自分の周りの人たちに対して行ったコミュニケーションをひとつひとつ日記に書いてもらい，それぞれの他者とどの程度親しいかとともに，その他者に対して"親しみやすい"，"能力がある"といったイメージをどの程度示したいと思っていたかを記録してもらった。結果は，同性の友人に対しては親密であるほど自己呈示への動機づけは低くなっていたが，異性に対しては親密であるほど自己呈示への動機づけが逆に高くなっていた。このような，同性の友人と異性に対する結果の相違の理由として，リアリーらは，同性の友人との親密な友人関係に比べて異性との親密な関係は不確実で不安定であることをあげている。同性の友人の場合は親密になるにつれて関係は重要になるものの，安定してくるため，自己呈示の必要性の認識が弱くなり，自己呈示動機も低下する。しかし，異性関係の場合は，親密になっても関係はそれほど安定しないので，親密になるにつれ関係が重要になった分だけ自己呈示への動機づけも高まるというわけである。

谷口・大坊（2005）は上記のリアリーらの指摘を踏まえ，異性との関係性によって自己呈示への動機づけが異なるのかを調べている。その結果，異性の友人に対してよりも恋人に対して自己呈示への動機づけが高くなっていた。さらに，恋人に対しても異性の友人に対しても，関係を重要であると思っているほど，また，恋愛感情を感じているほど，自己呈示への動機づけが高くなっており，恋人に対しては知り合ってからの期間が長いほど自己呈示への動機づけが高くなっていた。

これら2つの研究の結果は，異性関係，とりわけ恋人関係では，親密であることは自己呈示への動機づけを低下するどころか，むしろ高めることを示している。とはいっても，これらの結果はあくまで自己呈示をしようという動機づ

けに関するものである。親密であるほど動機づけが高いといっても，実際に自己呈示が行われているかについては分からない。これについては，自己呈示動機は高くても自己呈示は行われないという解釈に加えて，さらに2つの解釈が可能であろう。1つは，谷口・大坊（2005）の研究で示されていたように，関係を重要であると思っていたり，恋愛感情を持っていたりするほど自己呈示への動機づけが高くなっていたことから，相手に親密さを感じていれば自己呈示は行われるということである。つまり，長くつき合っている恋人に対して自己呈示をしようと思わない，そして実際に行わないということであれば，それは親密さを感じていないからだということになる。2つ目の可能性は，第6節で述べたように親密になるほど自己呈示は習慣的で自動的になるため，特に意識することなく自己呈示が行われるということである。ただし，先の2つの研究では，自己呈示への動機づけを尋ねることが，自らの親密な他者に対する自己呈示を意識させることになり，親密であるほど自己呈示への動機づけが高いという結果が得られたということになる。ここで紹介した研究からだけでは，どの可能性が支持されるかは明確でないが，どちらにしろ，親密な関係でも自己呈示は重要な役割を果たしているといえそうである。

　それでは親密な他者からはどのような印象を抱かれることを望むのであろうか。第5節でどのような自己呈示を行うのかを規定する要因を説明したが，そこで自己概念と理想の自己像とをあげた。他者からどのような評価を望むのか，特に親密な他者から求める評価を考えた場合に，この2つの規定因は対立すると考えられる。つまり，自己概念と他者からの評価を一致させたいという自己確証動機の働きと，自己概念に関わらず，できるだけポジティブに他者に評価して欲しいという自己高揚動機の働きの対立である。親密な関係であるからこそ，できるだけポジティブに自分のことを見てほしいとも考えられるし，逆に，自分が思うのと同じように自分のことを見てほしいとも考えられる。このことを検討するために，谷口・大坊（2008）は恋人関係を対象として研究を行っている。結果は，恋人からはポジティブな評価を求めており，実際にポジティブな評価を恋人から得ていると認知しているというものだった。この結果は，恋人関係では自己高揚動機が働くことを示すものである。ただし，谷口・大坊（2008）の研究では，恋人関係では自己確証動機も働いていることを示す

結果が得られている。それは，恋人からは自己高揚的なポジティブな評価を得ていると推測しているものの，その評価を正確であると認知しているということである。この結果は，スワンら（Swann et al., 2002）が行った研究でも見られており，スワンらは以下のように説明している。われわれは恋人に対して，他の友人とは異なる姿を見せる。さらにいえば，恋人だけでなく，親に見せる自分，先生に見せる自分は程度の差こそあれ，どれも異なる。つまり，異なる他者には異なる自己呈示を行っている。それでは，偽りの自分を見せていると思っているかというとそういうわけではなく，そのどれもが本当の自分が反映されたものだと思っている。このことをボッソンとスワン（Bosson & Swann, 2001）は"誠実なカメレオン効果（sincere chameleon effect）"と呼んでいる。カメレオンのように見せる自分の姿を変化させるが，それを誠実に行っているということである。恋人からはポジティブな評価を望み，実際にそのような評価を得られるように自己呈示を行うことで，恋人からポジティブな評価を得ていると思うことができていても，そのような評価が現実の自分とかけ離れているとは思わないわけである。まさに恋人関係では，自己確証動機と自己高揚動機を両立できているといえる。

また，親密な関係においても，自己概念と親密な他者の価値づけが異なり，ジレンマ状況に陥ることも考えられる。谷口（2008）は恋人と会うときの服装を取り上げ，服装に対する好みが自分と恋人とで異なるというジレンマ場面において，どのような服装選択が行われるのかに恋人との関係の親密さが影響を

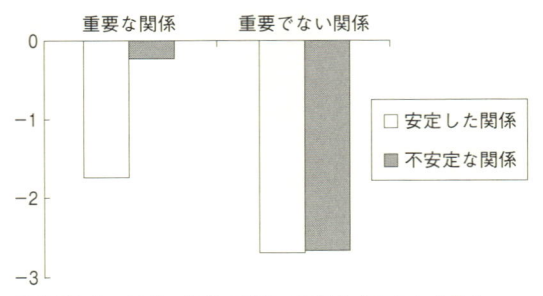

数値が小さいほど，自分の好みの服装をすることを示す。

図 5.2　恋人との関係性によってデート場面での服装も異なる（谷口，2008 より作成）

与えるのかを検討している。結果としては，恋人との関係が安定していると思う場合には自分の好みの服を着て，関係が不安定と思う場合には相手の好みの服を着るという傾向が見られた。そして，このような結果は恋人との関係が重要であると思う場合にのみ見られた（図 5.2 参照）。恋人との関係性は服装の選択にも影響するといえる。

第 10 節　おわりに─自己呈示は幸福につながるか─

　本章では，自己呈示が対人関係や自己の認識にどのような影響を与えるのかを説明してきたが，自己の印象をコントロールするという自己呈示は特別なことではなく，日常生活のあらゆる場面で見られることが分かってもらえたのではないであろうか。そして，自己呈示は対人関係において，それを抜きにしては語ることができない非常に重要な役割をはたしていることも理解してもらえたと思う。最後に，ここまで述べた自己呈示に関わる研究を踏まえ，筆者の意見を述べたい。

　対人関係はそれに関わる人の相互作用によって成り立っているが，その相互作用は，お互いの印象の交換であると読み替えることもできるであろう。相手の言動や行動から，相手がどういう人なのか，なにを考えているのか，感じているのかという印象を形成し，それに基づいて相手とかかわる。そして同じく，相手も自分に対して，印象を形成し，その印象に基づいて自分とかかわる。この印象をコントロールするのが自己呈示であるので，まさに対人関係は自己呈示によって成り立っているというのも大げさなことではない。本章の他の節でも説明したように親密な関係ではこのようなプロセスは強くは意識されないかもしれないが，それでもこのようなプロセスが生起していることに変わりはないと考えられ，やはりどのような関係でも自己呈示の役割は重要であるといえる。

　それでは，本章の第 1 節で述べたように，対人関係の well-being と自己の認識の well-being を両立するような“適切な”自己呈示とはどのようなものなのであろうか。われわれが日常生活において他者と接する場面では，多かれ少なかれ，第 6 節に述べたようなジレンマ状況に陥る。つまり，自分が相手に呈示したいものと，相手に好かれるために呈示すべきものとが異なるような状況

である。そのようなときにはどうしたらいいのか。とにかく相手との関係を良好にすることを目標にして,相手に好かれるような姿を呈示すればよいのか。そのようにすることはその場限りや短期的にはよいであろうが,自己の認識のwell-beingにとっては悪影響を与えるし,対人関係にも長期的には良くない影響を与えるであろう。それでは,他者の目は気にせずに,とにかく自分が信じる姿,まさに"本当の自分"を呈示すればよいのであろうか。世間ではそのようなことを是とするような風潮もあるが,それは他者の目を過剰に気に"し過ぎる"生き方への警鐘でしかない。「誰に対しても同じように接する」人というのを考えればわかりやすい。そのような人というのは望ましい人として扱われるが,そのように評価されている人は本当に誰に対しても同じように接しているのであろうか。友達と同じように会社の上司に話す人や,目上の人に話すように友達にも敬語を使う人が「誰に対しても同じように接する」という素晴らしい人なのであろうか。そんなことはないであろう。「誰に対しても同じように接する」人というのは,「誰に対しても親しみを持って,その状況に適切な方法で接する」人というのが正しい表現であろう。結局,このような社会的に望ましい人はまさに適切な自己呈示を行っている人ということである。また,他者の目を気にせずに自分を貫き通すということは,他者からの評価に耳をふさいでしまうことになり,自己の成長を阻害してしまう。

　それでは,どうしたらいいのであろうか。相手の望むことばかりを意識してそれに合わせた呈示を行って"ばかり"はまずいし,"本当の自分"という得体のしれないものにこだわって,他者の評価に"全く"耳を傾けないのも問題がある。一歩,立ち止まって考えれば当たり前の話であるが,どちらにぶれすぎるのもよくはなく,柔軟にその両者を行ったり来たりするのが適切なのではなかろうか。自分を固定的なものと考えるのもおかしいし,かといって完全に状況に依存して変動するものとすれば,自分とは空っぽのものになってしまう。自己呈示とはレストランでメニューの中から注文するものを選ぶことと似ている。メニューに載っている商品は1つでないし,複数ある。他者に見せることのできる自分の姿は複数あるわけである。かといってメニューには載っている商品は無数にあるわけではない。注文できる商品はメニューに載っているものだけであり,その意味では,他者に見せることのできる自分の姿には制限があ

り，固定されているともいえる。ただし，ずっと固定されているわけではない。レストランのメニューもお客さんの評判を聞きながら，または店の採算とも相談しながら，随時変更されるであろう。まさに，他者からの自分に対する評価や，どのような自己を呈示することが自己の認識をポジティブにできるかということを踏まえながら，自己は変容するし，自己呈示も変わっていくといえる。繁盛するレストランのメニューが時代に合わせて変化するのと同じように，自己呈示も時間の経過とともに変容するのが適切であろう。

　また，親密な関係における適切な自己呈示についても柔軟に考える必要があろう。うまくいっている関係であるほど，相手にどのように思われているのかや，相手にどのような自分自身の姿を見せるべきかとは考えないであろう。第9節で説明したように，だからといって自己呈示が行われていないわけではなく，あまり意識を伴わず，習慣的な方法で自己呈示は行われていると考えられる。そして，うまくいっている関係では，この自動的な自己呈示が望ましいものとしてお互いに円滑に実行されているといえる。それでは親密な関係では自己呈示について考えない方がいいということかというとそうでもないであろう。状況的な変化によって，その適切な自己呈示のループがうまくまわらなくなるときが来るかもしれない。それに気づかずに，いつものように自動的に自己呈示のループをまわそうとすると，関係は徐々に悪化していくと予想される。うまくいっている関係でも，たまにお互いの自己呈示がどのように行われているのか，相手にどのように思われているかをチェックし，意識的な自己呈示を行うことが必要と思える。夫婦でいえば，たまには感謝の言葉を述べるとか，プレゼントを買うなども適切な自己呈示といえるであろう。

■引用文献

安藤清志（1994）．見せる自分／見せない自分：自己呈示の社会心理学　サイエンス社

Aron, A., Paris, M., & Aron, E. N. (1995). Falling in love: Prospective Studies of self-concept change. *Journal of Personality and Social Psychology*, **69**, 1102-1112.

Baumeister, R. F., & Jones, E. E. (1978). When self-presentation is constrained by the target's knowledge: Consistency and compensation. *Journal of Personality and Social Psychology*, **36**, 608-618.

Bosson, J. K., & Swann, W. B., Jr. (2001). The paradox of the sincere chameleon: Strategic self-verification in close relationships. In J. Harvey & A. Wenzel (Eds.), *Close romantic relationships*. Mahwah, NJ: Lawrence Erlbaum Associates. pp.67-86.

Dale, K. L., & Baumeister, R. F. (1999). Self-regulation and psychopathology. In R. M. Kowalski & M. R. Leary (Eds.), *The social psychology of emotional and behavioral problems: Interfaces of social and clinical psychology*. Washinton, D.C.: American Psychological Association. pp.139-166.（安藤清志・丹野義彦（監訳）(2001). 臨床社会心理学の進歩：実りあるインターフェイスをめざして　北大路書房）

Dunn, E. W., & Finn, S. (2007). Misunderstanding the affective consequences of everyday social interactions: The hidden benefits of putting one's best face forward. *Journal of Personality and Social Psychology*, **92**, 990-1005.

Jones, E. E., & Pittman, T. S. (1982). Toward a general theory of strategic self-presentation. In J. Suls (Ed.), *Psychological perspectives on the self*. Vol.1. Hilsdale, NJ: Erlbaum. pp.231-262.

小林知博 (2003). 自己高揚的自己・他者評価に関する比較文化心理学的研究　大阪大学大学院人間科学研究科博士学位論文（未公刊）

Leary, M. R. (1993). The interplay of private self-processes and interpersonal factors in self-presentation. In J. Suls (Ed.), *Psychological perspectives on the self*. Vol.4. Hillsdale, NJ: Erlbaum.

Leary, M. R. (1995). *Self-presentation: Impression management and interpersonal behavior*. Dubuque, IA: Brown & Benchmark.

Leary, M. R. (1999). The social and psychological importance of self-esteem. In R. M. Kowalski & M. R. Leary (Eds.), *The social psychology of emotional and behavioral problems: Interfaces of social and clinical psychology*. Washinton, D.C.: American Psychological Association. pp.197-221.（安藤清志・丹野義彦（監訳）(2001). 臨床社会心理学の進歩：実りあるインターフェイスをめざして　北大路書房）

Leary, M. R., & Kowalski, R. M. (1990). Impression management: A literature review and two-component model. *Psychological Bulletin*, **107**, 34-47.

Leary, M. R., & Miller, R. S. (2000). Self-presentational perspectives on personal relationships. In S. W. Duck & W. Ickes (Eds.), *The social psychology of personal relationships*. Chichester, UK: Wiley. pp.129-155.

Leary, M. R., Nezlek, J. B., Downs, D. L., Radford-Davenport, J., Martin, J., & McMullen, A. (1994). Self-presentation in everyday interactions. *Journal of Personality and Social Psychology*, **67**, 664-673.

沼崎　誠 (2001a). 自己確証　山本真理子・外山みどり・池上知子・遠藤由美・北村英哉・宮本聡介（編）　社会的認知ハンドブック　北大路書房　p.43.

沼崎　誠 (2001b). 自己高揚　山本真理子・外山みどり・池上知子・遠藤由美・北村英哉・宮本聡介（編）　社会的認知ハンドブック　北大路書房　pp.45-47.

Pataki, S. P., & Clark, M. S. (2004). Self-presentation of happiness: Sincere, polite, or cautious? *Personality and Social Psychology Bulletin*, **30**, 905-914.

Pliner, P., & Chaiken, S. (1990). Eating, social motives, and self-presentation in women and men. *Journal of Experimental Social Psychology*, **26**, 240-254.

Pontari, B. A., & Schlenker, B. R. (2000). The influence of cognitive load on self-presentation: Can cognitive busyness help as well as harm social performance? *Journal of Personality and Social Psychology*, **78**, 1092-1108.

Rowatt, W. C., Cunningham, M. R., & Druen, P. B. (1999). Lying to get a date: The effect of facial physical attractiveness on the willingness to deceive prospective dating partners. *Journal of Social and Personal Relationships*, **16**, 209-223.

Schlenker, B. R., & Pontari, B. A. (2000). The strategic control of imformation: Impression management and self-presentation in daily life. In A. Tesser, R. B. Felson, & J. M. Suls (Eds.), *Psychological perspective on self and identity*. American Pshychological Association. pp.199-232.

Schlenker, B. R., & Weigold, M. F. (1992). Interpersonal processes involving impression regulation and management. *Annual Review of Psychology*, **43**, 133-168.

Swann, W. B., Jr. (1990). To be adored or to be known: the interplay of self-enhancement and self-verification. In R. M. Sorrentino & E. T. Higgins (Eds.), *Handbook of motivation and cognition: Foundations of social behavior*. Vol.2. New York: Guilford. pp.408-448.

Swann, W. B., Jr., Bosson, J. K., & Pelham, B. W. (2002). Different partners, different selves: Strategic verification of circumscribed identities. *Personality and Social Psychology Bulletin*, **28**, 1215-1228.

谷口淳一 (2001). 異性に対する自己呈示方略に関する実験的研究：自己呈示ジレンマ状況における魅力度と重要度の効果　対人社会心理学研究, **1**, 93-106.

谷口淳一 (2008). 関係の親密さが服装選択に与える影響：関係の重要性と安定性からの検討　日本グループダイナミックス学会第55回大会発表論文集, 132.

谷口淳一・大坊郁夫 (2005). 異性との親密な関係における自己呈示動機の検討　実験社会心理学研究, **45**, 13-24.

谷口淳一・大坊郁夫 (2008). 恋人関係における自己呈示は自己確証的か自己高揚的か　社会心理学研究, **24**, 11-22.

Tice, D. M., Butler, J. L., Muraven, M. B., & Stillwell, A. M. (1995). When modesty prevails: Differential favorability of self-presentation to friends and strangers. *Journal of Personality and Social Psychology*, **69**, 1120-1138.

外山美樹 (2002). 大学生の親密な関係性におけるポジティブ・イリュージョン　社会心理学研究, **18**, 51-60.

Vohs, K. D., Baumeister, R. F., & Ciarocco, N. J. (2005). Self-regulation and self-presentation: Regulatory resource depletion impairs impression management and effortful self-presentation depletes regulatory resources. *Journal of Personality and Social Psychology*, **88**, 632-657.

Zanna, M. P., & Pack, S. J. (1975). On the self-fulfilling nature of apparent sex differences in behavior. *Journal of Experimental Social Psychology*, **11**, 583-591.

コラム 5　ポジティブ感情のコミュニケーション

　ポジティブ感情研究は1980年代前後に盛んに行われてきた（e.g., Isen, 1987）。また，セリグマン（Seligman, M. E. P）によるポジティブ心理学の提唱以降，ポジティブ感情研究への注目は増している。ここでは，ポジティブ感情がコミュニケーション場面に与える影響を見ていくことで，対人関係におけるポジティブ感情とのつきあい方を考えてみたい。

覚醒とコミュニケーション
　感情をいくつかの次元に分けて捉えるアプローチでは（Russell, 1980），一般に感情を感情価（valence）と覚醒度（arousal）という軸で捉えている。たとえば高覚醒のポジティブ感情なら「わくわくする」，低覚醒のポジティブ感情なら「おっとりしている」といった具合である。この覚醒度の違いは，コミュニケーション場面においてどのような影響の違いを生むのであろうか。
　藤原・大坊（2009）は場面想定法を用いて覚醒度の異なるポジティブ感情と会話動機との関連を検討している。その結果，相手が初対面であれば高覚醒のポジティブ感情によってのみ会話動機が高まる傾向が明らかになった。これに対して，相手が親友である場合には低覚醒のポジティブ感情でも会話動機が高まることが明らかになった。すなわち，覚醒度の異なるポジティブ感情でいることが親密度の異なる相手との会話を円滑にすることが示唆された。
　さらに，藤原・大坊（2010a）では実際に会話実験を行うことで前述のポジティブ感情の影響を検討している。具体的には，初対面の同性同士の参加者に対して事前に感情誘導刺激を提示した上で会話実験を行ったところ，高覚醒のポジティブ感情のみが会話満足度を高めるという結果が得られた。これは，高覚醒のポジティブ感情が緊張のサインである自己接触を減らすなどして会話をスムーズにさせたためであると考えられる。

ポジティブ感情とコミュニケーション相手の感情
　コミュニケーションは相手があってこそ展開される。そのため，自分の感情がポジティブであるか否かに加えて相手の感情を十分に考える必要がある。藤原・大坊（2010b）は自分と相手の感情価の組み合わせ（類似・非類似）に着目した会話実験を行ったところ，感情価の組み合わせが非類似のときのみポジティブ感情群とネガティブ感情群の間で有意に会話満足度が異なっていた（図1）。これは，自分の感情がポジティブであることによってネガティブ感情にある人の満足度を低くすることを示唆している。
　これらのことは，「ポジティブ感情はコミュニケーションにいい影響を与える」と

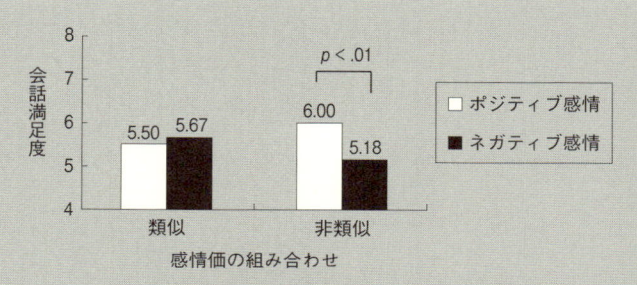

図1 自分の感情価×感情価の組み合わせの交互作用効果

は一般化し難いことを示している。では，われわれは円滑な対人関係を構築・維持するためにどのようにポジティブ感情を活かせばよいのだろうか。

　大切なのは，自分のポジティブ感情を優先するのではなく，そのポジティブ感情をお互いに共有できるよう努めることであろう。たとえば関係の初期には高覚醒のポジティブ感情を持って忌憚なく笑い合い，関係が深まるにつれ覚醒を抑えて穏やかに微笑み合う。そうしたポジティブ感情の共有を可能にするためには，自分の感情状態に流されることなく正確に相手の感情状態に配慮することが必要なのである。

引用文献

藤原　健・大坊郁夫（2009）．ポジティブ感情と会話動機の関連—快楽的随伴性理論（the hedonic contingency theory）からの検討—　対人社会心理学研究, **9**, 73-80.

藤原　健・大坊郁夫（2010a）．覚醒度の異なるポジティブ感情の対人会話場面における機能—会話満足度，および手の動きについての検討—　感情心理学研究, **17**, 180-188.

藤原　健・大坊郁夫（2010b）．感情の社会性の再考—社会的相互作用に着目した検討—　日本社会心理学会第51回大会発表論文集, 162-163.

Isen, A. M. (1987). Positive affect, cognitive processes, and social behavior. *Advances in Experimental Social Psychology*, **20**, 203-253.

Russell, J. A. (1980). A circumplex model of affect. *Journal of Personality and Social Psychology*, **6**, 1161-1178.

第 3 部

親密な対人関係を展開する
―対人コミュニケーション―

6 相互作用の場
―メディア，通信のテクノロジー―

第1節　はじめに

　認知科学の立場から工業製品のデザインについて研究を行っているノーマン（Norman, 2004）は次のように述べている。
　「成功する製品の正確な予測は不可能だとしても，はっきりしているのは，ほとんどいつも成功を保証されたカテゴリーが一つあるということだ。それは，社会的インタラクションである。過去百年間，技術は変化しても，コミュニケーションの重要度はいつも必需品リストの上位を占めてきた。個人用のコミュニケーションで言えば，郵便，電話，電子メール，携帯電話と，コンピュータや携帯電話上でのインスタントメッセージやテキストメッセージだ。組織の場合は，電報，社内メモ，ニュースレター，ファックス，イントラネットが加わる」。
　人類は他者との相互作用やコミュニケーションを重要視し，それらを快適に行うためのさまざまな道具を発明し利用してきた。本章では，われわれが他者との相互作用を便利で快適にし，幸福を高める営みについて論じたい。生物としてのわれわれの身体に課せられた制約と，それを克服した歴史に言及し，今後のコミュニケーション環境において必要とされるであろう要素について議論する。

第2節　人はコミュニケーションを行う生物
―身体の制約と技術による支援―

1. 人間の言語は生得的能力

　人間以外の生物が威嚇や恐怖，求愛などの限定された感情表出しか行わないのに対して，われわれは過去の出来事や将来の予測，伝聞や抽象的な思考など，言語を用いた高度な情報伝達を行っている。しかも，人間の言語能力は特殊な訓練を必要とせず，乳幼児期に周囲の人々との相互作用の中で自然に獲得する。

　誰しもが生得的に肺呼吸できるのと同様に，言語能力も生得的であるためであると考えられている。チョムスキー（Chomsky, 1957）は「生成文法」という考え方で，人間の生得的言語能力を理論化した。彼によれば，人は生まれながらに「普遍文法」というすべての自然言語に共通する知識や規則の体系を有している。いわば言語の雛形を有しており，それを任意の言語に当てはめることで，誰でも容易かつ自然に実際の言語能力を習得できると考えられている。

　ただし，チョムスキーの理論は人間の言語習得のメカニズムを説明するものである。対して，なぜわれわれがこれほどまで言語コミュニケーションをしたがる生物なのかという理由として，霊長類との比較から興味深い仮説が提唱されている。

2. サルの毛づくろいと音声言語

　人類学者のダンバー（Dunbar, 1996）の仮説によれば，われわれ人類が音声言語を発達させた原因は，生活集団の巨大化にあるという。

　人類の近縁種であるサル（たとえば，チンパンジーなど）は群で生活している。よく知られているように，彼らは仲間と頻繁に毛づくろいを行う。毛づくろいには寄生虫を駆除するという直接的目的がある一方で，相手に親密さを示す行為としての役割も大きい。毛づくろいを通して，群れの中の友好関係を常に確認しているのだ。ところが群れの個体数が大きくなると，毛づくろいしなければならない相手の数も増大する。極端な言い方をすれば，24時間をすべて毛づくろいに費やしても間に合わないほどになる（現代人が正月の年賀状の準

備や挨拶メールにたくさんの時間を費やすことに似ている)。そうなってしまっては，食料の採取や子育てに費やす時間など，生命維持に必要な時間すらもなくなってしまう。

そこで，毛づくろいの時間を節約する手段として音声言語が使われるようになったというのがダンバーの仮説である。毛づくろいでは1対1の関係でしか好意を伝えることができないが，音声ならば一度に複数の相手にメッセージを送ることができる（郵便の年賀状は1人に1枚ずつ送らなければならないが，電子メールの同報機能ならば1度で済むことに似ている）。こうすることで，人類は友好関係の確認に費やされる時間を節約していると考えられている。

また，毛づくろいではする者とされる者との関係しか記述できないが，言語では第三者の情報を伝えることができる。つまり，噂の伝達が可能になる。巨大化する集団の中で，その場にいない者の情報を素早く知ることができれば社会を効率的に運営できる。実際，同じくダンバーが調べたところによると，イギリス人の会話の60-70%は他人の噂話に関するものだったという。われわれの社会において，対人関係は大きな心配事の1つである。その問題に対応するために，言語は広く使われているのである。

まさに人間は，生得的に他者とのコミュニケーションを求める種なのである。

3. 情報通信技術

一方で，われわれの元来の身体には言語利用上の制約がある。たとえば，どんなに大声を出しても数十メートル以上離れた相手には聞かせることができないし，一度発した音声を長らく留めておくこともできない。

ところが，人類はこれら空間的・時間的制約を乗り越えるために，さまざまな通信技術を発展させてきた。文字を発明し，洞窟の壁面や粘土板などに記すことでメッセージを長時間保存することができるようになった。紙などの持ち運びが可能な媒体を利用し，遠くにいる相手とのコミュニケーションが容易になった。狼煙や楽器を使うことで，肉声では届かない距離の相手に瞬時に情報を伝えることもできるようになった。

1876年にはグラハム・ベルが電話を発明し，音声を瞬時に送ることに成功した。日本でも1890年（明治23年）に電話が開通し，1923年（大正12年）には

43万人の加入者があった（萩原，1976）。当時の世帯数はおよそ1,100万であり（統計局，2008），30年間で世帯普及率4%に達したことになる。2009年には固定電話が91.2%，携帯電話が96.3%の普及率となっている（総務省，2009）。

　20世紀末期から21世紀初頭には，インターネットが爆発的に普及した。インターネットの重要な特徴の1つに，マルチメディア化がある。従来の電信/電話/FAXでは，やり取りできる情報の種類はメディアごとに固有であった。電話は音声，FAXは文字・図形のみに限られており，両者を混在することは困難だった。それに対してインターネットでは，個人用のコンピュータや通信回線の飛躍的な処理能力向上により，視聴覚情報を区別なくデジタル信号に変換し，送受信することができた。これにより，人々のより豊かなコミュニケーション環境が実現されている。今日ではビデオコミュニケーションの機材や通信回線の小型化，低価格化も進み，手のひらサイズの携帯電話を用いたビデオコミュニケーションも可能なほど情報通信技術が発展している。

4. 情報通信技術による新たな制約

　ところが，情報通信技術の発展はコミュニケーションの空間的・時間的制約を緩和する一方で，新たな制約を生み出すという矛盾を生み出した。たとえば，文字を利用して遠くの相手に長期間保存可能なメッセージを送ることが可能になったが，音声言語に含まれていたある種の情報が欠落するという問題が発生する。音声言語にはことばそのものの意味（言語情報）に加えて，抑揚やトーンなどのことば以外の意味（非言語情報）が含まれているが，文字情報では非言語情報の大部分が欠落するのだ。同じ「はい」という肯定の単語であっても，元気よく発した時（心底肯定している）と，重苦しく発した時（いやいや肯定している）とでは相手に伝わるニュアンスが全く異なるだろう。しかし，「はい」という文字だけではそれが伝わりにくい。皮肉なことに，原始的環境では身体の全チャネルを利用してコミュニケーションしていた人々が，通信技術の利用によって，むしろコミュニケーション・チャネルが制限されてしまう結果となってしまったのである。

　もちろん，より円滑なコミュニケーションを可能とするシステムの開発は常に行われている。19世紀に電話が発明されたことで，手紙では言語情報だけ

だったものが，音声の抑揚などの非言語情報を伝えることができるようになった。さらに 1980 年代からはテレビ会議／電話などのビデオコミュニケーション・システムの開発が盛んに行われ，身振りや表情などの非言語情報も送受信できるようになってきている。

それでもなお，未だ情報通信技術において，全てのコミュニケーション・チャネルを網羅できているわけではない。それでは，今後どのような通信システムが開発されれば，われわれにとって自然で使いやすいコミュニケーション環境となるのだろうか。それを考えるためには，そもそも人にはどのようなコミュニケーション・チャネルが備わっており，現在ではどの程度再現することができているのか整理する必要がある。それについて次節で検討する。

第 3 節　対人コミュニケーション・チャネルと通信メディア

人々は，コミュニケーションを行う際にさまざまなチャネル（情報媒介手段）を用いる。大坊（1998）は，図 6.1 のように人間の対人コミュニケーション・チャネルを分類している。他者にメッセージを伝える場合，大まかには「音声的

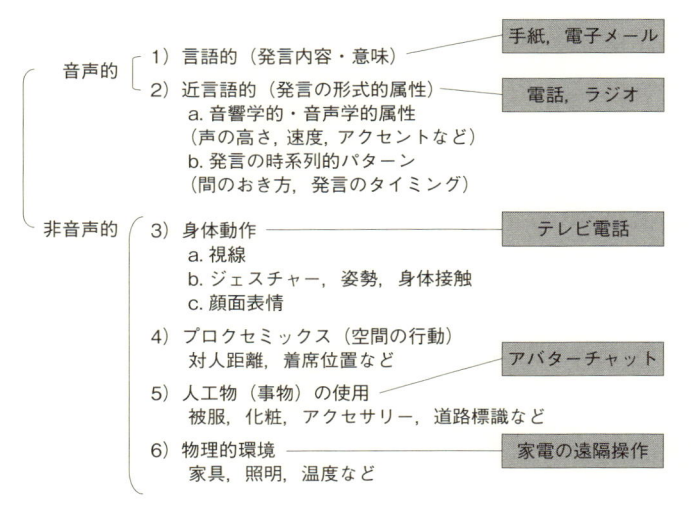

```
音声的 ┬ 1) 言語的（発言内容・意味）─────── 手紙，電子メール
       │
       └ 2) 近言語的（発言の形式的属性）────── 電話，ラジオ
             a. 音響学的・音声学的属性
                （声の高さ，速度，アクセントなど）
             b. 発言の時系列的パターン
                （間のおき方，発言のタイミング）

非音声的 ┬ 3) 身体動作 ──────────────── テレビ電話
         │    a. 視線
         │    b. ジェスチャー，姿勢，身体接触
         │    c. 顔面表情
         │
         ├ 4) プロクセミックス（空間の行動）
         │    対人距離，着席位置など           アバターチャット
         │
         ├ 5) 人工物（事物）の使用 ─────────
         │    被服，化粧，アクセサリー，道路標識など
         │
         └ 6) 物理的環境 ─────────────── 家電の遠隔操作
              家具，照明，温度など
```

図 6.1　対人コミュニケーション・チャネルと対応する通信メディア（大坊，1998 より改変）

チャネル」と「非音声的チャネル」に分類される。「音声的チャネル」は人の発言にかかわるものであり，発言内容そのものや意味を表す言語的チャネルと，声の調子や間の置き方によって伝わる近言語的チャネルに分類される。「非音声的チャネル」は発言以外のチャネルをすべて含み，実はその種類も多い。身体動作チャネルは身体の動きに関するものであり，表情で感情を伝えたり，身体の向きを変えて相手を受け入れたり拒絶したりといったメッセージを伝えることのできるチャネルである。プロクセミックスは自他の空間の取り方に関するチャネルであり，親しい間柄では接近するが，そうでない場合は距離をおいて着席するなどといった形で表れる。人工物の使用とは，衣装や化粧などに関するチャネルで，たとえばフォーマルな衣装とカジュアルな衣装とでは，相手に伝えられるメッセージも異なる場合もあるだろう。物理的環境とは，コミュニケーションを行う環境に関するチャネルであり，室温や風景等を操作することで人はなんらかの情報を送受信していることを示す。

　今日，これらの各チャネルに対応した情報通信システムが開発され，人々に広く利用されている。たとえば，音声的・言語的チャネルの通信メディアとして手紙や電子メールがあり，音声的・近言語的チャネルとして電話がある。音声に加えて，身体動作や表情等の送受信を可能にしたものがテレビ電話である。被服や化粧に相当するものは，アバターチャットがあげられる。アバターチャットとは，利用者が任意のアイコンや画像を自分のシンボルとして登録し，それによって自己像を表現する仕組みである。つまり，化粧や被服行動に準じるものが通信技術上で可能になっている。

　さらに，身体接触を可能にする通信メディアも開発されている。たとえば，ブレイブら（Brave et al., 1998）は遠隔地間の双方にそれぞれローラーを設置した装置を提案している。両地点の利用者はその上に手を乗せておき，自由にローラーを回転させることができる。一方のローラーの回転はそっくりそのまま他方に伝えられる。それによって，相手の手の動きを知ることができ，擬似的な身体接触を可能にするというものである。部屋の照明や温度といった物理的環境に関しても，今日の家電製品は離れた場所からのコントロールが可能であり，相手の環境を調節するという形でコミュニケーションの手段として用いることができる。

しかしながら，今日においても実現が困難なものの一つに「プロクセミックス」がある。

第4節　プロクセミックス

　プロクセミックス（Hall, 1966）とは，コミュニケーションにおける対人距離や位置関係に関する概念である。人々は相手との関係性やコミュニケーションの内容に応じて，適切な距離や配置をとる。たとえば，人々の着席行動について調べたクック（Cook, 1970）は，相手と協力的であったり親密な関係であるときには横に並ぶのに対して，競争的状況では向い合って座る傾向があることなどを指摘した。このことは，人々にとって，他者との位置関係を自由に選択できることが自然で心地よいコミュニケーション環境の一助となると示唆する。
　しかし，従来の通信メディアではプロクセミックスの重要性をあまり顧みてこなかった。ただし，従来の通信メディアの目標の1つが距離的制約の緩和にあったと考えれば当然のことである。つまり，通信メディアではどんなに遠く離れている利用者であろうとも，擬似的に目の前にいるかのような状況を作り出すことこそが最優先事項だったのだ。それによって，どんなに遠くの相手とも常に明瞭で齟齬の少ない対話が可能となっている。
　しかしながら，クックの指摘のように，相手との位置関係はコミュニケーションに多大な影響を及ぼす。そのため，遠隔地間ビデオコミュニケーションによってプロクセミックスを伝達し，再現しようとする試みがなされている。ところが，その際にいくつかの問題が発生する。
　図6.2は，今日一般的に使われているビデオコミュニケーション・システムを模式的に表したものである。ビデオコミュニケーション・システムの基本的な構造は，利用者（あなた）の姿を撮影するビデオカメラ，相手の姿を投影するビデオモニタ，および音声の送受信のためのマイクとスピーカー（図では割愛）からなる。通信相手が複数地点にいる場合は，モニタ内の表示領域を複数に分割し，それぞれに各地点の利用者（図中のAとB）を割り当てて表示することが一般的である。
　図6.2のようなビデオコミュニケーション・システムで利用者が最初に戸惑

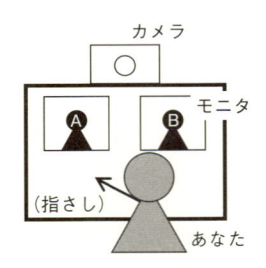

あなたはAに対して指をさした。それは1台のカメラで撮影され、AとBに同じ映像が送られる。

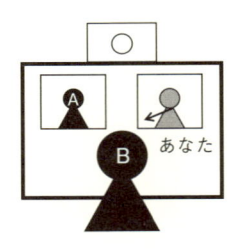

同じ映像が送られてくるため、あなたがAに向けたはずの指はBも同時に自分に向けられていると思い込む。

図6.2　一般的なビデオコミュニケーション・システムの模式図と指さしの誤解

う問題は，視線の不一致である。利用者はモニタに表示される他利用者の顔や目を見て会話しようとするが，利用者を撮影するためのカメラはモニタよりも上に設置されている。そのため，うつむき加減の映像として相手に送られてしまい，円滑なアイコンタクトが難しい。ただし，この問題に関しては，モニタにハーフミラーを導入し背後にカメラを設置する（Ishii et al., 1993）工夫や，画像処理で顔面の向きを補正描画する手法などで解決が目指されている。

　一方で，特定の相手にだけ向けた視線や指さしなど，方向に依存した行為が正しく伝わらないという問題は解決が難しい。図6.2左のように，あなたが画面内のAに向かって指をさしたとしよう。その映像はあなたの前のカメラで撮影され，全く同じ映像がAとBのモニタに送信される。その結果，Aはもちろん，Bのモニタにもあなたが指をさしむけている映像が映しだされる。その結果，Bには自分が指さされたという誤解が生じる。この問題は通常のビデオコミュニケーション・システムでは利用者間の方向情報が捨象されてしまい，全員の映像が平面上の任意に再構成されることによって発生している。この問題はしぐさや視線の方向という視覚的問題だけではなく，利用者の座席配置の自由度が小さいという問題に結びつく。そのため，クック（Cook, 1970）が指摘する協力的／競争的関係による座席配置の変更というプロクセミックスにかかわる問題に対処することも困難である。

　遠隔地の利用者間で位置や方向が保存されない問題を解決するため，筆者ら

の研究グループでは新たな遠隔地間ビデオコミュニケーション・システムの開発と評価に取り組んでいる。それを次節で紹介する。

第5節　t-Room

　t-Room（Hirata et al., 2008; 図 6.3）は，利用者の位置関係を遠隔地間で一意に共有することを可能とする遠隔地間ビデオコミュニケーション・システムである。

　t-Room は，複数枚の大型ディスプレイを内側に向けて円筒形に配した小部屋状の構造をしている（図 6.4）。小部屋内の様子は周囲に設置されたカメラで撮影され，他地点の t-Room のディスプレイに表示される。両地点の t-Room は同じ構造であり，地点1のカメラは地点2の任意のディスプレイと1対1に対応している。たとえば，地点1の人物 A を撮影したカメラの映像は，地点2において人物 A が存在するであろう位置のディスプレイに表示される。この仕組みより，複数人物の相対的位置関係を一意に共有した環境を作り出す。

　利用者は状況に応じて互いに t-Room の中で近寄ったり，離れたりすることができる。また，そういった位置関係は本人たちだけではなく，第三者からも観察できる。たとえば図 6.3 では，右から3番目のスカートをはいた女性はモ

図 6.3　t-Room

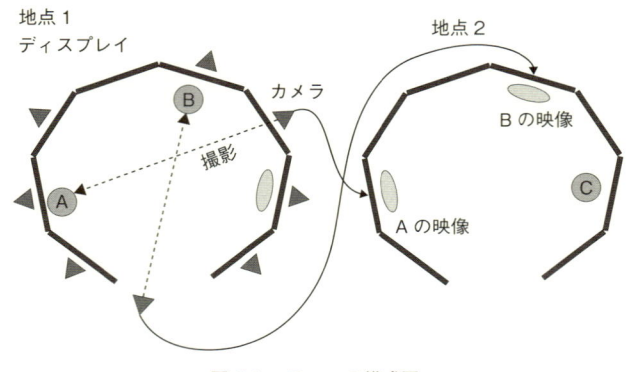

図6.4 t-Roomの模式図

ニタに映る遠隔地利用者である。両脇の女性が彼女のことを指さしているが，そのことが利用者全員に理解されている。まさしく，全利用者の位置関係が共有されていることの効果である。

もちろん，コミュニケーション・システムの設計開発と，それが実際に利用者にとって有益かどうかは別である。そこで，t-Roomにおけるコミュニケーション行動を評価した実験を紹介する。

1. t-Roomにおける話者交替の自然さ

山下ら（Yamashita et al., 2008）は，t-Roomを用いて遠隔地間における座席配置レイアウトと発話パターンの特徴について分析を行い，遠隔地間利用者が混在して着席することでより自然なコミュニケーションが行われることを明らかにした。

この研究では4人組の参加者に，山中に墜落した飛行機から脱出し救助を待つ間に必要となる道具の優先順位をつけるという「砂漠生き残り問題」を行わせる実験を行った。この実験では2地点のt-Roomに2名ずつの参加者を配置し，参加者の座席配置を2水準の被験者内要因として操作した。一方は「遠隔参加者対向条件」であり，同地点の参加者は隣同士に着席し，遠隔地の参加者を正面に見る条件であった（図6.5左）。他方は「遠隔参加者混在条件」であり，遠隔地参加者のうち1人と隣り合うと同時に，参加者の正面には同地点参

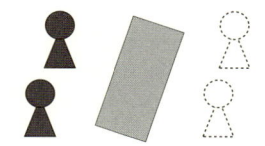

遠隔参加者対向条件　　　　　遠隔参加者混在条件

同じ地点の参加者が横並びになり，遠隔地の参加者が正面のディスプレイに表示される。

遠隔地の参加者が自分の横と正面のディスプレイに表示される条件。

図 6.5　山下ら（Yamashita et al., 2008）の実験条件
中央のテーブルを介して 2 名ずつ分かれるが，遠隔参加者の配置を正面，もしくは横並びに操作した。

加者と遠隔地参加者の両方が位置する条件であった（図 6.5 右）。

「砂漠生き残り問題」は全参加者が意見を述べ合い，グループで 1 つの回答を作成する必要がある。成員間で活発な意見交換が行われることから，各人の発話機会が均等になることが想定される。この前提の下，実験では参加者の話者交替のパターンが分析された。ある参加者が発話を終えた後，誰が発話を引き継いだかを調べ，最初の発話者と同じ地点にいる参加者が発話する確率と，遠隔地にいる参加者が発話する確率を求める。参加者が互いを同等に扱っているなら，同じ地点の人が発話する確率と，遠隔地の人が発話する確率が等しくなると想定される。逆に，その確率が偏った場合，参加者のコミュニケーション・パターンが歪められていると考える。

実験の結果，「遠隔地間参加者対向条件」では遠隔地間の話者交替が 88% であったのに対して，「遠隔地間参加者混在条件」では 67% であった。話者交替は遠隔地間で行われることが多い傾向にあったが，参加者を混在して着席させることで遠隔地の区別をしにくくなったことが分かった。つまり，t-Room のように座席を混在させることで，より対面環境に近いコミュニケーション・パターンを占めることが明らかにされた。

2. t-Room と実対面の同等性

松田ら（2011）は，遠隔地ビデオコミニケーション・システムを利用することによる集団意思決定の歪みを調べる実験を行った。遠隔地間ビデオコミュニ

表 6.1　実験の利得構造

	案 A	案 B	案 C
参加者 1	1000	500	700
参加者 2	700	1000	300
参加者 3	300	500	1000

ケーションが実対面状況と異なる意思決定や判断，結論，議論結果をもたらすとするなら，そのシステムの利用には慎重になる必要があり，その判断を行うためである。そこで，実対面状況と t-Room，および従来型のビデオチャットを比較し，実対面状況における意思決定結果との乖離の有無を調べた。

実験参加者は 3 人 1 組で合議し，20 分以内に全員一致で 1 つの決定を下す課題に従事した。選択肢は 3 つあり，グループが採択した案によって各人の獲得する点数が異なっている（表 6.1）。個人内で各案を比較すれば必ず 3 つの案の間に選好順序があると同時に，3 人の選好が矛盾しているため一意に評決が決まらないコンドルセのパラドックス（e.g. 佐伯，1980）が組み込まれている。さらに，利得構造はいずれの案が選ばれても各人の獲得点数の合計は 2000 とした上で，案 B のみ特殊な構造をしている。つまり，案 A と C は各人の獲得利得に必ず差が生まれるが（|1000, 700, 300|），案 B のみ下位 2 名の利得が等しくなっている（|1000, 500, 500|）。他と比較してより平等的な選択として案 B を組み込んだ。実験では，利得構造ではなく，議論のためのカバーストーリーが与えられ（オリンピックの開催地を選ぶ，会社の重役が取引先企業を決める），参加者はロールプレイをしながら課題に取り組んだ。また，他者の利得は知らされなかった。

実験は 1 要因条件配置で実施され，(1) 対面条件，(2) t-Room 条件，(3) ビデオチャット条件の 3 水準を設定した（図 6.6）。t-Room 条件とビデオチャット条件は遠隔地を通信システムで接続した実験条件であり，一方の地点に 2 名の参加者，他方に 1 名を配置した。対面条件は対照群であり，3 名の参加者が同じ部屋で実験に参加した。

条件ごとの決定結果を表 6.2 に示す。実対面条件ではすべての選択肢がほぼ均等に採択された。これを基準とした場合，t-Room 条件からも同様の結果が

第 5 節　t-Room　141

実対面条件

全参加者が物理的な同室に存在。
選択率の基準となる対照群として設置。

t-Room 条件

参加者間の位置関係やジェスチャの方向
が保存され，実対面に近いと予想される。

ビデオチャット条件

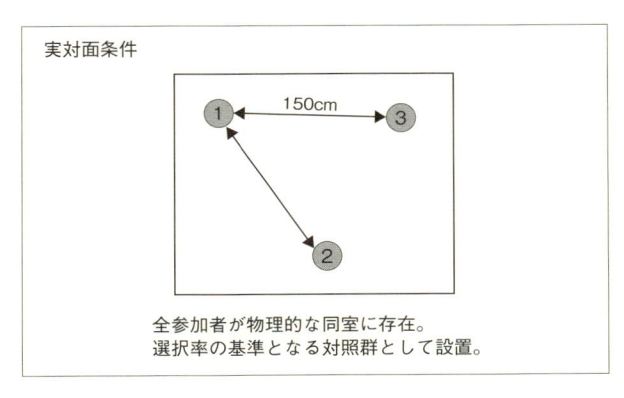

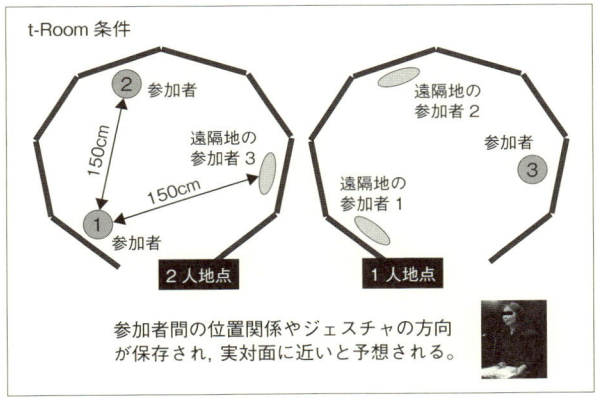

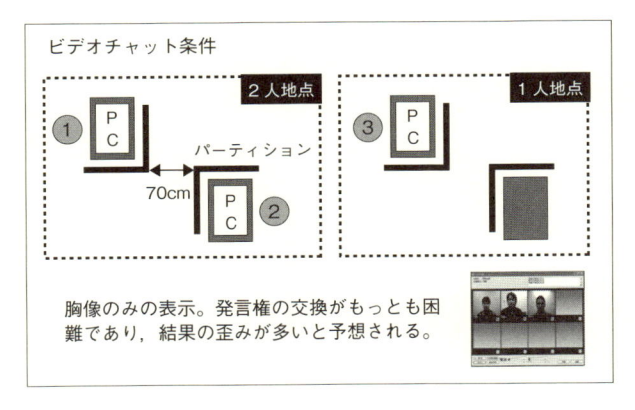

胸像のみの表示。発言権の交換がもっとも困
難であり，結果の歪みが多いと予想される。

図 6.6　各実験条件と参加者の配置

表 6.2 各案の採択数

	案 A	案 B	案 C	計
実対面	17 (35.4%)	16 (33.3%)	15 (31.3%)	48 (100%)
t-Room	8 (40.0%)	6 (30.0%)	6 (30.0%)	20 (100%)
ビデオチャット	9 (42.9%)	4 (19.0%)	8 (38.1%)	21 (100%)

得られており，t-Room は実対面と同等であったと見なすことができる．一方，ビデオチャット条件では案 B の採択率が小さかった．

ビデオチャット条件で案 B が採択されにくかったことは，参加者間に競争的状況が生み出されたためと考察できる．表 6.1 の通り，案 B のみ {1000, 500, 500} と下位 2 名に同じ得点が与えられる利得構造となっている．この案は 2 人が同じ利得を獲得する構造になっており，他に比べて平等的な選択となっているとみなすことができる．ビデオチャット条件において案 B の採択率が減ったことは，同条件では参加者がより競争的に振る舞った結果だと解釈できる．ビデオチャットでは他の参加者がモニタの上に並んで表示され，それに対して向い合うことが強いられる．そのため，参加者に競争的な意識が芽生えたことによる結果だと考えられよう．一方，対面条件や t-Room 条件では，図 6.6 のように互いが車座になる座席配置だった．このことによって競争的な意識がビデオチャットに比べて抑制されたものと考えられる．

対面状況では自由に人々の座席配置を調整することができる．t-Room はそれと同じ効果を持つことで，従来のビデオチャットに比べて良好な結果が得られたと考えられる．このことは，実験参加者のシステムに対する印象評定の結果からも支持されている．八重樫ら (2011) は，空間印象に対する評定尺度 (八木ら，2001) を用いて，本実験の参加者の各システムに対する印象を測定した．この時，課題開始前の第一印象と課題終了後の印象の両方を測定し，その変化を分析した．その結果，実対面条件と t-Room では開始前よりも開始後において評価が高まるのに対して，ビデオチャットでは課題終了後に評価が下がることがわかった．たとえば，場の親しみやすさや安心感，友好感に関する下位尺度「開放・親しみやすさ」因子 (7 段階尺度，大きいほど肯定) において，実対面条件は 3.52 から 4.05 へ，t-Room は 3.01 から 3.40 と得点が上昇した

が，ビデオチャット条件では 3.83 から 3.03 へと低下した。これは，t-Room では実対面と同じように，身体のしぐさやアイコンタクトなど物理的方向感の一致という特徴が寄与したものと考えられる。

以上のように，遠隔地間のプロクセミックスを再現することのできる t-Room を用いることで，実対面に準じたコミュニケーションが可能であると言えよう。

第6節　おわりに

本章では，ヒトのコミュニケーション環境の歴史について概観し，人間が生得的に言語コミュニケーションを要求すること，身体的制約を乗り越えるためにさまざまな通信技術が開発されてきたこと，人間の対人コミュニケーション・チャネルのうちプロクセミックスに関わる通信システムの開発が立ち遅れていること，そして，遠隔地間でプロクセミックスを実現するシステムの一例として t-Room を紹介した。それでもなお，人類がコミュニケーションに求める要求水準は高い。t-Room でも人々が求める対人コミュニケーション環境を完全に実現したとはいいがたく，今後もさらなる研究開発が必要である。

さらに近年では，ビデオコミュニケーション以外の手段によって，より豊かな遠隔地間コミュニケーションを実現しようという動きが盛んである。たとえば，特定の人物にそっくりなジェミノイドを遠隔地に派遣し，あたかも本人がその場にいるような存在感を醸成することで円滑なコミュニケーションを行うという試みもされている（西尾・石黒, 2008）。さらには，人の脳活動データで遠隔地の装置を操作することでコミュニケーションを行わせるブレイン・マシン・インタフェース（e.g. 川人, 2009）などへの期待も寄せられている。

現在でも人類は，音声や身体動作など，コミュニケーション・チャネルの大部分を自分自身の身体に依存している。ブレイン・マシン・インタフェース等の登場により，身体を伴わないコミュニケーションの実現も間近である。このことは，身体的ハンディキャップを持った人々にとっては歓迎すべき流れであろう。

一方で，人類の種としての長い歴史の中では，身体そのものを使ったコミュ

ニケーションが主であり続け，それに特化した身体形状（声帯など）や認知機能（生成文法など）を有しており，それらをごく自然に利用している．人間の生得的で本質的なコミュニケーション行動をよく調査・吟味し，真の意味で人間にとって使いやすく，有益なコミュニケーション・システムのあり方を広く提言していくことが，これからの社会心理学研究に求められることであり，人類の幸福に貢献する道であろう．

■引用文献

Brave, S., Ishii, H., & Dahley, A. (1998). Tangible interfaces for remote collaboration and communication. Proceedings of 1998 ACM conference on Computer supported cooperative work (CSCW' 98), 169-178.

Chomsky, N. (1957). *Syntactic structures*. N. Chomsky (Ed.), Vol.33. The Hague: Mouton. p.117.

Cook, M. (1970). Experiments on orientation and proxemics. *Human Relations*, **23**, 61-76.

大坊郁夫 (1998). しぐさのコミュニケーション―人は親しみをどう伝えあうか　サイエンス社

Dunbar, R. (1996). *Grooming, gossip and the evolution of language*. Harvard University Press. （松浦俊輔・服部清美（訳）(1998). ことばの起源：猿の毛づくろい，人のゴシップ　青土社）

Hall, E. T. (1966). *The hidden dimension*. Doubleday Anchor.

萩原幸男 (1976). 電気通信覚え書き　東京出版センター

Hirata, K., Harada, Y., Takada, T., Aoyagi, S., Shirai, Y., Yamashita, N., Kaji, K., Yamato, J., & Nakazawa, K. (2008). t-Room: Next generation video communication system. GLOBECOM, IEEE, 5536–5539.

Ishii, H., Kobayashi, M., & Grudin, J. (1993). Integration of interpersonal space and shared workspace: Clearboard design and experiments. *ACM Transactions on Information Systems*, **11** (4), 349-375.

川人光夫 (2009). 脳情報通信とブレイン・マシン・インタフェース　バイオフィードバック研究, **36** (2), 101-107.

松田昌史・八重樫海人・大坊郁夫 (2011). コミュニケーションツールの違いによる3者間会話行動に関する研究 (4) 葛藤状況認知と集団意思決定との関連性　電子情報通信学会技術研究報告, **110** (383), 37-42.

西尾修一・石黒　浩 (2008). 人として人とつながるロボット研究　電子情報通信学会誌, **91** (5), 411-416.

Norman, D. A. (2004). *Emotional design: Why we love (or hate) everyday things*. Basic

Books.（岡本　明・安村通晃・伊賀聡一郎・上野晶子（訳）（2004）．エモーショナル・デザイン：微笑を誘うモノたちのために　新曜社）

佐伯　胖（1980）．「きめ方」の論理：社会的決定理論への招待　東京大学出版会

総務省（2009）．通信利用動向調査（世帯編）平成 21 年報告書<http://www.soumu.go.jp/johotsusintokei/statistics/pdf/HR200900_001.pdf>（2011 年 4 月 28 日）

統計局（2008）．都道府県，世帯人員別一般世帯数（大正 9 年〜平成 12 年）<http://www.stat.go.jp/data/chouki/zuhyou/02-18.xls>（2011 年 4 月 28 日）

八重樫海人・松田昌史・大坊郁夫（2011）．コミュニケーションツールの違いによる 3 者間会話に関する研究（3）利用者が通信システム環境に対して抱く印象の検討　電子情報通信学会技術研究報告, **110**（383），31-36.

八木澄夫・伊藤　正・掛井秀一（2001）．シミュレーション・ツールを用いた視空間の印象評価の研究　日本建築学会計画系論文集, **541**, 57-62.

Yamashita, N., Hirata, K., Aoyagi, S., Kuzuoka, H., & Harada, Y.（2008）. Impact of seating positions on group video communication. Proceedings of the 2008 ACM conference on Computer Supported Cooperative Work, 177-186.

コラム6　アンビエント情報社会

　近年の情報システムの高機能化により，人々のコミュニケーションは，音声，テキスト等のさまざまなチャネルで実現でき，身につけた小さい計算機により，「いつでも，どこでも，だれとでも」コミュニケーションを可能とするユビキタス情報社会へと発展しつつある。アンビエント情報社会とは，これをさらに発展したものであり，環境内に人々の状況を推定するためのさまざまなセンサが埋め込まれ，それらの情報をもとにして人々の生活を，「いまだから，ここだから，あなただから」をテーマとして支援する高度情報社会を指す。人が明示的に計算機に指示するのではなく，計算機が状況を察してさりげない形で人に働きかけ，人の本来の能力を活かすきっかけを提供する。

　アンビエント情報技術は，90年代末にPhilips Researchによって提唱されたAmbient intelligenceに基づくものであり，現在，非常に盛んな研究分野である。HomeLabプロジェクト（Philips Research）では，家電利用時のユーザの挙動を計測して製品のユザビリティテストをしている。また，マサチューセッツ工科大学でも，人々の活性度を環境内に設置したマイクやカメラから推定する手法の研究が古くからなされている（Brooks, 1997）。さらに，大阪大学では，生物の環境適応性に基づく

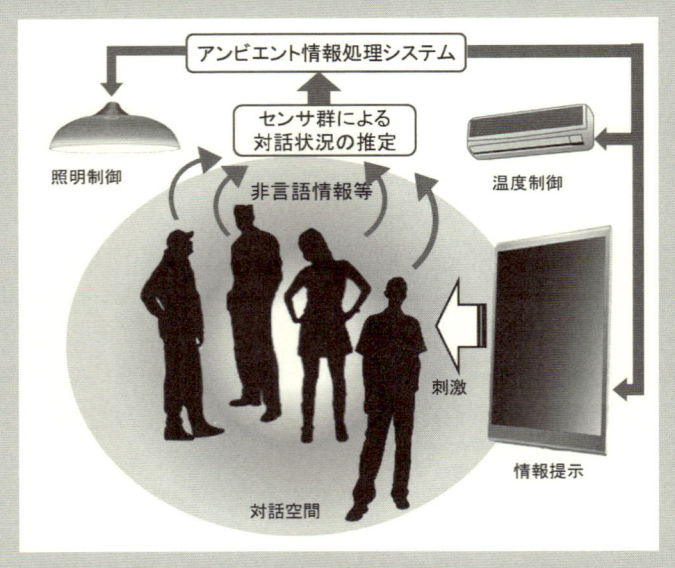

図1　アンビエント情報技術を用いた会話空間の演出と会話支援

ことで，環境の変化に応じた適応的な情報処理技術の研究に取り組んでいる（村田，2010）。

　アンビエント情報技術はさまざまな生活活動に対して有効であるが，特に，異なる属性や文化を持つ多様な人々による会話の支援が有望とされている。環境内に設置されたセンサで，人々の非言語情報（発話量，ジェスチャー，視線等）を計測し，会話の活性度を推定することができれば，計算機による刺激を通して会話の活性化や沈静化が可能である。たとえば，会話の活性度が低い場合は，会話内容の補足情報や個人プロフィールを環境内のディスプレイに情報提示することで，会話の継続や盛り上がりを支援することができる。活性度が高ければ，自動的にエアコンの温度や照明を調節することで，落ち着いた会話を促す空間演出なども可能である。さらに会話におけるリーダーを推定し，超指向性スピーカ等の特殊なデバイスを用いてリーダーに対してのみ選択的に情報提示することで，効率的な会話誘導と制御も可能である。

　この技術が発展することで，小売，福祉，教育などさまざまな分野への波及が期待され，安心で安全でかつ快適な社会環境の構築へとつながる。しかしながら，人と計算機の協調や，計算機を含めた空間のあり方について依然として課題は多く，対人社会学，情報科学など分野を跨いだ視点による議論と研究遂行が，今後は不可欠であると考えらえる。

引用文献

Brooks, R. A. (1997). The intelligent room project. In Proceedings of the Second International Conference on Cognitive Technology (CT' 97), 271-278.

Philips Research (2004). Ambient intelligence. <http://www.research.philips.com/technologies/projects/ambintel.html> (2010 年 8 月 20 日)

村田正幸 (2010). アンビエント情報社会の実現に向けた取り組み　電子情報通信学会誌, **93** (3), 233-238.

7 円滑な関係を築く非言語コミュニケーション

第1節 対人コミュニケーションにおける非言語行動の役割

1. 円滑な対人関係を目指す2つのコミュニケーション

われわれは，家族や友人などの身近な存在を大切にし，学校や職場，友人の集まりにおいてはじめて会う人とウマが合うかを気にかける。仕事の場面では自社の希望通りの方向で商談を成立させ，かつ，自分自身についても商談相手から好ましい人物であると思われたいと望んでいる。言い換えれば，人は，どのような他者であれ，円滑な関係性を築きたいと願う。そのために行うのがコミュニケーションである。

人と人のコミュニケーションというと，真っ先にイメージされるのは，人らしさを特徴づける「ことば」によるコミュニケーションである。しかし，現実場面では，われわれは，ことばで相手にメッセージを送るだけでなく，ことば以外の手段を用いてコミュニケーションを行っている。相手に自分の気持ちを伝えたいとき，ことばを発すると同時に自然と拳に力が入っていたり，ジェスチャー（gesture）で表現する。このように，ことばとジェスチャーが同時に使われることがある一方で，ジェスチャーや視線をことばのかわりに使うこともある。静粛が求められる図書館において目の前の人とやり取りしたいときには目配せをしたり，通りの向こう側を歩く友人に気づいて手を振る。また，友人との電話中に髪の毛を触ったり，緊張感が漂う面接場面において顔を掻く行為は，それを行う行為者は何かを伝えようという意図はなく無意識に行っているにもかかわらず，それを目にした人からは退屈さや緊張を伝えるものとして捉

えられてしまう。

以上のような視線や笑顔，ジェスチャーのようなことば以外の行動，すなわち非言語行動（nonverbal behavior）によって，相手に自らの感情や考え，時には緊張や焦りのような無意図的な個人内の反応を伝えるコミュニケーションの形態を非言語コミュニケーション（nonverbal communication）という。これに対して，ことば，すなわち言語行動（verbal behavior）によるコミュニケーションを言語コミュニケーション（verbal communication）といい，これら両者を合わせて対人コミュニケーションという。現実場面では，手紙やインターネット上のチャットのような文字のみによる言語コミュニケーションを除いて，言語コミュニケーションと非言語コミュニケーションが区別されて行うことは稀であり，2つのコミュニケーションが同時に行われる。

2. 対人コミュニケーションのチャネル

対人コミュニケーションでは，感情や思考などのメッセージを伝えるために用いる言語，非言語行動などの表現方法や身体部位のことをチャネル（channel）と呼んでいる。送り手が伝えるメッセージはチャネルに記号化（encoding）されて相手に発信され，そのチャネルを介して受け手はメッセージを解読（decoding）する。送り手と受け手の役割は瞬時に交換され，メッセージを受け取った受け手は，次の瞬間には送り手となって相手に反応する。図7.1に示すように，非言語コミュニケーションには視線やジェスチャー，顔面表情のほかに，声の高さや抑揚などのパラ言語（paralanguage），他者との距離の取り方を意味する対人距離，どの座席に座るかといった着席行動，化粧や被服などの人工物の使用，さらには家具の置き方など，さまざまなチャネルが含まれる。これに対して，言語コミュニケーションでは発言内容が唯一のチャネルである。これらのチャネルが同時にすべて使われるわけではなく，対面場面，電話，テレビ，手紙，E-mailなど，どのような交信方法を用いてメッセージを伝えるか，すなわち，どのようなメディア（media）を用いるかに依存して選択される。また，送り手や受け手の年齢やパーソナリティ，性別，どのチャネルに記号化することができるかという記号化の能力などによってもチャネルの使われ方が異なる。

```
                                    ┌ 1) 言語的（発言の内容・意味）
                      ┌ 音声的 ─────┤
                      │             └ 2) パラ言語的（発言の形式的属性）
                      │                    a. 音響学的・音声学的属性（声の高さ，速
                      │                       度，アクセントなど）
                      │                    b. 発言の時系列的パターン（間のおき方，
                      │                       発言のタイミング）
対人コミュニケーション・チャネル ┤
                      │             ┌ 3) 身体動作
                      │             │      a. 視線
                      └ 非音声的 ───┤      b. ジェスチャー，姿勢，身体接触
                                    │      c. 顔面表情
                                    ├ 4) プロクセミックス（空間の行動）
                                    │      対人距離，着席位置など
                                    ├ 5) 人工物（事物）の使用
                                    │      被服，化粧，アクセサリー，道路標識など
                                    └ 6) 物理的環境
                                           家具，照明，温度など
```

2) 以下が非言語コミュニケーション

図 7.1 対人コミュニケーション・チャネルの分類（大坊, 1998）

　上述したように，非言語コミュニケーションでは言語コミュニケーションに比べて多くのチャネルが用いられる。また，言語行動は思考という意識的な作業がなされた上で表出されるが，非言語行動は気づかないうちに表出していることも多く，言語行動に比べコントロールが及びにくい。それゆえに，非言語コミュニケーションは時には言語コミュニケーションよりも他者に対して強い影響力を持つこともある（Mehrabian, 1972）。たとえば，相手に嫌悪を感じた際，ことばでは平静を装っていたとしても，視線チャネルから発せられるメッセージを相手が嫌悪感と解読してしまうなど，受け手が非言語行動に意味づけを加えてしまう場合である。

　したがって，われわれは，操作にコツが必要な非言語チャネルという道具を巧みに使って他者と円滑な対人関係を目指さねばならない。そこで，本章では，その非言語コミュニケーションに注目し，良好な対人関係との関連性について考える。

3. 非言語コミュニケーションの役割

　円滑な対人関係の形成に寄与する非言語行動について考える前に，非言語コミ

ユニケーションがそもそもどのような役割を担っているのかを知る必要がある。

　非言語コミュニケーションの役割については，研究者によりさまざまな捉え方があるが，ここでは対人関係にもたらす社会的効果に注目したパターソン（Patterson, 1983）によるものを取り上げる。なお，表7.1には，パターソン（1983）による役割と同様に他者との関係性に及ぼす効果の視点で非言語コミュニケーションの役割を指摘したアーガイル（Argyle, 1988）によるものとを対応させた。

　パターソン（1983）が指摘する非言語コミュニケーションの第1の役割は

表7.1　社会的効果に注目した非言語コミュニケーションの機能 (Argyle, 1988; Patterson, 1983 から作成)

Patterson（1983）の機能	Argyle（1988）の機能
情報の提供：個人の内的状態，パーソナリティ，動機，感情などを相手に伝える機能。この機能を担う非言語行動は，情報伝達を目的として意図的，計画的になされ，情報の受け手が理解して目的が達成されるために，行動を監視し続ける。	**対人的態度の伝達**：友人関係や他の関係性の達成，維持。主に接近，声のトーン，身体接触，視線，顔面表情などによる。
相互作用の調節：会話において発話者のスムーズな交代を促し，会話の流れを調節する機能。比較的自動的，そして熟慮なくなされ，声の高低の変化や音量を落とすなどの行為によって会話の方向転換を円滑に進める場合に関係がある。	**発話への同期・維持**：聞き手や話し手が，発話に同期して，うなずいたり，視線を投げたり，音声を変化させることで，会話の基本的な部分を担う。
親密さの表出：非言語行動を通して相手に対する好感や愛情，興味や思いやりなどを表出する。	**対人的態度の伝達** **感情表出**：主に顔面身体，声などで，感情を伝える。
社会的統制の行使：非言語行動の道具的な側面であり，「勢力と支配」，「説得」，「欺瞞」，「印象操作」や「自己呈示」，「フィードバックと強化」などの社会的影響過程において相手に影響を与えることを意味する。たとえば，地位の違いを目立たせるために凝視や身体接触を利用したり，好意を向けるために微笑を浮かべ，身体を前傾させて傾聴している様子を示すなどの自己呈示方略などを指す。	**自己呈示**：主に外見や音声の強弱の程度で達成される。
サービスと仕事上の目標の促進：サービスや仕事上の関係の結果であり，個人的特性も社会的関係ともかかわりがなく，道具的な目標を持つ働き。医者と患者，仕立屋と顧客との間に見られる身体接触など。コミュニケーション形態は形式化されている。	**慣習的行為**：挨拶や習慣

Patterson（1983）の機能と Argyle（1988）の機能の内容を判断し，機能を対応させた。Argyle（1988）が考える自己呈示に詳細な説明がないため，Patterson（1983）の「社会的統制の行使」の下位機能に「自己呈示」があることから「社会的統制の行使」に対応させた。

「情報の提供」である。喜びや怒りといった一時的な感情，相手に対する好悪や態度，パーソナリティのような個人の内的状態を相手に伝える役割を果たす。この役割を担う非言語行動は，情報伝達を目的として意図的，計画的になされる。感情をもっともよく伝えるチャネルは顔面表情であるが，笑顔を表出して喜びを伝えるような場合である。

　第2の役割は，会話において発話者のスムーズな交代を促し，会話の流れを調節する「相互作用の調節」である。比較的自動的，無意図的になされ，たとえば声の高低の変化や音量を落とすなどの非言語行動によって話題や話者交代を円滑に進めるのを促す。

　そして，第3の役割が「親密さの表出」であり，非言語行動を通して相手に対する好感や愛情，興味や思いやりなどを表出する。第1の役割である情報の提供の伝達内容に相手に対する好悪や態度があげられていたが，そういった態度の伝達がいつも意図的であるとは限らない。むしろ，好意の表出は意図が弱い状況でなされるかもしれない。また，親密さには，初対面や恋人関係などコミュニケーションに参与する者の関係性の視点も含まれ，関係性の進展や維持のために非言語行動のこの役割が作用する。たとえば，相手との対人距離を縮めたり，視線を多く交わしたり，身体接触を多くするといった行為である。なお，このような親密さの表出のために活性化する行動を，パターソン（1983）は非言語的関与行動と呼び，メラービアン（Mehrabian,1969）は，直接性の高い行動と表現している。アーガイルとディーン（Argyle & Dean,1965）によれば，親密性を表出する行動の背後には相手からどう思われているのかを知りたいとフィードバックを求めたり，親密でありたいと願う親和欲求による接近の力があるとしており，それらの力が働くことで行動が促進される。

　4つ目の役割は「社会的統制の行使」である。どちらかというと非言語行動の道具的側面を意味しており，支配や説得，欺瞞，自己呈示のような社会的影響を意味する。地位の違いを目立たせるために視線や身体接触を利用したり，相手からの好意を獲得するために，微笑を浮かべ，身体を前傾させて傾聴している様子を示すなどして自らの好意的態度を呈示する。後者の例で示された微笑や身体の方向を変える非言語行動は，受け手が，意図的で，なんらかの目的のもとになされていると判断すれば社会的統制の行使になり，その意図が弱く

自発的なものと見なすと親密さの表出になる。したがって，受け手の解読に大きく依存する役割なのである。

　最後が，医者と患者，仕立屋と顧客との間に見られる身体接触のように，「サービスや仕事上の目標の促進」の役割である。個人のパーソナリティや相手との親しさのレベルに関係なく，役割という道具的な目標のためになされる。

　さて，これら5つの非言語コミュニケーションの役割のうち，他者に対して心理的影響をもたらすものは第3，第4の役割である。第3の「親密さの表出」の行動が親和欲求に基づいて表出されることで，自身と他者との双方が望んでいる，好意的で良好な対人関係が形成される。第4の「社会的統制の行使」による行動は，自らの望む方向に向けて戦略的になされるコミュニケーションであり，それが達成されることは，少なくとも送り手にとって円滑な関係性が形成されることを意味する。したがって，この2つの役割を担う非言語コミュニケーションこそ，円滑な対人関係に寄与するものと考えられるのではないだろうか。

　以上を踏まえ，第2節では，「親密さの表出」の役割を担う非言語コミュニケーションについて，関係性の初期段階における親密さの均衡や良好な会話の視点から考える。第3節では，説得という社会的影響力の行使と非言語コミュニケーションの関係について述べる。

第2節　親しさを目指す円滑なコミュニケーション

1. 親しさのレベルと非言語コミュニケーション

　円滑な関係を築くためには，そこで交わされるコミュニケーションの多くが円滑になされていることが予測される。それゆえ，良好な対人関係に寄与する非言語行動を検討するためには，すでに良好な対人関係が形成されている親しい友人関係や家族関係のコミュニケーションを観察することが近道であるといえるかもしれない。しかしながら，既存の関係性においては，その関係がどのくらい続いているか，互いの情報をどのくらい保有しているかが，人それぞれの関係性によって異なる。それらの違いはコミュニケーション行動に影響を与えることはいうまでもなく，「同一レベルの親しい関係」として扱うことは難しい。さらに，親密な関係になれば直接性の高い非言語行動が増大することが予

測されるが，その一方で，夫婦のような親密な関係性においては，満足感と不満という相反する感情が同時に生じることもあり，その感情が矛盾した方向性の非言語行動の表出あるいは，矛盾した言語行動と非言語行動の表出という形で現れてしまうこともある（たとえば，笑顔とネガティブなトーンの声，温かい言葉に怒りの表情；Noller, 1995）。このような表出されたメッセージに矛盾が見られる非言語行動における二重拘束（double bind; Bateson et al., 1956）の状態は，関係性の初期の段階ではむしろ円滑なコミュニケーションの指標とはいえないだろう。

したがって，コミュニケーション行動を扱う研究においては，関係性の長さや保有情報にバイアスのかからない初対面場面を観察対象としたり，面識のない実験協力者（サクラ）との会話を対象にした実験的手続きが取られることが多い。そして，親密さの程度の判断は，会話者が相手に対して抱いた好意的な印象評価であったり，複数の非言語行動間の関連性から解釈される。以降の節では，会話相手が実験協力者である場合も含め，初対面場面を対象にした親密さの表出に関する研究を紹介する。

2. 他者から好印象を獲得する非言語行動

単一のチャネルの機能を考えた際，もっとも親密さの表出と関連が深い非言語行動は，顔面表情の中の笑顔である。笑顔は基本的6感情の1つである喜びの感情の表出形態である（Ekman & Friesen, 1975）。笑顔として現れる非言語行動は，声を伴う笑い（laugh）と，表情のみの微笑（smile）の2種類があげられるが，コミュニケーション場面では両者が混在してなされることから，ここではその表情形態である「笑顔」としてまとめる。さて，笑顔は，喜びの感情表出という自己指向的な役割だけでなく，親しさや好意の表出という対人的機能も担っている（Kraut & Johnston, 1979）。そして，自らの好意の表出によって他者からよい印象を抱かれることは，会話が円滑に進むための1つの方略として考えることができる。つまり，他者から抱かれる印象と非言語行動との関連性を考えることで，円滑なコミュニケーションについて考えることができるといえよう。

対人印象と笑顔との関連性を検討した研究結果からは，笑顔を多く見せるこ

とによって相手に好意を伝え（和田, 1986），また笑顔のある者に対して受け手もポジティブな印象を形成することが示されている（磯ら, 2003）。その一方で，面接場面のように自分を他者に好意的に認知してもらいたい意図が強い場面では，笑顔は親密さの表出よりも「社会的統制の行使」における印象管理の役割を果たし，それが熱意や好感につながる（山口・小口, 1998）。ただし，日本人の笑顔は喜びや親しみの表出だけでなく，状況に応じて困惑や恥じらい，挨拶としての機能も担う複雑な顔面表情であるといわれる（Nakamura, 2001; 中村, 2006）。文化による表情の表出・解読の相違には表示規則（display rule; Ekman & Friesen, 1975）が依拠する部分も大きいため，状況や話題などの文脈情報との兼ね合いの中で笑顔が担う役割を考える必要があるだろう。

また，会話中の聞き手のうなずき（nodding）は，社会的承認や傾聴，親しさのサインとして機能して，相手の発話を促進したり（Matarazzo et al., 1964），相手の発話内容の質を高める（Bavelas et al., 2000）こともある。それらの聞き手のうなずきを話し手が知覚することによって，聞き手に対しては好意的な印象が形成され（川名, 1986；小川, 2003），話し手の発話は活発化する。川名（1986）は，実験参加者に話し手と聞き手の役割を行わせ，聞き手がうなずきをした場合としなかった場合とで話し手が抱く印象について比較している。その結果，うなずきをした聞き手に対しては，陽気で，親しみやすく，好感が持てるといった感情的・社交的な魅力を感じることが示されている。この種の魅力は，個人の親しみやすさを示す要素である。山本・原（2006）によれば，他者の印象を形成する際，日本人は，知性のような魅力よりも個人的な親しみやすさを重視する傾向にあるという。つまり，うなずきは，日本人が身につけたいと考える印象を獲得するのに重要な要素となりうるといえるだろう。

3. コミュニケーションの参与者が織りなす非言語行動

上記ではコミュニケーションに参与する一方の相手から表出される非言語行動と，相手から抱かれる好意的な印象との関連性について考えた。聞き手のうなずきは，話し手の発話を活性化させると述べたが（Matarazzo et al., 1964），一方の会話者の発話量が増えることが，はたして円滑なコミュニケーションであるといえるのだろうか。実験的手続きにより，話し手，聞き手の役割が割り

振られた状況ならばともかく，日常会話においては，コミュニケーションの参与者のうちの一人だけが饒舌に話していては，健全な状態であるとはいえない。なぜならば，われわれには返報性の規範（norm of reciprocity）が働き，コミュニケーションに参与する者の間で，互いに，同じだけの情報が交換されるべきであると認識しているからである。

したがって，コミュニケーションの参与者の一方だけの非言語行動を取り上げていては，円滑な対人関係の形成について考えるのには限界があるといえよう。そこで，本節では会話を展開する参与者相互によって表出される非言語行動について考える。

(1) 親しさを調整する非言語行動　コミュニケーションの参与者は，互いがどのぐらいの親しさのレベルにあるかを概ね知っているものである。親しさのレベルを見誤り，一方が過度に親密な行動をとれば，たちまち不快なコミュニケーションに陥るであろう。それゆえ，不快なコミュニケーションになることを避けるために，互いの親しさを一定に保ちながらコミュニケーションを行おうとするような心理的メカニズムが存在すると説明するのがアーガイルらによる親密性平衡モデル（intimacy equilibrium model：Argyle & Cook, 1976; Argyle & Dean, 1965; Argyle & Ingham, 1972）の実験である。

アーガイルとディーン（Argyle & Dean,1965）の実験では，男女の大学生と同性あるいは異性の実験協力者とが会話を，アーガイルとインガム（Argyle & Ingham, 1972）の実験では男女の同性あるいは異性の大学生ペアが会話をする実験場面を設け，相手との距離の条件を操作して3分間の会話中に見られる視線行動の回数を測定している（図7.2）。その結果，どのような性別の組み合わせにおいても同様の傾向が見られ，相手との距離が遠くなるにつれ，相手をじっと見つめる凝視（gaze）やアイ・コンタクト（eye contact；視線交錯）の量が増していることが示された。

親密性平衡モデルでは，視線行動の背景には親和欲求とフィードバックの要求の表われとしての接近の力と，自身の内面が露呈される恐怖の表われとしての回避の力の両側面が働き，その両者の間に均衡水準があると仮定する。同様に，他者との対人距離においても好意を抱いていれば相手に近づき，そうでなければ離れるという接近と回避の力が存在する。会話者間の親密さの程度によ

第 2 節　親しさを目指す円滑なコミュニケーション　157

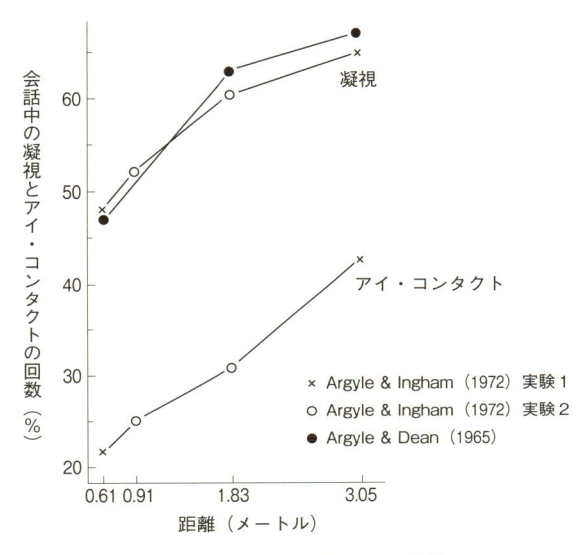

図 7.2　親密性平衡モデルを示した対人距離と視線行動の関係 （Argyle & Ingham, 1972）

って均衡水準が決められ，回避と接近のバランスが均衡水準に見合ったところで適切な非言語行動が決定される。実験のように，二者間会話の状況や互いの関係性を規定する距離が変動してしまった場合には，当該の対人関係の親密度のバランスが損なわれ，不安が生じ，不快なコミュニケーションに陥ってしまう。そこで，その不安を解消し，親密さの水準を常に一定に保つように，その時点で利用可能な接近と回避の力を持つコミュニケーション・チャネルの活動水準が自動的に調整される。つまり，対人距離を元に戻すことで親密さの水準を回復することができなければ，視線行動が相補的に働くことで親密性の均衡を維持し，そこから生じる不安を回避するのである。この相補的関係については微笑と対人距離など，他の非言語行動間でも確認されている（Kendon, 1967; Patterson, 1973）。

(2) バランスを目指す非言語行動　　先述したように，われわれには返報性の規範が働き，発話時間（Matarazzo et al., 1963）や自己開示（大坊, 1992; 小川, 2003）のような言語行動において両者のバランスを維持しようとすることが指摘されている。では，非言語行動については，どのようなバランスのとら

れ方がなされるのであろうか。

　小川（2003）は，初対面の二者間会話を実験的に設定して言語・非言語行動と対人印象の関係を検討したところ，うなずきや相槌のような応答の反応が自分よりも多い，あるいは少ない相手に対して活動的ではないという印象を抱くことを見出している。つまり，自らの応答反応とのバランスを欠いた相手の反応は，望ましくない行動として認識されやすいことを示しており，同一レベルの非言語行動において返報性の規範が期待されているといえる。

　日常場面では二者間による会話ばかりではなく，三者以上の会話も行われる。そこで，磯ら（2003, 2004; Iso et al., 2004）は，初対面の三者間会話場面を設定した実験を行い，うなずき，視線の非言語行動と，会話後に会話相手から抱かれる印象との関係について検討している。三者間会話で注意しなければならないのは，二者間会話の場合には会話相手は目の前の他者一人のみであったが，三者間会話の場合には会話相手が二人存在する点である。それゆえ，相手の発話量に応じて敏感に反応しなければ，うなずきや視線は，相手の話を聞いているという傾聴のサインにはならない。一人の相手ばかりを見ていたり，うなずいていては偏ったコミュニケーションに陥る可能性があるだろう。

　うなずきに関しては，18分間の会話中，それぞれの相手が発話中にうなずいていた回数とその相手からの相関関係を検討したところ，社会的問題について議論する会話では相手の発話に対するうなずきが多いほど，しっかりして，まじめで，感じがよいという印象が抱かれていた。一方，自己紹介や雑談をする会話においても，うなずきが多いほどしっかりして，感じがよいと思われていた。また，議論の場面において発話中の相手に視線を向ける量が多いほど，しっかりしており，健康的であるとの印象が形成されていた。つまり，相手の発話量に応じてうなずきや視線を向けることが「話を聞いてくれる感じのよい人」という印象をもたらすようである。ただし，それはあくまで発話が主体になる議論の場面に限り，雑談の場面では必ずしも敏感な反応は求められていないようである。

　また，会話中，どのように会話相手の二人に対して視線を配分しているのか，そのバランスの度合いを考え，視線の配分の均等具合と印象との関連性を検討した（図7.3）。会話中相手を見る回数が多い人は，会話相手二者に対して視線

第 3 節　戦略的な円滑なコミュニケーションの形成　　**159**

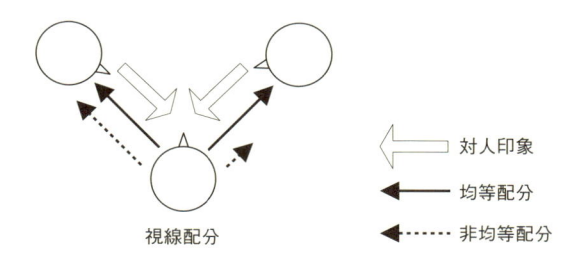

図7.3　三者間会話場面での凝視のバランスのとり方

を向ける量が非均等にあるほうが，外向的で，話しやすく，話がうまいという印象が抱かれており，そもそも会話中あまり相手を見ない人は両者に対して均等に視線を向けるほうが，感じがよく，話しやすく，話がうまいと認知される傾向があった。これまでの二者間会話研究においては，視線量が多いほうが熱心で（Wexley et al., 1975），誠実で接し方がうまく（福原, 1990），信憑性が高い（Argyle, 1988）と認知される傾向があり，総じて視線量の多さが好意的に解釈されることが示されてきたが，三者間会話場面では，視線量の少ない人でも二者への視線の配分のバランスを考慮すれば好意的印象を獲得する可能性が示されたといえる。

　このように，われわれは円滑な対人関係を形成するために，好意的な印象を得たり，互いの親しさの均衡を保とうと，複数のチャネルを巧みに調整しながらコミュニケーションをしていることが分かる。その際，さまざまな非言語行動は，相互に影響を与えながらも，できるだけ接近の方向性に向かうことを目指しているといえるだろう。なお，本節で述べたような複数チャネル間の相補的関係や返報的関係，さらにはバランスの配分といった考え方は，単一チャネルだけを測定していては理解できず，コミュニケーションの会話者が表出する複数のチャネルを測定することで初めて気づくことができるものといえる。

第 3 節　戦略的な円滑なコミュニケーションの形成

1. 説得の特徴

　ここでは，非言語コミュニケーションが社会的統制の行使として機能する場

面として説得的コミュニケーションを取り上げる。説得が成立するために，われわれは言語，非言語コミュニケーションを効果的に組み立て，説得の受け手に円滑にメッセージを伝える必要がある。

深田（2002）は，説得には次に示す6つの特徴があることを指摘している。(1) 説得はコミュニケーションである，(2) 説得は，主として言語によって行われる，(3) 説得は社会的影響行為あるいは社会的影響過程である，(4) 説得の目的は受け手の態度と行動を変化させることにある，(5) 説得は送り手が意図的に行う行為である，(6) 説得は非強制的な行為である。

これらの特徴から，説得とはコミュニケーションであるが，対人コミュニケーション・チャネルの中で，特に，説得状況では言語が重要な役割を担うことが示唆されているといえる。説得には言語が不可欠であることは容易に推測がつくであろう。

しかし，日々の生活の中で，われわれは言語以外の対人コミュニケーション・チャネルをも用い，他者に説得を試み，あるいは他者からの説得を受けている。そこで，本節では，特に，説得状況での非言語コミュニケーションの影響力について示す。

2. 説得的コミュニケーションにおける送り手の非言語行動と説得の効果

われわれが他者を説得しようと試みる際，どのような非言語コミュニケーションを用いるのであろうか。メラービアンとウイリアムス（Mehrabian & Williams, 1969）は，説得的にメッセージを伝達しようとする意図を3段階に設定し，参加者にコミュニケーションを3度行うように教示したところ，次のような行動の変化が見られたことを報告している。つまり，人は他者を説得しようとする意図が高まると，アイ・コンタクトやうなずき，ジェスチャーを増加させ，表情が豊かになり，発話速度は速くなり，より大きな声で話し，声の抑揚を多様にし，発話の休止を減少させる，という行動の変化が見られたのである。すなわち，人は他者を説得しようとすると，行動を変化させることで他者にメッセージを伝達することが示された。

さらに，どのような非言語行動が説得性の認知に影響を与えるかについても，検討を行っている。その結果，説得性と声の抑揚，声の大きさ，発話速度，

発話の休止の少なさ,顔面活動,ジェスチャー,受け手へのアイ・コンタクトは正の相関関係が確認され,一方,説得性と髪や顔,服に触れるなどの身体操作(self-manipulation)には負の相関関係が確認された。この2つの検討は,送り手が説得しようとする行動と受け手が説得性を判断する手がかりはほぼ共通することを明らかにした。

さて,説得研究においては,送り手の説得性だけではなく知識や能力などの専門性を有し,信頼性を持つという信憑性が態度変容に影響を与えることが多く実証されてきた(Hovland et al., 1953)。そこで,バグーンら(Burgoon et al., 1990)は,送り手の非言語行動と5つの信憑性次元,すなわち,特性,能力,平静さ,社交性および活動性と,説得性との関連について検討を行っている。彼女らはクラスメートの前で説得的メッセージを伝達するという公的スピーチ場面で,音声的快手がかりや音声的権威手がかり,動作学的・近接学的直接性手がかり,動作学的優勢手がかり,動作学的覚醒手がかりを示す送り手の22の非言語行動と5つの信憑性次元および説得性にどのような関連が見られるのかを検討した。その結果,説得性に関しては,流暢性,ピッチの多様性,アイ・コンタクト,笑顔,顔面表出,物への接触(対象アダプター),ランダムな胴体・手足の動きと正の相関関係が確認された。また,5つの信憑性次元と非言語行動に関しては多くの関連が見られた(図7.4)。さらに説得性は5つの信憑性次元のうち能力と強い相関関係があることが明らかになった。

メラービアンとウイリアムス,バグーンらの研究結果は,他者を説得する場合に,さまざまな対人コミュニケーション・チャネルが説得性や信憑性を高く認知されるために有効であること,そして戦略的にわれわれがとるべき行動について示唆を与えてくれるものである。

以降では,非言語行動が説得の効果に与える影響を検討したいくつかの研究を紹介する。

まず,アイ・コンタクトに関しては,ビー(Beebe, 1974)は,アイ・コンタクトの割合と送り手への信憑性との関係を調べ,アイ・コンタクト量の多い送り手がより信憑性が高いと評価されることが示された。

また,ティムニーとロンドン(Timney & London, 1973)は,説得の成功者と被説得者のアイ・コンタクト量について検討を行った。この実験では,2名

の参加者はある過失訴訟に関する事例について陪審員の役割を務めるように教示された。参加者はその事例についていずれかが原告側もしくは被告側を擁護する主張の小冊子を読み，事前の判決を記入した。そして，15 分間議論したのちに，満場一致での判決を求められた。この判決で主張が通った参加者を説得者，主張が通らなかった参加者を被説得者として，アイ・コンタクト量を比較したところ，説得者は被説得者よりも相手をよく見てコミュニケーションを行っていたことが示された。

次に，発話速度に関しては，ミラーら（Miller et al., 1976）は，高・中・低の 3 種の速さに設定された説得的メッセージを参加者に提示した。その結果，説得的メッセージには発話速度が速い場合により賛同が得られること，また，発話速度の速い送り手は知的であると認知されることが示された。本邦では，藤原（1986）が同様の検討を行った結果，発話速度が遅い方が態度変容量が大きく，説得の効果が高いという結果となり，ミラーらの研究とは逆の結果が得られた。このような結果が示されたことに関して，藤原（1986）は日本人とアメリカ人の違い，英語と日本語の文法構造の差異などが考えられると考察している。この研究結果から，発話速度のみにとどまらず，メラービアンやウイリアムス，バグーンらで得られた知見を本邦でそのまま適用するのではなく，本邦でどのような非言語コミュニケーションが説得効果に影響するのかを包括的に検討する必要性が示されたといえる。

ここまで紹介してきた研究は，いずれも単一の対人コミュニケーション・チャネルが説得効果に影響を及ぼす研究であった。以降では，複数のチャネルが説得効果に及ぼす影響の研究を紹介する。

メラービアンとウイリアムス（1969）は，対人距離，身体の向き，アイ・コンタクトの割合，姿勢のリラックス度の 4 つのチャネルを取り上げ，説得性との関連を検討した。その結果，受け手が男性か女性かによって異なる結果が得られた。男性の場合は，対人距離が短く，身体の向きが正面ではないほうが説得性を高く評価されたが，女性の場合は，対人距離が長く，アイ・コンタクト量が多く，身体がリラックスしないほうが説得性が高く評価された。

ラクロス（LaCrosse, 1975）は，親和的な表出を行うカウンセラーと非親和的な表出を行うカウンセラーの説得性を比較した。親和的なカウンセラーは笑

顔で，うなずきを行い，ジェスチャーを用い，相手に80％のアイ・コンタクトを向け，対人方向が0°であり，前傾姿勢であり，一方，非親和的なカウンセラーは相手に40％アイ・コンタクトを向け，後傾姿勢であり，対人方向が30°であった。その結果，親和的なカウンセラーのほうが非親和的なカウンセラーよりも説得性を高く評定された。

　松本（1978）は，視線，姿勢，対人方向，対人距離の4つのチャネルを取り上げ，態度変容との関連を検討した。その結果，視線行動と対人方向に交互作用がみられた。つまり，説得者が被説得者を見つめている場合には，対人方向0°のほうが対人方向右45°よりも態度変容が大きく，説得者が被説得者の目を凝視していない場合には，対人方向右45°のほうが対人方向0°よりも態度変容量が大きいことが明らかになった。

　藤原（1986）は，発話速度とジェスチャーの2つのチャネルを取り上げ，態度変容との関連を検討した。その結果，遅い発話速度が態度変容を大きくすることが示されたが，ジェスチャーは態度変容に影響を与えないことが示された。しかし，発話速度が遅い場合に，ジェスチャーを用いると，知的で，自信があるという印象が生じることが明らかにされた。

　これら4つの研究結果から，単一チャネルでは説明できない複数のチャネルの組み合わせの効果が示唆される。したがって，われわれが戦略的に他者を説得しようとする場合には，単一チャネルだけではなく複数のチャネルによる効果性も考慮せねばならないであろう。

　以上をまとめると，対人コミュニケーション・チャネルの中の非言語コミュニケーションは説得の効果に影響を及ぼすこと，日常のコミュニケーション場面にこれらの結果を適用するためには，単一のチャネルだけではなく複数のチャネルの影響力をも考慮する必要性が示唆された。さらに，説得という状況においては言語チャネルを切り離すことはできない。マーシュら（Marsh et al., 1997）は，送り手のメッセージの言語・非言語内容が価値観に基づく態度にどのように影響を与えるかを検討している。その結果，送り手のアイ・コンタクトが少ない，顔面表出が多彩でないなどのネガティブな非言語的伝達を行った場合，ナチュラルな伝達と比較して，受け手に非好意的で，自信がなく，専門性が低いと認知されたが，態度に影響は認められていない。しかし，言語内容

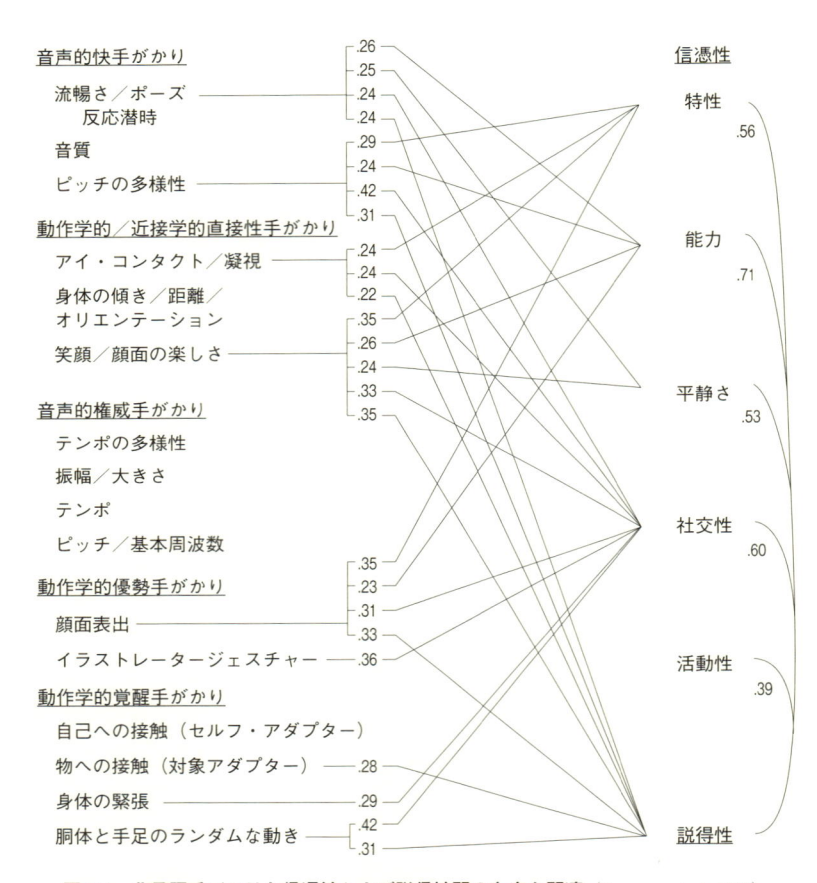

図7.4 非言語手がかりと信憑性および説得性間の有意な関連 (Burgoon et al., 1990)

音声的快手がかり
- 流暢さ／ポーズ
- 反応潜時
- 音質
- ピッチの多様性

動作学的／近接学的直接性手がかり
- アイ・コンタクト／凝視
- 身体の傾き／距離／オリエンテーション
- 笑顔／顔面の楽しさ

音声的権威手がかり
- テンポの多様性
- 振幅／大きさ
- テンポ
- ピッチ／基本周波数

動作学的優勢手がかり
- 顔面表出
- イラストレータージェスチャー

動作学的覚醒手がかり
- 自己への接触（セルフ・アダプター）
- 物への接触（対象アダプター）
- 身体の緊張
- 胴体と手足のランダムな動き

信憑性
- 特性 .56
- 能力 .71
- 平静さ .53
- 社交性 .60
- 活動性 .39
- 説得性

が態度に影響を与えるという結果を報告している。したがって，今後は，言語の影響力も考慮に入れた言語と非言語を併用した説得研究がさらになされることが期待される。

第4節　おわりに

　本章では，円滑な対人関係の形成をもたらすコミュニケーションについて，初期の対人関係の形成に焦点を当てて対人印象との関連性から「親密さの表

出」の役割を担う非言語行動を取り上げ，さらに説得という戦略的なコミュニケーション事態のなかでそれが達成されるための「社会的統制の行使」の役割を担うさまざまな非言語行動について述べた。

　非言語行動の研究は1960〜1970年代が最盛期であったが，近年の社会心理学の分野では，非言語コミュニケーションが円滑な対人関係にもたらす影響について活発に検討されているとはいい難い。伝統的な日本文化では，あいまいさを好み，相手に自らの行動の解釈を委ねる「察し」（石井，1996）が重視され，そこでは非言語行動の果たす役割が大きな位置を占めていたが，グローバル化，情報化社会が進む中では言語コミュニケーションの主張性（assertion）が重視されるようになってきていることも，その一因なのかもしれない。相手への配慮を示しながら，自らの言い分を示し，良好な対人関係を維持しようとするのが主張性であり，そのようなスキルを身につける必要はあるだろう。しかし，すでに述べたように，非言語コミュニケーションは言語コミュニケーション以上に他者に対する影響力を持つにもかかわらず（Mehrabian, 1972），その操作が必ずしも容易ではなく，解読が相手依存で決まる，ある意味で厄介なコミュニケーション行動である。言い換えれば，非言語行動の表出・解読のさじ加減一つによって対人関係が良好な方向に向かうか，あるいは崩壊するかを決めてしまうことだってある。そのような非言語行動の特質を意識し，円滑なコミュニケーションにかかわる非言語行動の研究が再度盛んに行われることを期待している。

■引用文献

Argyle, M. (1988). *Bodily Communication*. 2nd ed. New York: Methuen.
Argyle, M., & Cook, M. (1976). *Gaze and Mutual Gaze*. Chambrige: Chambrige University Press.
Argyle, M., & Dean, J. (1965). Eye contact, distance and affiliation. *Sociometry*, **28**, 289-304.
Argyle, M., & Ingham, R. (1972). Gaze, mutual gaze and proximity. *Semiotica*, **6**, 32-49.
Bateson, G., Jackson, D. D., Haley, J., & Weakland, J. H. (1956). Toward a theory of schizophrenia. *Behavioral Science*, **1**, 251-264.
Bavelas, J. B., Coates, L., & Johnson, T. (2000). Listeners as Co-Narrators. *Journal of Personality and Social Psychology*, **79**, 941-952.

Beebe, S. A. (1974). Eye contact: a nonverbal determinant of speaker credibility. *The Speech Teacher*, **23**, 21-25.

Burgoon, J. K., Birk, T., & Pfau, M. (1990). Nonverbal behaviors, persuasion, and credibility. *Human Communication Research*, **17**, 140-169.

大坊郁夫 (1992). 会話事態における自己開示と対人的親密さ　日本心理学会第56回大会発表論文集, 227.

大坊郁夫 (1998). しぐさのコミュニケーション―人は親しみをどう伝えあうか　サイエンス社.

Ekman, P., & Friesen, W. V. (1975). *Unmasking the face*. Englewood Cliffs, New Jersey : Prentice-Hall.

深田博巳 (編) (2002). 説得研究の基礎知識　深田博巳 (編) 説得心理学ハンドブック―説得コミュニケーション研究の最前線―　北大路書房　pp. 2-44.

藤原武弘 (1986). 態度変容と印象形成に及ぼすスピーチ速度とハンドジェスチャーの効果　心理学研究, **57**, 200-206.

福原省三 (1990). アイコンタクトと印象の評価が受け手の対人感情に及ぼす効果　心理学研究, **3**, 177-183.

Hovland, C. I., Janis, I. L., & Kelly, J. J. (1953). *Communication and persuasion: Psychological studies of opinion change*. New Haven, Connecticut: Yale University Press. (辻　正三・今井省吾 (訳) (1960). コミュニケーションと説得　誠信書房)

石井　敏 (1996). 対人関係と異文化コミュニケーション　古田　暁 (監修)　石井　敏・岡部朗一・久米昭元　異文化コミュニケーション―新・国際人への条件〔改定版〕有斐閣　pp.121-140.

磯友輝子・木村昌紀・桜木亜季子・大坊郁夫 (2003). 発話中のうなずきが印象形成に及ぼす影響―3者間会話場面における非言語行動の果たす役割―　電子情報通信学会技術研究報告, **103** (410), 31-36.

磯友輝子・木村昌紀・桜木亜季子・大坊郁夫 (2004). 視線行動が印象形成に及ぼす影響―3者間会話場面における非言語的行動の果たす役割―　対人社会心理学研究, **4**, 83-91.

Iso, Y., Kimura, M., Sakuragi, A., & Daibo, I. (2004). The effects of nonverbal behaviors on impression formation and rapport in a triadic communication. *28th International Congress of Psychology* (ICP2004), Beijing, Program, 246.

川名好裕 (1986). 対話状況における聞き手の相づちが対人魅力に及ぼす効果　実験社会心理学研究, **26**, 67-76.

Kendon, A. (1967). Some function of gaze direction in social interaction. *Acta Psychologica*, **26**, 22-63.

Kraut, R. E., & Johnston, R. E. (1979). Social and emotional messages of smiling: An ethological approach. *Journal of Personality and Social Psychology*, **37**, 1539-1553.

LaCrosse, M. B. (1975). Nonverbal behavior and perceived counselor attractiveness and persuasiveness. *Journal of Counseling Psychology*, **22**, 563-566.

Marsh, K. L., Hart-O' Rourke, D. M., & Julka, D. L. (1997). The persuasive effects of verbal and nonverbal information in a context of value relevance. *Personality and*

Social Psychological Bulletin, **23**, 563-79.
Matarazzo, J. D., Saslow, G. W., Wiens, A. N., Weitman, M., & Allen, B. V. (1964). Interviewer head nodding and Interviewee speech durations. *Psychology: Theory, Research and Practice*, **1**, 54-63.
Matarazzo, J. D., Weitman, M., Saslow, G., & Wiens, A. N. (1963). Interviewer influence on durations of interviewee speech. *Journal of Verbal Learning and Verbal Behavior*, **1**, 451-458.
松本卓三 (1978). 説得行動における非言語コミュニケーションの効果 教育心理学研究, **26**, 247-251.
Mehrabian, A. (1969). Some referents and measures of nonverbal behavior. *Behavior Research and Methods and Instrumentation*, **1**, 203-207.
Mehrabian, A. (1972). *Nonverbal communication*. Chicago, IL : Aldine-Atherton.
Mehrabian, A., & Williams, M. (1969). Nonverbal concomitants of perceived and intended persuasiveness. *Journal of Personality and Social Psychology*, **13**, 37-58.
Miller, N., Maruyama, G., Beaber, R. J., & Valone, K. (1976). Speed of speech and persuasion. *Journal of Personality and Social Psychology*, **34**, 615-624.
Nakamura, M. (2001). Smiling expression of Japanese football players in the world cup games in France 1998. Abstracts 9th European Conference *"Facial Expression, Measurement and Meaning"*, 41.
中村 真 (2006). 日本における笑顔の意味 心理学ワールド, **35**, 22-23.
Noller, P. (1995). Parent-adolescent relationships. In M. A. Fitzpatrick & A. L. Vangelist (Eds.), *Explaining family interaction*. Thousand Oaks, CA: Sage. pp.77-111.
小川一美 (2003). 二者間発話量の均衡が会話者が抱く相手と会話に対する印象に及ぼす効果 電子情報通信学会技術研究報告, **103** (410), 37-42.
Patterson, M. L. (1973). Compensation in nonverbal immediacy behaviors: A review. *Sociometry*, **36**, 237-252.
Patterson, M. L. (1983). *Nonverbal behavior: A functional perspective*. New York : Springer-Verlag.（工藤 力（監訳）(1995). 非言語コミュニケーションの基礎理論 誠信書房）
Timney, B., & London, H. (1973). Body language concomitants of persuasiveness and persuasibility in dyadic interaction. *International Journal of Group Tensions*, **3**, 48-67.
山口一美・小口孝司 (1998). サービス産業におけるスマイル研究の展望 産業・組織心理学研究, **11**, 3-13.
山本真理子・原奈津子 (2006). 他者を知る—対人認知の心理学— サイエンス社
和田 実 (1986). 好意, 対人距離, 話題が非言語的行動と自己開示に及ぼす影響 実験社会心理学研究, **26**, 1-12.
Wexley, K. N., Fugita, S. S., & Malone, M. P. (1975) An applicants' nonverbal behavior and student-evaluators' judgments in a structured interview setting. *Psychological Reports*, **36**, 391-394.

コラム7　集団内でのいざこざと対処行動

　われわれは，これまでの生活の中で多少なりとも集団に所属し，メンバーと共に話し合いを通して1つの結論を導き出す作業にかかわった経験がある。メンバー同士の仲も良く，意見の相違も見られずに，短時間で全員が満足する結論を毎回簡単に導き出せたらよいが，なかなかそううまくはいかないことが大半ではないだろうか。この「うまくいかない」状態を知覚する過程を「葛藤」といい，特に集団のメンバー間で生じる葛藤は集団内葛藤と定義される。

　集団内葛藤は大きく分けて2種類ある。メンバー同士の関係において生じる様々な不一致（性格が合わない，好き嫌い等）を知覚する過程は関係葛藤，そして集団での意思決定時に生じるメンバー同士の意見やアイデアの相違を知覚する過程は課題葛藤と呼ばれる。これらは独立した概念ではあるが，強い正の相関関係が見られることが多い（Simons & Peterson, 2000）。日本企業の社員を対象とし，職場内の2種類の葛藤を測定した村山・大坊（2008）でも，中程度の正の相関関係が見られた。つまり，メンバー同士の関係性が良好でない集団では，話し合いの際に意見が合わないことが多いのである。課題葛藤は議題に関する認知的理解を促進し，最終的な集団の意思決定の質を高めるといったよい効果が期待される。しかしそこに関係葛藤が加わると，課題葛藤のよい効果は薄れ，意思決定の質はもちろんのこと，後の集団活動に悪影響を及ぼす可能性も出てくる（Jehn & Mannix, 2001; 村山・大坊，2007）。したがって，私たちは不要な関係葛藤を極力排除し，集団内の良好な人間関係を維持していく必要があるといえよう。

　なぜ関係葛藤が高いと課題葛藤も高いのだろうか。原因はいくつか考えられるが，少なくとも，意識を向けることで避けられるものがある。それは誤帰属，すなわち2種類の葛藤を混同して認知してしまう場合である（Simons & Peterson, 2000）。話し合いの場で意見が合わなかっただけなのに，相手に対して「あの人は感じが悪い」と思ってしまった経験はないだろうか。また，「Aさんのことはどうも好きにはなれない」と言っていたBさんが，話し合いの際にAさんが発するアイデアすべてにケチをつける，という場面に出くわしたことはないだろうか。これらはすべて，本来分けて考えるべき課題葛藤と関係葛藤を混同している例である。このような誤帰属の問題は厄介ではあるが，対人的な相互作用以前に，個々人が意識し気をつけることで改善できるものでもある。誤帰属が原因となり，集団内の2種類の葛藤が話し合いの場を経るごとに高くなる「負のスパイラル」を積極的に断ち切らねばならない。

　さて，誤帰属に気をつけたとしてもなお顕在化する葛藤に対しては，具体的に葛藤相手との相互作用を通して解決を図るほかない。葛藤への対処行動は，「押す」か「引く」かの組み合わせで示されるものがよく知られている。押しの一手で相手を説き伏せる「主張」，逆に相手の意見を一方的に受け入れる「譲歩」，そこそこで折り合

いをつける「妥協」，主張と譲歩をバランスよく行う「統合」，そしてなにも行動を起こさない「回避」の5種類である。

　われわれは，これら5種類の対処行動を，場面に応じて使い分けていかねばならない。たとえば，一見のぞましくないように思われる妥協的な対処行動は，限られた時間内で結論を出さなければならい状況においては効果的である。また，自分にとってそれほど重要でないことに関しては，相手の主張を受け入れる譲歩的な対処行動を選択する方が，後の関係性を考えると適切かもしれない。相手が怒り狂っていてまともに話ができないような状況では，回避的な対処行動でさえ，時に最善である場合があろう。つまりここで重要なのは，どの対処行動がすべての状況において有効であるかを考えるのではなく，状況に応じた対処行動を選択していくにはどうすればよいのか，ということである。

　状況の見極めや自己主張の仕方は社会的スキル・トレーニングなどで向上させていくことが可能である。たとえば，相手のしぐさや発言に隠された真の意図をより正確に判断するための解読能力，視線や表情などを効果的に用いて自らの意見を正確に伝えるための記号化能力などのトレーニングが考えられる。誤帰属による不必要な葛藤の知覚を避け，顕在化した葛藤にはそれぞれの状況に応じた対処行動をとる。そうすることで，より機能的で居心地のいい集団の維持につながるのではないだろうか。

引用文献

Jehn, K. A., & Mannix, E.（2001）. The dynamic nature of conflict: A longitudinal study of intragroup conflict and group performance. *Academy of Management Journal*, **44**, 238-251.

村山　綾・大坊郁夫（2007）. 集団内葛藤への対処行動と他メンバーに対する信頼 ―日米大学生の比較から― 日本社会心理学会第48回大会発表論文集, 266-267.

村山　綾・大坊郁夫（2008）. 上司のリーダーシップ機能，作業チーム内の葛藤，および対処行動の影響過程に関する検討　応用心理学研究, **33**, 120-127.

Simons, T. L., & Peterson, R. S.（2000）. Task conflict and relationship conflict in top management teams: The pivotal role of intragroup trust. *Journal of Applied Psychology*, **85**, 102-111.

8 協調するコミュニケーション

第1節 はじめに

　現代社会の変化の中で，人と人が協調的にコミュニケーションすることの難しさがあらためて注目されている。たとえば，国際的な異文化交流が活発化しているために，ことばの壁や考え方の違いに直面することが多くなっている。また，雇用形態の変化に伴う職場間の流動化は長期的な関係を減少させる一方，短期的・一時的な関係を増加させている。何度も繰り返し，ゆっくりと時間をかけて，同じ相手とコミュニケーションする機会が少なくなっている。そして，インターネットや携帯電話などの新しいコミュニケーション・ツールの浸透により，私たちは利便性の恩恵を受けると同時に，対面状況とは異なるコミュニケーション方法の習得と活用を要求されている。これらの変化の帰結として，日常生活において，コミュニケーションに困難さを感じることが多くなっているのかもしれない。

　私たちは誰しも幸福になりたいと願う。社会生活を送る上で，コミュニケーションを手段にして幸福を求めるときもあれば，コミュニケーションそれ自体に幸福を感じることもあろう。いずれにせよ，協調的にコミュニケーションを行うことは，社会的動物である人間にとって古代から現代に至るまで，避けては通れない究極の課題といっても過言ではない。本章は，そのような協調的なコミュニケーションの難しさや困難さを紐解くヒントを読者に提供することを目指す。そのために，まず，コミュニケーションが協調するときに生じる現象を紹介する。それから，コミュニケーションを協調させるために，どのような

アプローチが存在するのかについて述べる。具体的には，コミュニケーションを協調させることができるのはどのような人であるのか，コミュニケーションを協調させたいと思うのはどのようなときか，他者のコミュニケーションが協調するように外部から支援することはできるのか，について順に取り上げたい。

第2節　協調するコミュニケーション

「コミュニケーションが協調する」とは，どのような現象を指すのだろうか。微笑んでいる人と話しているうちに，いつの間にか自分も微笑んでいることがある。友人に悩みごとを相談されていて，気がつけば自分も友人も机にひじをついて掌で頬をおさえ，俯いている姿勢を同じようにとっていることがある。コミュニケーションにおいて，時間経過にともない，会話者間の行動が連動し，類似化していく現象を「シンクロニー（interactional synchrony）」と呼ぶ（Bernieri & Rosenthal, 1991; 大坊，1985，1998; Semin, 2007）。このシンクロニーは，生後まもない母子間のコミュニケーションにおいても生起し，発達と共に増加する傾向がある。また，シンクロニーはさまざまな種類の行動で起こることが報告されている。表情や姿勢，身振りといった身体動作から，発話の量や速さ，声の抑揚や高さ，間の置き方などの発声にいたるまで，多岐にわたるコミュニケーション行動でシンクロニーは生じる。さまざまなかたちをとってシンクロニーはあらわれるのだが，その結果として会話者間に「一体感」（oneness）が生まれることは共通している（Semin, 2007）。先行研究の知見から，シンクロニーの程度と，相手への好意や信頼感，会話に対する満足感の程度は関連することが繰り返し指摘されている。協調するコミュニケーションは，ポジティブな社会的成果をもたらすのである。

私たちはコミュニケーションを協調しようとする傾向があること，そして，その協調がポジティブな社会的成果をもたらすことが実験的に検証されている。チャートランドとバージ（Chartrand & Bargh, 1999）は，実験参加者を招集してサクラと会話させた。その際，サクラが笑顔でいる条件や顔をこする条件，足をゆする条件を設けた。実験者から渡された写真について思いついたことを2人で自由に話すよう教示が与えられ，会話の様子が撮影された。分析

の結果，サクラが笑顔でいる条件では実験参加者も笑顔を多く生起して，サクラが「顔をこする」条件では参加者も顔をよくこすって，サクラが「足をゆする」条件では参加者もよく足をゆすっていた。しかも，実験参加者は気がつかないうちにこれらの行動をとっていたのである。また別の実験で，写真について思いついたことを自由に話す会話を行う際に，サクラが参加者の姿勢や行動を模倣する条件と模倣しない条件を設けて，会話終了後に，サクラに対する好意とコミュニケーションの円滑さについて参加者に回答してもらった。その結果，模倣あり条件のほうが模倣なし条件に比べ，実験参加者はサクラに対してより好意を持ち，コミュニケーションをより円滑であったと評価していた。

　コミュニケーションの中で協調していくのは，上述したような外から観察される行動だけではない。私たちの感情もコミュニケーションの中で協調していく。楽しそうに笑っている人とコミュニケーションしているうちに自分自身も明るい気持ちになった経験や，悲しい目にあった友人とコミュニケーションしているうちに自分も暗い気持ちになった経験が誰しもあるだろう。ハットフィールドら（Hatfield et al., 1994）は，コミュニケーションする中で相手が経験し，表出している感情を自分自身も経験し，表出してしまう現象を「情動伝染（emotional contagion）」と呼んでいる。ハットフィールドら（Hatfield et al., 1994）は，情動伝染に関する研究を体系的に整理して，情動伝染には，即時性（短時間で起きる），無自覚性（気がつかないうちに起きる），遍在性（どこでも起きる）という，3つの特徴があることを指摘している。コミュニケーションしている中で，私たちの感情は相手と近づいていくようである。

　もちろんコミュニケーションがいつも協調するとは限らない。むしろ相手と協調しないよう，相手との違いを大きくしながら対立してコミュニケーションすることもある。ジャイルズとカップランド（Giles & Coupland, 1991）は，コミュニケーションを協調的に行うか，それともコミュニケーションを対立的に行うのかは相手との関係性によって異なることを主張している。自分が所属する集団，つまり内集団のメンバーが相手の場合はコミュニケーションを相手に合わせる一方，自分が所属していない集団，つまり外集団のメンバーが相手の場合は相手に合わせないようにコミュニケーションするのである。たとえば，内集団が相手のときは，発話の速さや抑揚を合わせるけれども，外集団が相手

のときは，相手の発話の速さや抑揚とは異なるやり方で発話するといった具合である。ただし，相手に好意を抱いているときや，関係を形成・維持したいと思うときは協調的にコミュニケーションするようである。ラキンら（Lakin & Chartrand, 2003; Lakin et al., 2008）も，相手と関係を形成しようとするときに，コミュニケーションをより協調させることを明らかにしている。それに加えて，先行するコミュニケーションに失敗したときや，社会的に排斥されて「所属欲求（the need to belong）」が満たされなくなったときに，続くコミュニケーションでより協調しようとすることを実験的に確認している。私たちはいつも同じように協調するのではない。コミュニケーションの目標によって，協調的にコミュニケーションするか対立的にコミュニケーションするか，どの程度協調してコミュニケーションするのかが決まっているのである。

　それでは，コミュニケーションを協調させるために，どのようなアプローチが存在するのであろうか。個人の持つ能力，状況によって促進される動機づけ，外部からの支援という3つの観点からのアプローチを順番に紹介しよう。

第3節　コミュニケーションで協調するための能力

　協調的にコミュニケーションすることが得意な人もいれば，苦手な人もいる。コミュニケーションを協調させることができる人とは，どのような人であろうか。伊藤（Ito, 1994）は，コミュニケーションにおいて自分自身と他者を協調させることができる能力として「社会的スキル」に注目している。社会的スキルは，対人関係を円滑に営む能力で，目の前の他者からポジティブな反応を引き出し，ネガティブな反応を回避するものと定義される（菊池，1998）。多くの研究（e.g., 菊池，2007）から，社会的スキルは円滑なコミュニケーションを可能にして，良好な対人関係を展開するのに寄与することが報告されている。

　伊藤（Ito, 1994）は，社会的スキルと協調的なコミュニケーションとの関連性を予測して実験的に検証した。具体的には，女性大学生を対象にして会話実験を行った。2人1組で，アルバイトについて会話をしてもらった後に，会話中の感情状態と自分自身の社会的スキルに関する質問項目に回答を求めた。社

会的スキルの測定には菊池（1998）の KiSS-18 が使用されている。また，会話中の発話や視線，うなずきの行動生起がコーディングされた。その結果，相手に共感し，安らぎを感じていたペアほど，コミュニケーションの中での行動のリズムが類似していたことが示された。そして，社会的スキルの高い者ほど，コミュニケーション行動のリズムが相手と同じになる傾向があり，会話の相手に合わせて自身のリズムを変化させていた。すなわち，コミュニケーションが協調しているとき，会話者は同じ気持ちを共有し，安らぎを感じていたのであり，社会的スキルがあれば，相手に合わせて他者とコミュニケーションを協調させることができるのである。

第4節　コミュニケーションで協調するための動機づけ

1. コミュニケーションの動機づけが高まるとき

　ここでは，コミュニケーションを協調させようとする動機づけについて考えてみたい。私たちがコミュニケーションを協調させたいと思うのは，どのような場合なのであろうか。社会的スキルが不足していても，コミュニケーションの動機づけが高まれば，それをカバーできるかもしれない。リアリーとミラー（Leary & Miller, 2000）によれば，これからも関係が続いていくと思うとき，相手の重要性が高まり，コミュニケーションの動機づけが促進されるという。対人関係の展開は，これからもその関係が続いていくかどうかという「関係の継続性」の点から捉えることが可能であり，その場限りの「一時的関係」と，これからも関係が続いていく「継続的関係」とに大きく分けることができる。一般的に，一時的関係に比べて継続的関係のほうが，コミュニケーションが促進される。実際に，数日から数週間の間隔を空けて複数回の会話を行うことで，「関係の継続性」を実験的に操作した研究でも，会話の回数を重ねるにつれて，発言時間（大坊，1975）や自己開示の深さ（小川，2008），笑顔の生起時間（山本・鈴木，2008）が増加すると報告されている。これからも関係が続いていくときは，コミュニケーションの動機づけが高まり，相手への働きかけが活発になるようである。

　しかし，コミュニケーションの動機づけに影響するのは，実際にどのくらい

会い，コミュニケーションしたかという「実際の関係性」だけではなく，これからも関係が続いていくと思うかという「関係に対する展望」も影響している。同じ未知関係であっても，その場限りの一時的な関係と思うのか，これからも関係が続いていくと思う「関係に対する展望」があるかによって，コミュニケーションに及ぼす影響が異なるのである。木村ら（2004）では，未知関係の女性大学生を対象にして，実験的な操作によって，これからも関係が続いていくという予期，すなわち「関係継続の予期」がコミュニケーションに及ぼす影響を検討している。まず，以前には互いに面識のない，未知関係の女性大学生を2人1組で実験室に招集した。次に，半数のペアに，これから初対面の相手と会話をしてもらうこと，1～2週間後に同じ相手ともう1度会話をしてもらうことを教示した（関係継続の予期あり条件）。もう半数のペアには，初対面の相手と会話をしてもらうとだけ教示した（関係継続の予期なし条件）。その後，自由に会話をしてもらった。会話の様子はビデオカメラで撮影し，コミュニケーション行動の生起時間をコーディングした。その結果，関係継続の予期あり条件のほうが，関係継続の予期なし条件に比べて，会話中の相手に対する視線量が多くなっていた。これからも関係が続いていくと思う場合は，その場限りの一時的な関係と思う場合に比べ，相手について積極的に情報収集を行うようである。

　これからも関係が続いていくと思う「関係に対する展望」は外発的に生じるだけではなく，内発的にも生じうる。木村ら（2004）は，教示を用いた実験的操作による，外発的な「関係継続の予期」を扱っていた。これから相手と関係を続けていきたいと思う，内発的な「関係継続の意思」はコミュニケーションにどのような影響を及ぼすのであろうか。木村ら（2012）は，未知関係の女性大学生を対象にして，第一印象から内発的に生じた関係継続の意思がコミュニケーションに及ぼす影響について検討している。はじめに，以前にお互いに面識のない，未知関係の女性大学生2人1組で実験室に来てもらった。次に，2人で簡単な自己紹介をしてもらった後で，相手とこれから関係を続けたいと思うのか（関係継続の意思）を問う質問項目に回答してもらった。それから2人で自由に会話をしてもらった。会話の様子はビデオカメラで撮影して，コミュニケーション行動の生起時間をコーディングした。会話終了後に，会話者にさき

ほどの自分たちの会話について評定してもらった。関係継続の意思が高かったグループ（関係継続の意思高群）と低かったグループ（関係継続の意思低群）にわけて分析を行ったところ，関係継続の意思低群に比べて意思高群は，会話中の発話量が多く，コミュニケーションをポジティブに認知していた。これからも関係を続けていきたいと強く思う場合は，それほど関係を続けたいとは思わない場合に比べて，積極的に相手に話しかけ，情報交換を行い，結果的にコミュニケーションに満足していたようである。

　私たちは「関係に対する展望」をもつと，相手の重要性が高まり，コミュニケーションの動機づけが促進するようである。しかし，外発的に生じた関係に対する展望と，内発的に生じた関係に対する展望では相違点も見られた。木村ら（2004）は，教示を用いた実験操作によって，これからも関係が続いていくという「関係継続の予期」を生じさせて検討を行っていた。これは，外発的に生じた関係に対する展望といえる。実験結果から，関係継続の予期があるときは予期がないときに比べて視線量が多かった。一方で，木村ら（2012）では，第一印象によって生じた，相手とこれからも関係を続けていきたい程度である「関係継続の意思」を扱っており，これは内発的に生じた関係に対する展望である。実験結果から，これからも関係を続けたいと強く思うときは，関係を続けたいとそれほど思わないときに比べて発話量が増加してコミュニケーションをポジティブに認知していた。この違いはどのようにして生まれたのだろうか。外発的に関係継続の予期が与えられた場合，相手がどのような人物かを見極める必要があり，情報収集を行うために視線量が増加していたのかもしれない。対照的に，未知関係で内発的な関係継続の意思が高い場合は，相手に関与

表8.1　「関係に対する展望」の種類とコミュニケーションへの影響（木村ら，2004, 2012）

関係に対する展望の種類	関係継続の予期（木村ら，2004）	関係継続の意思（木村ら，2012）
発生因	外発的	内発的
共通点	相手の重要性が高まり，コミュニケーションの動機づけが促進される	
相違点	相手がどのような人物かを見極めるため，情報収集を行う必要があり，相手に対する視線量が多くなる。	相手に関与することが意思決定済みで，積極的に情報交換を行うために発言量が多くなる。

することが意思決定済みであるため、積極的に発言して情報交換を行い、結果的にコミュニケーションをポジティブに認知していたと思われる。これは、自律性が活動への積極的参加とよりよい結果を導くとする知見（Deci & Flaste, 1995）に符合している。同じように関係に対する未来を思い描く場合でも、外発的に行うのか、それとも内発的に行うのかによってコミュニケーションに取り組む姿勢が変わってくるのである（表8.1）。

2. コミュニケーションの動機づけが低下するとき

関係に対する展望を持たないとき、コミュニケーションを協調しようとする動機づけが低下する。それでは、その場限りの一時的な関係だと思う相手とは協調的にコミュニケーションを行うことができないのであろうか。関係に対する展望があるかどうかによって、状況のもつ制約の程度が異なると考えられる。誰しもに同じような心理的影響を与える制約の強い状況に対して、制約の弱い状況では個人差を考慮する必要がある（Mischel, 1973）。つまり、関係が続いていくと思うような、関係に対する展望がある状況は、コミュニケーションの動機づけが促進されるという強い制約があるのに対して、その場限りの一時的関係だと思うような、関係に対する展望がない状況は、相対的に状況の制約が弱いといえ、対人的志向性の個人差が生じるのである。

前述の木村ら（2004, 2012）の研究では対人的志向性の個人差として社会的スキルに注目していた。いずれの研究でも、社会的スキルを測定する際には、自己報告が採用されている。この場合、社会的スキルの実行段階よりも認知段階が強調される（相川, 2000）。つまり、自己報告の場合は、本人の認識の範囲内での社会的スキルが測定されることになる。この測定法による社会的スキルの高得点者は、低得点者に比べ、ストレスや不安、疲労感などの心理的なコストを抑えて、他者とかかわることが可能である、と少なくとも仮定できる。木村ら（2004, 2012）では、社会的スキルがコミュニケーションに及ぼす影響は、関係に対する展望がある場合とない場合で異なっており、関係に対する展望がない場合に社会的スキルが発揮されると考えて検討している。

実験操作によって外発的に生じた「関係継続の予期」と、第一印象から内発的に生じた「関係継続の意思」で同様の結果が得られた。外発的な「関係に対

する展望」を扱った木村ら（2004）では，関係継続の予期あり条件で，社会的スキルからコミュニケーションへの影響が見られなかった一方で，関係継続の予期なし条件においては，社会的スキルの高い者ほど，積極的に発言を行い，コミュニケーションをポジティブに認知していた。外発的な関係継続の予期がある場合，つまり，関係を続けなければならないと思うときは，相手の重要性が高まり，誰しもコミュニケーションの動機づけが促進されていたようである。その一方で，外発的な関係継続の予期がない場合，つまり，関係を続けなくてもよいと思うときは，社会的スキルの高い者は他者とかかわる心理的コストが少ないために，積極的にコミュニケーションに取り組んで，それに満足していたと思われる。対照的に，社会的スキルの低い者は，関係を続けなくてもよいと思うとき心理的コストの割に見返りが期待できないため，コミュニケーションに消極的になって，不満を持っていたのであろう。

また，内発的な「関係に対する展望」を扱った木村ら（2012）でも，関係継続の意思が強いグループは，社会的スキルからコミュニケーションへの影響が見られなかった一方で，関係継続の意思が弱いグループでは，社会的スキルの高い者ほど，積極的に発言を行い，コミュニケーションをポジティブに認知していた。これは，内発的な関係継続の意思が強い場合，つまり，関係を続けたいと思うときは，相手の重要性が高まり，誰しもコミュニケーションの動機づけが促進される一方，内発的な関係継続の意思が弱い場合，つまり，関係を続けたいと思わないときには，社会的スキルの高い者ほど，心理的コストを気にせず，積極的にコミュニケーションに取り組み，それに満足していたものと考えられる。

関係に対する展望を持たないときに，私たちのコミュニケーションへの動機づけは低下してしまう。それは，限られた資源を活用して日常生活の対人関係を営んでいる私たちにとって，ある意味当然のことであり，合理的ともいえる。しかしながら，社会的スキルを身につけることで，短期的な関係であっても，心理的コストを気にすることなく，自然な流れの中で，積極的にコミュニケーションに取り組んで，そこに喜びや楽しみを見出すことができるのかもしれない。

第5節　協調するコミュニケーションを支援するための第三者の介入

1. 協調的なコミュニケーションを行うためのもう1つの選択肢

　これまで述べてきたように，協調的にコミュニケーションを行うための方法として，まずはコミュニケーションを行う者の動機づけや能力を高めることがあげられる。特に，協調的なコミュニケーションを行うために，社会的スキルが有効であることを示す研究知見を紹介してきた。社会的スキルは，特定の人物が協調的にコミュニケーションできるかどうかを，パーソナリティ特性のような固定的なものとして捉えるのではなく，トレーニングによって向上可能な能力として捉えるものである（e.g., 相川，2000）。自分の考えをうまく相手に伝えることができない，相手の考えを適切に理解することができない，親密な関係を築くことができず孤立してしまう，といった問題に対して当事者の社会的スキルを向上させることは確かに有効であろう。実際に，学校や職場の教育場面でも，社会的スキル向上のためのトレーニング・プログラムの開発や実践が近年盛んに行われている。

　しかし，コミュニケーションを協調的に行うための方法を，トレーニングによる当事者の社会的スキル向上に限定してしまうことは危険であると思われる。なぜなら，社会的スキル・トレーニングは短期的なものより長期的なもののほうが効果的であり，現時点の問題をすぐに解決できるような即効性がないためである。また，当事者の価値観や能力は多様なので，トレーニングの効果には個人差が生じるためである。コミュニケーションに極度な苦手意識がある場合や実際に不得手な場合は，当事者によるコミュニケーションの問題解決が困難なことに加えて，トレーニング遂行がプレッシャーとなり，過度のストレスを当事者に課す恐れがある。

　そこで，当事者がコミュニケーションに対して極度な苦手意識を持つ場合や実際に不得手な場合には，社会的スキル・トレーニングによって当事者の行動や意識を変容させると同時に，外部から第三者が介入してコミュニケーションを支援することがのぞましいと考えられる。このことで，緊急性の高い問題

でも解決が可能となり，当事者の価値観や能力の多様性を保持したまま，そこでの問題をカバーすることもできる。それでは，第三者が介入することによって，当事者のコミュニケーションを支援することが本当にできるのであろうか。

2. 第三者介入によってコミュニケーションを支援できるのか

　当事者がコミュニケーションに苦手意識を持つ場合や実際に不得手な場合に，他者の介入によってコミュニケーションを支援することはできるのだろうか。いくつかの調査研究が，他者の介入によるコミュニケーション支援の可能性を示唆している。ブラッドショウ（Bradshaw, 1998）は，シャイな人はコミュニケーションに友人や知人を伴って参加することで不安を低減させ，その人に支援してもらうことで，コミュニケーションに積極的に取り組んで，快適に過ごすことを報告している。シャイな人のコミュニケーションを支援する役割にある人を，「社会的代理人（social surrogate）」と呼ぶ。シャイではない人に比べて，シャイな人は不安が喚起されるようなコミュニケーションに参加する際には，コミュニケーションを支援してくれる友人や知人を連れて行くことが多いようである。このような行動をシャイな人が採用する理由は，友人や知人と一緒にいるほうが単に楽しいからだけではなく，ストレスを減らすことができるからでもある。もしコミュニケーションを支援してくれる人が一緒に来ることができない場合は，シャイな人はそのコミュニケーションを回避する傾向がある。コミュニケーションを苦手にするシャイな人は，社会的代理人の存在と支援によってコミュニケーションに協調的に取り組むことができるのである。

　また，相馬ら（Souma et al., 2008）は，シャイな人でも社会的代理人によるコミュニケーション支援によって新しい人間関係を形成・維持できることを報告している。相馬ら（Souma et al., 2008）は，入学直後の大学新入生を対象に7ヶ月間にわたるパネル調査を実施した。同性の友人同士がペアになり，大学入学直後の4月と7ヶ月後の11月の2時点で，質問紙調査に回答した。質問項目には，シャイネスのパーソナリティ特性や，社会的代理人としての行動，ペアになった相手と共通する友人の数などが含まれていた。分析の結果（図8.1），シャイではない人は，ペアになった相手，すなわち社会的代理人のコミ

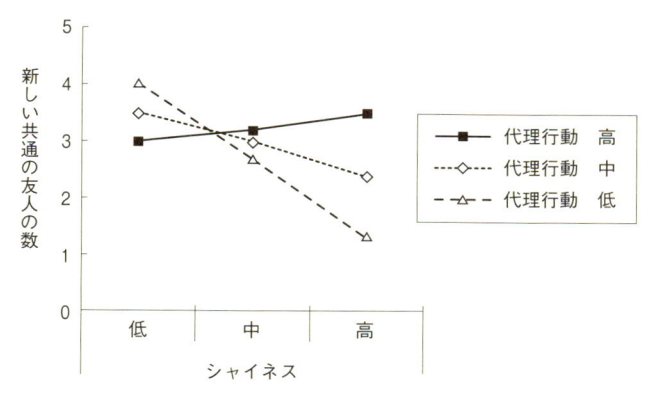

図8.1 社会的代理人によるコミュニケーション支援がもたらすシャイな人のソーシャル・ネットワークの拡大 (Souma et al., 2008)

ュニケーション支援によって新しい友人の数に大きな違いは見られなかった。対照的に，シャイな人は社会的代理人のコミュニケーション支援によって新しくできた友人の数に大きな違いが見られた。シャイな人の場合は，社会的代理人によるコミュニケーション支援がなければ新しい友人がほとんどできなかった一方で，社会的代理人によるコミュニケーション支援があれば，シャイではない人と同じくらい新しい友人をつくることができていた。社会的代理人が支援することで，コミュニケーションが苦手なシャイな人でも新しい人間関係を形成・維持できるようである。

3. 第三者介入によるコミュニケーション支援の落とし穴

質問紙調査に基づく先行研究（Bradshaw, 1998; Souma et al., 2008）から，第三者が介入することで，当事者のコミュニケーションを支援できる可能性が示された。ただし，そこには注意すべき落し穴がある。当事者と第三者では，コミュニケーションを認知する際に，相違が生じてしまうという問題である。ジョーンズとニスベット（Jones & Nisbett, 1972）によれば，同じことを取り上げる場合でも，当事者と第三者では，動機づけや利用可能な情報，情報処理の観点から認知に大きな相違が生じるという。たとえば，ベルニアリら（Bernieri et al., 1996）は，大学生を対象に当事者と第三者のコミュニケーショ

ン認知の相違を検討している。その結果，当事者は活発さの印象である「表出性」にかかわらず，コミュニケーションを判断していた一方，第三者はコミュニケーションが活発であるほど，そのコミュニケーションをポジティブに認知していた（「表出性ハロー効果（expressivity halo effect）」）。これは，当事者と観察者では，コミュニケーションについて利用できる情報が異なるために生じていると考えられる。コミュニケーションの当事者は，自分自身の思考や感情などの心理状態（e.g., 楽しい，つまらない，新しい情報だ）や生理的反応（e.g., 心臓がドキドキしている，緊張で喉が渇いている）など，たくさんの情報を利用できる。それに対して，コミュニケーションの観察者は利用できる情報が乏しいため，目立ちやすい情報から強い影響を受けてしまうのである。第三者が介入して当事者の立場になってコミュニケーションを支援しようとするとき，当事者と第三者のコミュニケーションに対する認識の相違は大きな障壁となるであろう。

　当事者と第三者のコミュニケーションに対する認識の相違はどのようにして生じているのか。また，その認識の相違を低減することはできるのであろうか。木村ら（2010）では，当事者と第三者のコミュニケーションに対する認識の相違を低減するため，当事者と第三者ではコミュニケーションを認知する際の手がかりがどのように違っているかと，第三者のコミュニケーション認知はトレーニングによって変わりうるのかを調べている。まず，未知関係にある女性大学生をペアで実験室に招集して，会話実験を実施した。互いのことをよく知り合えるように自由に会話してもらった後，自分たちの会話について評価をしてもらった。会話の様子はビデオカメラで撮影して，視線やうなずき，発話やジェスチャー，アダプター（自己接触）などのコミュニケーション行動の生起時間をコーディングした。それから，撮影した会話の音声映像を刺激にして，第三者に呈示して当事者が会話をどのように感じているかを評価してもらう観察実験を行った。このような手続きから得られたデータを用いて分析が行われた。当事者と第三者ではコミュニケーションを認知する際の手がかりがどのように異なるかを調べるため，当事者はどのようなコミュニケーションをしているときにコミュニケーションをポジティブに認知しているかと，第三者は当事者のどのようなコミュニケーションを見てポジティブに認知しているかを

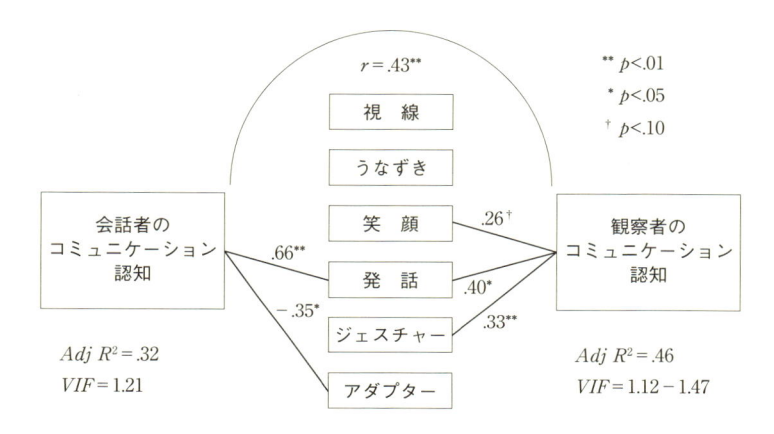

第5節　協調するコミュニケーションを支援するための第三者の介入　　**183**

図 8.2　当事者と第三者によるコミュニケーションに対する認識の相違が生じるメカニズム
（木村ら，2010）

検討した（図 8.2）。その結果，コミュニケーションの当事者は，積極的に発言して，アダプターが少ないときほど，そのコミュニケーションをポジティブに認知していた一方で，第三者は当事者の笑顔や発話，ジェスチャーを手がかりにコミュニケーションを認知していた。第三者は発話という妥当な手がかりを用いているものの，それ以外にも笑顔やジェスチャーといった，目立ちやすいけれど当事者の認知とは関連のない手がかりを用いていることが，当事者との認識の相違を生みだす原因になっているようだった。また，木村ら（2010）は，第三者のコミュニケーション認知がトレーニングによって変わるのかを調べるため，間隔をあけて複数回の観察実験を実施している。その結果，観察を繰り返すことで，次第に第三者はコミュニケーションを当事者と同じように捉えることができるようになっていた（図 8.3）。ただし，判断の難易度によって傾向に違いがあった。判断の易しい会話では，1回目から2回目，3回目へと観察を繰り返すのに従って，第三者のコミュニケーション認知は当事者の認知に近づいていった一方で，判断の難しい会話では，1回目から2回目にかけて第三者と当事者の認知のズレが小さくなったものの，3回目はほとんど変化がみられなかった。第三者によるコミュニケーション認知の判断精度をさらに高めるためには，図 8.2 で示された妥当な手がかりを第三者にフィードバックするなど

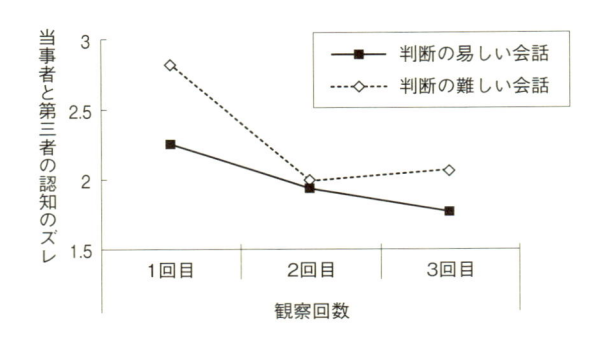

図8.3　第三者によるコミュニケーション認知の変容可能性（木村ら，2010を改変）

の積極的工夫が必要だと考えられる。ただ観察を繰り返すだけで，第三者の判断精度が向上したことを踏まえると，適切なフィードバックを与えることにより，判断精度はさらに向上する余地があると考えられる。

　当事者と第三者のコミュニケーションに対する認識には相違が存在している。この相違には，一方で「傍目八目」の言葉にあるような，第三者のほうが物事の是非を客観的に把握できるという側面と，もう一方で「対岸の火事」の言葉にあるような，自分には無関係の出来事として捉えて第三者は痛痒を感じないという側面の両面があろう。コミュニケーションの当事者を尊重して，第三者が当事者の視点で支援するためにコミュニケーションに介入しようとするとき，そこには当事者と第三者の認識の相違が障壁として現れる。しかしながら，私たちがそれを望むなら，その障壁を取り除くこともできるのである。

第6節　おわりに

　私たちは一人で生きることのできない社会的動物である。幸福になりたいと願うとき，コミュニケーションを抜きにしてそれをかなえることはありえない。実際，私たちは他者と協調的にコミュニケーションする性質を持ち，協調的なコミュニケーションはポジティブな社会的成果を生み出す。コミュニケーションの目標によって，私たちは協調するか対立するかを選択し，協調する程度を調整している。協調的にコミュニケーションを行うことは，私たちが社会

生活を営む上で必然的な課題なのである。しかし，現代社会の変化の中で，そのような課題に取り組む困難さを強く感じてしまう機会が以前よりも増えているのかもしれない。

　対人関係は，継続的な関係と短期的・一時的な関係との両輪である。私たちは継続的関係を土台にして，新しい関係へと積極的に取り組むことができる。ただし，現代社会では，国際交流の活発化や職場間の流動化，新しいコミュニケーション・ツールの登場によって，継続的な関係になる機会が減少するなか，短期的な関係や一時的な関係となる機会が増加している。日常生活において，私たちはこれまでにはないスピードと頻度で出会いや別れを繰り返しているのである。これからも関係が続いていくと思うとき，私たちは心理的なコストを惜しまずに積極的に他者に働きかけて協調的なコミュニケーションを志向する。しかし，たとえ一時的な関係と思うときでも，その出会いからなにかを学んで，その関わりの瞬間を楽しむことができれば，人生の豊かさが大きく増すだろう。

　当事者がコミュニケーションに極度な苦手意識をもつ場合や実際に不得手な場合，その個人が長い人生を幸福に歩んでいくためには，その人の意識や行動を変容させて，他者と協調的にコミュニケーションする能力を向上させることが必要となろう。ただし，コミュニケーションに対する極度な苦手意識や実際に不得手なことは即時的に解決できることではない。そこで，外部から効率的に介入して，当事者が協調的にコミュニケーションできるように支援することが，いま，ここにある人生を幸福にするための方策となるのである。その際，当事者と第三者には認識の相違が存在している。この認識の相違を前提にして，他者と他者とのかかわりに自らがかかわるメカニズムを今後解明していかねばならない。協調的なコミュニケーションを実現するために，当事者が積極的に取り組むとともに，第三者がそこに歩み寄って取り組むことが有効となりうる。

■引用文献

相川　充（2000）．人づきあいの技術—社会的スキルの心理学—　サイエンス社
Bernieri, J. F., Gillis, J. S., Davis, J. M., & Grahe, J. E. (1996). Dyad rapport and the accuracy of its judgment across situations: A lens model analysis. *Journal of Personality and Social Psychology*, **71**, 110-129.
Bernieri, F. J., & Rosenthal, R. (1991). Interpersonal coordination: Behavior matching and interactional synchrony. In R. S. Feldman & B. Rime (Eds.), *Fundamentals of nonverbal behavior*. New York: Cambridge University Press. pp.401-432.
Bradshaw, S. D. (1998). I'll go if you will: Do shy persons utilize social surrogates. *Journal of Social and Personal Relationships*, **15**, 651-669.
Chratrand, T. L., & Bargh, J. A. (1999). The chameleon effect: The perception-behavior link and social interaction. *Journal of Personality and Social Psychology*, **76**, 893-910.
大坊郁夫（1985）．対人的コミュニケーションにおける同調傾向—主に音声的行動について—　山形心理学レポート，**4**，1-15．
大坊郁夫（1998）．しぐさのコミュニケーション—人は親しみをどう伝えあうか—　サイエンス社
大坊郁夫・杉山善朗・吉村知子（1975）．二者間コミュニケーションにおける不安性の効果—とくに，高・低両極の不安水準の機能について—　実験社会心理学研究，**15**，1-11．
Deci, E. L., & Flaste, R. (1995). *Why we do what we do: The dynamics of personal autonomy*. New York: G. P. Putnam's Sons.（桜井茂男（監訳）（1999）．人を伸ばす力—内発と自律のすすめ—　新曜社）
Giles, H., & Coupland, J. (1991). *Language: Contexts and consequences*. Pacific Grove, CA: Brooks/Cole.
Hatfield, E., Cacioppo, J., & Rapson, R. (1994). *Emotional contagion*. New York: Cambridge University Press.
Ito, T. (1994). An analysis of individual "rhythm" in face-to-face interaction. *Japanese Psychological Research*, **36**, 74-82.
Jones, E. E., & Nisbett, R. E. (1972). The actor and the observer: Divergent perceptions of the causes of behavior. In E. E. Jones, D. E. Kanouse, H. H. Kelly, R. E. Nisbett, S. Valins, & B. Weiner (Eds.), *Attribution: Perceiving the causes of behavior*. General Learning Press. pp.79-94.
菊池章夫（1998）．また／思いやりを科学する—向社会行動の心理とスキル—　川島書店
菊池章夫（2007）．社会的スキルを測る—KiSS-18ハンドブック—　川島書店
木村昌紀・大坊郁夫・余語真夫（2010）．社会的スキルとしての対人コミュニケーション認知メカニズムの検討　社会心理学研究，**26**，13-24．
木村昌紀・磯　友輝子・大坊郁夫（2004）．関係継続の予期が対人コミュニケーションに及ぼす影響　電子情報通信学会技術報告，**104**，1-6．
木村昌紀・磯　友輝子・大坊郁夫（2012）．関係に対する展望が対人コミュニケーションに及ぼす影響—関係継続の予期と関係継続の意思の観点から—　実験社会心理学研

究,**51**,69-78.
Lakin, J. L., & Chartrand, T. L. (2003). Using nonconscious behavioral mimicry to create affiliation and rapport. *Psychological Science*, **14**, 334-339.
Lakin, J. L., Chartrand, T. L., & Arkin, R. M. (2008). I am too just like you: Nonconscious mimicry as an automatic behavioral response to social exclusion. *Psychological Science*, **19**, 816-822.
Leary, M. R., & Miller, R. S. (2000). Self-presentational perspectives on personal relationships. In S. W. Duck & W. Ickes (Eds.), *The social psychology of personal relationships*. New York: Wiley & Sons. pp.129-155.（谷口淳一（訳）(2004). パーソナルな関係における自己呈示的なパースペクティブ　大坊郁夫・和田　実（監訳）パーソナルな関係の社会心理学　北大路書房　pp.161-191.）
Mischel, W. (1973). Toward a cognitive social learning reconceptualization of personality. *Psychological Review*, **81**, 252-283.
小川一美 (2008). 会話セッションの進展に伴う発話の変化―Verbal Response Modes の観点から―　社会心理学研究,**23**,269-280.
Semin, G. R. (2007). Grounding communication: Synchrony. In A. W. Kruglanski & E. T. Higgins (Eds.), *Social psychology: Handbook of basic principles*. 2nd ed. New York: The Guilford Press. pp.630-649.
Souma, T., Ura, M., Isobe, C., Hasegawa, K., & Morita, A. (2008). How do shy people expand their social networks? Using social surrogates as a strategy to expand one's network. *Asian Journal of Social Psychology*, **11**, 67-74.
山本恭子・鈴木直人 (2008). 対人関係の形成過程における表情表出　心理学研究,**78**,567-574.

コラム 8　幸運な人は幸福か

「幸運であること」と「幸福であること」とは，どのような関係にあるのだろうか。単純に考えれば，幸運な経験を得れば得るほど，個人単位での主観的な幸福感は高まりそうな気もする。しかしながら，心理学的にはそう単純ではなさそうである。

まず，そもそも幸運とは偶然な出来事を指すのであり，そのため生起したことは，一度きりで持続しない（だろう）という問題がある。もっとも，運命の相手と幸運にも何度もめぐり合う人生も，それはそれで問題かもしれない。

次に幸運な経験について尋ねられれば，多くの場合には「遅刻しそうな時に電車に飛び乗れた」や「本番に限って成功した」など，ポジティブな経験を想像するのではないだろうか。しかし「交通事故に遭い，寝たきりになっても命だけは助かった」のような，ネガティブな幸運も数多く存在する。テイゲン（Teigen, 1995）は，出来事が幸運と判断されるのは「ポジティブ-ネガティブ」といった経験の質によるのではなく，実際には生起しなかった結果（反実仮想）を想起する程度が影響することを示している。生じなかった帰結に比べるからこそ，幸運と認識される訳である。ただし，ネガティブな幸運は，基本的に幸福感を高めそうもない経験ではある。

では，もしポジティブな幸運ばかりが続いたとしたらどうであろうか。「ある人生」という小説の主人公は，九死に一生を得たり，大学を補欠合格になったり，沈没した船で一人だけ助かったり……と次から次へと幸運が続くことから，「明日には不幸が来るのでは」という不安に苛まれながら，幸運な一生を終えたのであった。いくら幸運な経験を得ていても，長い長い人生の中で，いつか不運な出来事に遭遇するかも，という畏怖感のような感情が喚起されるのは，人生を悩ませる大きな問題である。

村上（2009）は，人生の中で幸運な経験をする回数は無限ではないと考えることから，「個人が持つ運の量は決まっている」という信念を持つ者が存在することを示している。そのため，彼らは幸運な結果を得た場合に，ポジティブな感情を経験する反面，「運が減ってしまった」や「次は失敗するのでは」というネガティブな感情もしばしば感じているようである。つまり幸運な体験とは，アンビバレントな感情をもたらす可能性も併せ持つ出来事でもある。村上は，この「個人が持つ運の量は決まっている」という考え方を「運資源ビリーフ」と呼んでいる。

この人生や未来に起こることの想像が不安を喚起し，結果的に幸福感を低下させるというのは興味深い点である。たとえば，シンデレラが体感したであろう人生（「王子様と幸せに暮らしました。めでたしめでたし」）との違いを比べてみると，幸福かどうかは，判断する時点を孕んだ問題であることが分かる。「ある人生」の主人公もシンデレラも，人生が終わってみたからこそ，結果的に幸福であったといえるかもしれない（継母と暮らしていた頃のシンデレラは幸福だろうか？）。フレドリクソ

ンとカーネマン（Fredrickson & Kahneman, 1993）は，ピーク時と最後に生じた感情が全体的な評価に影響することを示しており，またTeigen（1999）も幸運と判断される基準は，最終的に得た結果に影響されることを示している。幸福が一時的なものではなく，総合的な評価と考えれば，重要なのは結末である。

さらに以上にあげたようなことは，幸福の価値観にもかかわる問題である。仮に人生において，ポジティブで幸運な事象しか経験せず，かつそれによる不安が生じなかったとしても，必ずしも幸福とは見なさない価値観も存在する。大石（2009）によれば，ポジティブ感情だけに左右される幸福感はアメリカ流のものであり，ヨーロッパやアジアではネガティブな経験を含んだ複雑な経験が人間を成長させ，それこそが幸福であるという価値観があるという。

そもそも，ポジティブな幸運の間にも価値には差があり，宝クジのような成功可能性が低い幸運よりも，ここという重要な状況で成功する価値の方が高いようである。だとすれば，幸福感を高めるのは，幸運を得た回数ではなく，重要な状況で幸運を得ることにあるのかもしれない。先の幸福観によれば，ネガティブな出来事は，相対的な引き立て役として作用していることになる。

以上からは，幸運な経験が幸福につながるのは，意外にも限られた範囲内であるといえる。幸福かどうかを考えるのは人生の最後にしたいものである。

引用文献

Fredrickson, B. L., & Kahneman, D.（1993）. Duration neglect in retrospective evaluations of affective episodes. *Journal of Personality and Social Psychology*, **65**, 45-55.

星　新一（1983）. ある人生　どんぐり民話館　新潮社

村上幸史（2009）.「幸運」な事象は連続して起こるのか？—「運資源ビリーフ」の観点から—　社会心理学研究, **25**, 30-41.

大石繁宏（2009）. 幸せを科学する―心理学から分かったこと―　新曜社

Teigen, K. H.（1995）. How good is good luck?: The role of counterfactual thinking in the perception of lucky and unlucky events. *European Journal of Social Psychology*, **25**, 281-302.

Teigen, K. H.（1999）. Good luck and bad luck: How to tell the difference. *European Journal of Social Psychology*, **29**, 981-1010.

第4部

スキルフルな対人関係を築き，
幸福を目指す

9 スキルとしての コミュニケーション

第1節　自分に合ったコミュニケーション

　人にはそれぞれ個性がある．会話コミュニケーションにおける行動もまた，人それぞれである．会話者の個性はパーソナリティや志向性，行動スタイルなどによって表わすことができるが，中でも"social skills"は社会生活を円滑に送る上で必要となる．この概念は対応する行動の種類や行われる状況により，コミュニケーション・スキル，対人スキル，生活スキルなどという言い方もあるが，これらを包括して"社会的スキル"と呼ぶことが多い．ここでは概念的な混乱を防ぐために，包括的な意味としての社会的スキルを，単に"スキル"と呼ぶことにする．

　スキルの低い人が他者と円滑にコミュニケーションを行うのは容易なことではない．しかしながら，社会適応や対人関係の形成においてコミュニケーションの果たす役割は大きい．特に，対人的に豊かな生活を送るためには，他者と主体的にかかわっていかなければならない．スキルが低いからといって，他者とのコミュニケーションを避けていてはなにも始まらないのである．

　では，スキルの低い人はどうすればよいのだろうか？

　それほど難しいことではない．自らのスキルを自分らしさ，すなわち個性として受け入れた上で，"自分に合ったコミュニケーション"を行えばよいのである．ここでいう自分らしさとは，無理をせず自分を活かすことを意味する．ただし，同時に身勝手な振る舞いを避け，状況に適した行動をとる必要がある．"自分の適性"と"場の状況"に応じて会話コミュニケーションに参与していく

ことが，自分に合ったコミュニケーションの肝要となる。

　もちろん，コミュニケーションが苦手な人にとってそれを察することは難しいであろう。また，「人に合わせるのは嫌だ！」という人もいれば，「人に合わせるほど器用じゃない…」という人もいるだろう。それも個性である。

　はじめは周りに無理に合わせなくても，自分ができる役割を1つでもいいのでしっかりと行っていけばよい。たとえば内向的でコミュニケーションが苦手な人でも，聞き手として会話に貢献することは十分に可能である。特に多人数で会話を行う際には，他者の話を聞く役が重要な意味を持つ。

　このように，特定の役割に徹するのもよいが，話者としての役割は多種多様である（藤本，2009a，2010）。聞き手にも複数の異なる役割があることを意識することで，自分には聞き手しかできないと思っている人でも，複数の役割をこなすようになれる。こうしてコミュニケーションの経験を積んでいけば，少しずつ取得しうる役割が増え，それらを適切に使い分けることが可能になる。また，合わせてスキル自体も向上していくはずである。自分に合ったコミュニケーションを行い，自分に合った道筋でスキルを育てていけばよいのである。

　以下では，"自分に合ったコミュニケーション"の重要性を示すために，スキルの体系を踏まえた上でスキルと話者役割にそれぞれどのようなタイプがあるのかを示し，これらの対応関係について実践的活用を視野に解説を行う。

第2節　社会的"技"・"能"

　スキルに関するモデルとして第一にあげられるのが Motor skills model（Argyle, 1967）である。これはスキルを運動技術に見立て，個人の意図的行動に対するフィードバックによって，以降の行動が変容することを仮定した循環型のモデルである。アーガイル（Argyle, 1981）はスキルを「相互作用をする人々の目的を実現するために効果のある社会的行動」と定義している。このようにスキルを行動の方法，すなわち"技術"として定義する立場がある一方で，「特定の社会的課題を十分に遂行することを可能にする能力」（Spence, 1981）というように，"能力"として捉える立場もある。また，スキルを社会的行動を生起させる"プロセス"とする立場もある（Trower, 1982; 相川，2000）。この

プロセスは社会的行動の"運用スキル"であり，技術に関するメタスキルとして位置づけることができる。

このようにスキルの捉え方には，大きく技術と能力という2つの立場がある。social skills は社会的技能とも訳されるが，前者は技能の"技"に注目しているのに対し，後者は技能の"能"に注目しているといえよう。

技術か能力かは研究の目的に応じてその都度決められており，スキルの定義は一意に定まっていない（堀毛，1990）。しかしながら，スキル研究は社会や産業，教育，臨床，医療など，幅広い分野で応用段階に入っている。このような現状において，対人コミュニケーションの重要概念であるスキルの定義を明確にすることは，基礎研究および実践的活用にとって必要不可欠である。

そこで改めて「スキルは技術か能力か」が問題となるが，実際は領域や研究の目的に応じてどの側面を取り上げているかが異なるだけで，どちらが正しいというわけではない。むしろ，スキルに技術と能力という異なる側面があることを認識した上で，これらを1つの体系に関連付けて定義するのが，最も合理的ではないかと考えられる。

藤本・大坊（2007a）は，個人レベルの自己統制を要に，状況の数だけ存在するストラテジーに広がる扇モデルを提唱している（図9.1）。このモデルでは

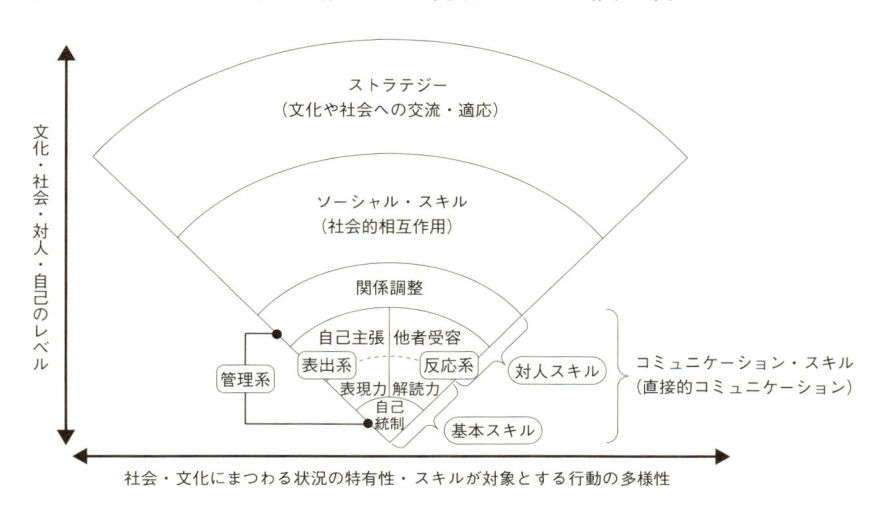

図9.1 スキルの扇（藤本・大坊，2007a）

スキルを，全ての核となる対人相互作用に関するコミュニケーション・スキルと，これを基盤とする多様な社会生活に関する具体的行動の方法である社会的スキル，そして特定の状況において適応的な行動方法に関するストラテジーに分類している。これらは，状況や行動のレベルの違い（図 9.1 縦軸）と，文化や社会に共通する汎用的な能力かそれとも特有の状況に対する具体的な技術かという多様性（図 9.1 横軸）からなる階層構造に位置づけられる。コミュニケーション・スキルの中には技術的性質を含んだものもあるだろうが，これら 3 区分のうち，コミュニケーション・スキルが能力に，社会的スキルとストラテジーが技術に相当する。なお，技術が 2 層に分かれることになるが，これは対人行動に関するスキルと社会適応に関するスキルが，次元の異なる概念として捉えられていることを反映している（Trower, 1982; 和田，1992）。

第 3 節 "能"―スキルパターン―

はじめに，スキルの能力的側面に注目する。そこで，ENDCOREs（藤本・大坊，2007a）の 6 因子の高低のパターンから，コミュニケーション・スキルのタイプと，各タイプの人数比を明らかにするために調査を実施した。調査の概要は以下のとおりである。

大学生 138 名（男性 58 名，女性 80 名，平均年齢 19.28 歳）に対し質問紙を一斉に配布し，回答を求めた。質問紙は，スキルの能力的側面であるコミュニケーション・スキルを測定する ENDCOREs，パーソナリティを測定する MPI 短縮版（木場，1985），会話への参与傾向からコミュニケーション・スタイルを捉えたコミュニケーション参与スタイルを測定する COMPASS（藤本，2008），話者役割レパートリーを特定する SR^3（藤本，2010）の 4 尺度からなる。

得られたデータについて，はじめにコミュニケーション・スキルのパターンを特定するために，ENDCOREs の尺度得点を元にクラスタ分析を行った。セミパーシャル R^2 がその前後と比べて大きく変化した 0.0231 を基準にした結果，調査参加者は 8 クラスタに分類された。次に，各クラスタに属する調査参加者の ENDCOREs，MPI 短縮版，COMPASS の各因子の平均値を求め，全体平均との差についてそれぞれ t 検定を用いて検証した。

第 3 節 "能"　197

表 9.1　8 スキルタイプの ENDCOREs および関連尺度の得点

CLST 結合	人数（男, 女）全体比 平均年齢	ENDCOREs 自己統制	表現力	理解力	自己主張	他者受容	関係調整	MPI 外向性	神経症的傾向	会話マネージメント	COMPASS 能動的参与	受動的参与	消極的参与
自制型	28 人 (15,13) 20.29% 19.18 歳	S 5.03**	C 3.93	D 4.70+	F 3.68**	C 5.54	C 5.05	C 1.29	C 1.35	C 4.11	F 3.71**	C 5.87	C 4.73
我執型	4 人 (2,2) 2.90% 20.25 歳	C 3.13	C 4.50	C 4.44	S 5.56**	F 3.88**	E 3.81*	D 1.04+	C 1.21	C 4.88	A 5.94*	E 4.63*	C 3.19
凡庸型	38 人 (12,26) 27.54% 19.74 歳	E 4.42**	F 3.38**	F 4.50**	F 3.55**	F 4.85**	F 4.19**	C 1.26	C 1.46	F 4.01**	D 4.05+	C 5.47	C 4.51
回避型	8 人 (2,6) 5.8% 19.13 歳	F 3.38**	F 1.94**	F 2.66**	F 1.91**	F 3.94**	F 3.50**	F 0.71**	C 1.60	F 2.53*	F 2.38**	E 4.41*	S 5.41*
万能型	11 人 (6,5) 7.97% 18.73 歳	S 6.23**	S 5.91**	S 6.48**	S 6.05**	S 6.59**	S 6.41**	A 1.71*	C 1.00	S 6.02**	S 5.80**	S 6.50**	C 3.73
受動型	16 人 (7,9) 11.59% 19.13 歳	S 5.50**	C 4.38	S 5.78**	S 4.44	S 6.31**	S 6.08**	C 1.50	C 1.14	C 4.80	C 4.80	S 6.38**	C 4.32
主体型	19 人 (4,15) 13.77% 18.68 歳	F 3.88**	S 5.13**	S 5.53**	S 4.62**	C 5.58	S 5.14	C 1.42	C 1.68*	S 5.11*	S 5.05*	C 5.95	D 3.72+
能動型	14 人 (10,4) 10.14% 19.50 歳	S 5.25**	S 5.02**	C 5.11	S 5.02**	C 5.23	A 5.43*	C 1.46	C 1.42	B 5.13+	A 5.09*	S 5.59	C 4.39
全体平均	138 人 (58,80) 19.28 歳	4.72 (4.84)	4.16 (4.21)	4.94 (4.97)	4.14 (4.17)	5.36 (5.37)	4.97 (4.95)	1.34	1.39	4.52	4.41	5.73	4.36

註1：ENDCOREs の全体平均における括弧内の数値は、これまで調査を行った 1889 人の平均
註2：**p<.01　*p<.05　+p<.10
註3：全体平均よりも有意に高いものを S・A・B、低いものを D・E・F、有意差のないものを C で表した。

これら8種類のスキルタイプのクラスタ結合を見ると，最初に大きく2つに分かれており，それぞれに4タイプが属していた。各タイプのENDCOREsの得点パターンから，高スキル4タイプと低スキル4タイプに分かれていることが分かる（表9.1）。

　各因子の得点パターンから判断すると，高スキルの4タイプは，すべての能力が高い"万能型"，表出系である表現力と自己主張以外が高い"受動型"，反応系である理解力と他者受容以外が高い"能動型"，言語的な能力と自己主張は高いものの自己統制が低い"主体型"であることが分かる。

　すべての能力が高い理想的な万能型は全体の8％に満たなかった。これは，92％以上という大多数の人がコミュニケーション・スキルになんらかの特徴を有していることを意味している。すべての能力が高い人は非常に稀な存在なのである。

　次に，表出系と反応系の違いがある能動型と受動型は，その特徴がコミュニケーション参与スタイル（藤本，2008）にも如実に表れており，能動型は能動的参与が高く，受動型は受動的参与が高いことが分かる。また，これらのタイプは会話マネージメントも（能動型は有意傾向ではあるが），平均値を有意に上回っている。話し手としてなのか，聞き手としてなのかという違いはあるが，積極的に会話の展開や議論の活発さに関与しようとすることからも，能動型と受動型は，万能型に準じる社会性の高いスキルタイプであることが分かる。

　残る主体型は，自分を抑えることはせず，積極的に意見を主張していくという特徴を持っている。したがって，能動型を先鋭化したタイプとして見ることもできよう。ただし，主体型はクラスタ的には高スキル側に結合してはいるものの，社会的な協調性を重視するならば，自己統制が低い点が気になる。そのため，主体型はやや難のあるスキルパターンを持っていると考えられる。

　一方，低スキルの4タイプは，自己統制が高く自己主張が低い"自制型"，自己主張だけ高く対人関係に重要な他者受容と関係調整が低い"我執型"，すべてが全体平均を下回るが，いずれもある程度平均値に近く8クラスタの中で最も人数の多い"凡庸型"，全てのコミュニケーション・スキルが全体平均を大きく下回る"回避型"であることが分かる。

　低スキルタイプの自制型は，高スキルに属する主体型と対をなすスキルパタ

ーンの特徴を持っておりやや難がある。ただし，内向的であったり神経症的傾向が強いといったパーソナリティ上の問題があるわけではない。したがって，自制型はいわゆる控え目な人に特有のスキルタイプであるといえよう。

これに対して，我執型は自己主張が強く，他人の目や意見を意に介さないという特徴を持っている。我執型が全体に占める比率は3％弱と比較的少ないが，自己愛の強い現代の若者に多いタイプといえるかもしれない。このような話者は集団活動においてトラブルメーカーになりやすいと考えられる。

残る凡庸型と回避型は全ての能力値が全体平均を下回っている。とはいえ，凡庸型は全体平均より1ポイント以上低い能力はなく，表出系以外は尺度評定基準（1～7）の理論的中央値である4を上回っている。この凡庸型は全タイプの中でもっとも人数が多い。コミュニケーションに対して受動的な態度を持ち，表現したり主張したりすることに若干苦手意識を持っていることからも，凡庸型は最近の大学生像に当てはまるタイプといえよう。

さて，もっとも問題なのは，すべてのコミュニケーション・スキルが全体平均より1ポイント以上低い回避型である。内向的なパーソナリティを持ち，コミュニケーション参与スタイルも消極的参与だけが高く他が低いという典型的なコミュニケーション回避傾向を示している。全体に占める比率は6％弱と多くはないが，この回避型に属する話者には特別な配慮が必要であることは間違いない。

これらのタイプをスキル得点のパターンから関連付けると（図9.2），すべてのスキルが高い万能型が頂点に位置し，その下に，相反する特徴を持つ能動型と受動型を配置することができる。これら3タイプは全体平均を有意に下回る能力がないことからも，社会的に理想的なスキルパターンであるといえよう。

それ以外の5タイプはいずれも，コミュニケーション・スキルに何らかの問題を持っている。スキルタイプのパターン的特徴から，これら5タイプは能動型に連なるタ

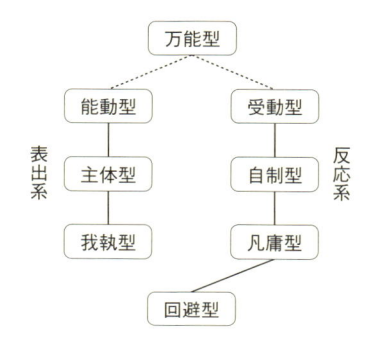

図9.2　スキルパターンの系列

イプと受動型に連なるタイプに分けることができる。そのうち，能動型の下位に主体型と我執型が，受動型の下位に自制型が，それぞれ位置づけられる。

すべてが低い凡庸型と回避型については，凡庸型は表出系以外の能力が尺度評定基準（1～7）の理論的中央値である4を上回っていることから，受動型の下位に位置するタイプであると考えられる。残る回避型も，程度の差はあるが全体的に低いという類似点から，凡庸型の下位タイプとして位置づけることができる。このように，コミュニケーション・スキルのタイプには，大きく表出系と反応系の2系列が存在する（図9.2）。

ENDCOREsに答えることによって，自らのコミュニケーション・スキルのパターンを把握することができる。さらに，それがどのタイプに該当するかを認識することで，自分がどのような能力的特徴を持ち，どの系列のスキル適性を持っているのかを理解することが可能となる。

第4節　"技"―話者役割タイプ―

スキルの能力的側面に続いて，スキルの技術的側面に注目する。技術的側面は能力的側面とは異なり，状況や行動によって多様である（図9.1）。対人コミュニケーションの形態はさまざまであるが，その主な手段は言語による直接的な情報のやり取り，すなわち会話である。特に3人から6・7人程度の小集団では，人数が増えるにしたがってメンバーは個性に応じた発話行動を行うことができる。そこでここでは小集団会話コミュニケーションを取り上げる。

同一ゼミに配属された大学院博士前期課程1回生7人からなる同輩集団のソシオメトリック構造とコミュニケーション構造の推移について，ソシオプロフィール法（藤本，2004）を用いて検討した研究（藤本・大坊，2005a，2005b）がある。それによると，当初はソシオメトリック・ステータスの高い人気者ほど頻繁に発言する傾向が見られたが，人気と発言量の関係は集団形成初期を過ぎると徐々に弱くなっていった。それは，集団内の人気が，積極的に会話に参加し発言することも，自主的に一歩引いて傍聴者に回ることもできる行動の自由を，メンバーに提供するためである。実際，人気者は集団内の人気を背景に自らの特性に応じた行動を行っていたことが確認されている。

このように小集団会話コミュニケーションでは，人気を条件にパーソナリティやコミュニケーション・スキルなどの個人特性が，会話者の行動に影響を及ぼす。しかしそれでは，内気だったりコミュニケーションが苦手だという人は，小集団の中でうまくコミュニケーションが取れないということになってしまう。ところが，個人特性が直接発言量に影響を及ぼすのは，最初の半年程度に過ぎなかった。それは，集団の構造化が進むにつれて，メンバーは集団内において特有の役割を取得し，その役割に応じた行動を取るようになったためである。

小集団会話コミュニケーションにおける役割に関する理論に，話者役割説（e.g. 藤本・大坊，2006; 藤本，2012）がある。話者役割とは，発話行為の主体である会話者が会話コミュニケーションにおいて果たす機能である。話者役割にはそれぞれ特有の行動があり，役割を果たすためには，その役割に特有の行動を適切に行う必要がある。したがって，スキルの能力的側面がコミュニケーション・スキルならば，この話者役割が小集団会話コミュニケーションにおける技術的側面ということになる。

話者役割説によれば，会話参加者は，話し合いを円滑に進めるために，自らの特性や知識，態度に応じて，他の参加者との調整の上で特定の話者役割を取得し，その取得役割に応じた発話行動を表出する。この発話行動生起プロセスに基づけば，自分のパーソナリティや能力に合った話者役割を取得することができれば，誰でも無理なく会話コミュニケーションに貢献することができるということになる。さらに，話題や状況が常に変化していく会話コミュニケーションでは，いくつもの話者役割を状況に応じて変化させる臨機応変さを持っている方が，より会話に貢献できるチャンスが増える。この役割取得の多様性を話者役割レパートリーという。

では，話者役割にはどのようなものがあるのだろうか。話者役割については，一般に話し手と聞き手という大まかなものしか認知されていない。しかしながら，参与枠組（Goffman, 1981）では話し手から話しかけられているか否かで，聞き手は"受信者"と"傍参与者"に分けられている。また，会話の部外者として"傍観者"と"盗聴者"という役割もあげられている。傍観者や盗聴者は厳密には役割とはいいがたいが，この時点でも聞き手にはいくつかの種類があり，中でも受信者は会話を成立させる上で必要不可欠な要素であることが

分かる。

　小集団会話実験からは，発話データをパターン解析することによって，"司会"，"話し手"，"聞き手"という3要素が繰り返し特定されている（藤本・大坊，2006, 2007b, 2007c; 藤本，2012）。会話には話す人がいて聞く人がいて，まとめる人がいるというわけである。

　また，調査研究によって"会話マネージメント"，"能動的参与"，"受動的参与"，"消極的参与"という4種類のコミュニケーション参与スタイルが特定されている（藤本，2008）。これら4スタイルのうち，前者2つは司会と話し手にそれぞれ対応し，後者2つは聞き手を細分化した"傾聴者"と"傍聴者"に対応している。

　このコミュニケーション参与スタイルと発話行動との関連性は，実験的に検討されている（藤本，2012）。その結果，会話マネージメントが高い人は司会に特有の行動を，能動的参与が高い人は話し手に特有の行動を，受動的参与が高い人は傾聴者に特有の行動を，それぞれとることが明らかとなっている。ただし，発話行動に対する規定性は，コミュニケーション参与スタイルを"相対化"してはじめて仮説通りの結果になったことに留意する必要がある。他の話者との相対化とは，たとえば会話マネージメントであれば，個人の会話マネージメント得点を集団メンバー全員の会話マネージメント得点の合計で割って比率化することである。この処理により，メンバーの中で会話マネージメントが高い人ほど，司会に特有の発話行動を示すという結果が得られた。これは他の役割でも同じだったことから，他のメンバーとの調整の上で役割を取得することが，円滑なコミュニケーションを行う上で重要であることが分かる。コミュニケーション・スキルにおいて，自己統制が要になっているのもそのためである。ただし，積極的に発言する能動的参与のみ，調整の効果が見られていない。これは，言いたいことを遠慮なく発言する人は，他のメンバーを気にすることなく積極的に会話に参与するためである（藤本，2008）。能動的参与のこのような特徴は，第2節の能動型よりも主体型や我執型に近いかもしれない。

　このように，メンバー間で調整的に話者役割の分担が行われることで，小集団会話コミュニケーションが円滑に進んでいく。全員が話し手でも司会者でも会話は成立しない。発言が苦手な人ならば聞き手など，自らの性格やスキルに

応じた役割を取得すればよいのである。

　では，具体的にどのような役割を取得し，どのように行動すればよいのだろうか。話者役割は司会，話し手，聞き手に分かれるが，話し手であっても自分の見解を滔々と説明する人もいれば，相手の見解を批評することを得意とする人もいるだろう。司会や話し手，聞き手といってもその行動特徴は多様である。

　集団におけるメンバーの機能として，ベンとシーツ（Benne & Sheats, 1948）は27種類の役割をあげている。それぞれの役割は課題系，関係系，個人系の3系統に分類されているが，課題系と関係系に属する役割は会話全体に影響を与えるメタ役割が中心で，一方個人系に属する役割は好き勝手に振る舞うような妨害系の役割で占められている。このリストには話し手や聞き手といった役割はほとんど含まれておらず，会話者の話者役割を識別するには適していない。

　そこで，藤本（2009a）は話者役割に関する詳細かつ網羅的な分類を試み，アンケートで得られた26メインカテゴリ，70サブカテゴリの役割特有行動から，18種の話者役割タイプを特定している。これらの話者役割タイプは，回答者の性格や能力に関するデータから，統計的に司会系，話し手系，聞き手系，そして"逸脱系"を加えた4カテゴリーに分類される（藤本，2009b）。

　この知見を踏まえて，藤本（2010）は話者役割レパートリーを特定する4系統のセットに分かれた11種類のレパートリー基準を特定している（図9.3）。各話者役割レパートリーセットは，これまでの研究で特定されている司会，話し手，聞き手，逸脱という系統には対応しておらず，積極性と協調性の2軸に

図9.3　11話者役割レパートリーセットの分類

よって整理することができる。これら 11 タイプは一部を除いて「小集団会話を円滑に行うために効果のあるコミュニケーション行動基準」である。したがって，話者役割はスキルの技術的側面と見なすことができる。

　妨害者，傍聴者，抑制者を除く 8 種類の役割を取得し，それに応じた行動を適切に行うことで，小集団会話コミュニケーションに貢献することができる。人と話をすることが苦手な人はいつも消極系の役割を取得しているのかもしれないが，受動系の役割ならば充分に果たすことができるはずである。

第 5 節　"能"に応じた"技"
―自らのスキルタイプに合った話者役割―

　特徴的なパターンをもつ 8 種類のスキルタイプは，それぞれどのような話者役割を取得するのであろうか。第 3 節で調査したデータをもとに見ていきたい。
　この調査において，ENDCOREs（藤本・大坊，2007a）や COMPASS（藤本，2008）と併せて，SR^3（藤本，2010）についても調査を行っている（表 9.2）。この SR^3 は第 4 節の話者役割レパートリーを明らかにする尺度である。各スキルタイプに属する回答者の SR^3 の平均得点と全体平均の差を t 検定で調べ，有意に高いものを取得しうる役割，有意に低いものを取得を避ける役割とした。その際，解釈者と配慮者に特徴的な差異が見られなかったことから，本章ではこれら 2 役割を併せて広聴者とした。
　分析の結果，万能型のスキルを持つ人は，やはり妨害者，傍聴者，抑制者というディスカッションに貢献しない役割以外のすべてを選択する傾向が見られた。司会，話し手，聞き手にわたる多様な話者役割レパートリーを有しており，会話場面において臨機応変に多様な話者役割を使いこなすことができるということである。すべてのスキルが高い方がよいという考えは，確かに誤りではないといえる。
　しかしながら，すべてのスキルが高くなければダメかというとそういうわけではない。能動型は司会と話し手に関する 5 種類の役割を使い分けることができるし，受動型は批評家を除く司会，話し手，聞き手にわたる万能型に次ぐ話者役割レパートリーを持っている。また，スキルのパターンに少々問題のある

第 5 節 "能"に応じた"技"　205

表 9.2　クラスタ別 SR³ 得点

スキル タイプ	SR³									
	司会者	批評家	妨害者	討論者	要約者	調整役	傾聴者	広聴者	傍聴者	抑制者
自制型	D 4.03+	F 3.79**	C 3.67	D 5.16+	E 4.71*	C 5.76	C 7.66	C 7.09	B 5.75+	C 5.86
我執型	C 4.96	A 6.46*	S 5.81**	C 6.29	C 5.50	C 5.38	F 5.80**	F 5.44**	C 4.25	D 3.95+
凡庸型	E 4.00*	D 4.25+	C 3.90	E 5.04*	F 4.33**	F 5.19**	F 6.85**	F 6.45**	C 5.32	C 5.55
回避型	F 1.96**	E 2.58*	C 4.09	F 3.00**	F 2.73**	E 3.77*	F 5.95**	F 4.75**	B 6.38+	C 6.38
万能型	S 7.00**	S 6.65**	D 2.73+	S 7.59**	S 7.58**	S 8.21**	S 9.13**	S 8.69**	C 4.83	C 4.53
受動型	A 5.73*	C 4.86	C 3.52	A 6.49*	S 6.37**	S 6.98**	A 8.63**	S 8.15**	C 5.59	C 5.75
主体型	C 5.40	B 5.49+	C 3.95	S 6.71**	A 5.98*	C 5.88	C 8.00	C 7.43	F 3.92**	C 4.69
能動型	B 5.55+	S 5.93**	C 4.41	S 6.71**	S 6.23**	B 6.56+	C 7.84	C 7.44	C 5.19	C 5.51
全体平均	4.71	4.73	3.84	5.75	5.27	5.91	7.58	7.06	5.22	5.43

註 1：**$p<.01$　*$p<.05$　+$p<.10$
註 2：全体平均よりも有意に高いものを S・A・B，低いものを D・E・F，有意差のないものを C で表した。

　主体型でも，主に話し手に関する役割を取得することができる。このように高スキル 4 パターンは，主体型も含めて，小集団会話コミュニケーションに貢献するスキルタイプであるといえる。
　一方，低スキルの 4 タイプは話者役割レパートリーの観点からも問題がある。自制型はスキルの特徴を反映して，司会と話し手に関する役割を取得する傾向が低く，ただその場にいるだけの傍聴者になろうとする。逆に，我執型は聞き手に関する役割を取得しようとせず，人の意見に対する批評を行うと共に，妨害者になりうる危険性を孕んでいる。
　コミュニケーション・スキルが一様に低い凡庸型と回避型は，貢献的な話者役割（妨害者，傍聴者，抑制者を除く 7 種類）の得点がいずれも全体平均を下

回っていた。凡庸型については，特徴的な役割取得傾向を持っていないことが特徴であるといえるかもしれない。ただし，聞き手系の話者役割の平均値が高くなっているなど全体平均にバラつきはあるものの，尺度評定基準（0～10）の理論的中央値の5を超えていればその役割を取得する可能性があると考えるならば，凡庸型は話し手や聞き手の役割をある程度取得する可能性はある。この傾向は自制型や我執型も同様であることから，低スキルに属する3群も，それぞれのスキルパターンに応じて貢献的な話者役割を取得することが決して難しいわけではない。

さて，問題の回避型については，凡庸型以上に貢献的役割への取得傾向が低い。ただし，尺度評定基準の理論的中央値である5を基準にすれば，回避型であっても傾聴者になる可能性は残されている。リーダーシップを示して集団を導いたり，発言することによって会話を展開させることは難しくても，みんなの発言を促すサポートにまわることは十分に可能である。このような役割を果たすメンバーも，小集団会話コミュニケーションのパフォーマンスを向上させることに十分に貢献することができる。

では，役割を取得する際に，具体的にどのような行動を心がければよいのであろうか。話者役割タイプにはそれぞれ特有の行動がある（藤本，2009a）。この役割特有行動を元に案出されたSR^3（藤本，2010）各因子の項目を見ることで，それぞれの話者役割で行うべき行動とは何かを知ることができる。たとえば傾聴者であれば，相手の発言を最後までしっかりと聞くことは当然のことながら，聞き手としての反応を心がけることが必要であることがわかる。具体的には，発言者に視線を向け，うなずきや相づちを打つなど相手の話に反応を返すことである。これにより発言者は，聞き手が興味を持ち，自分の発言を理解していると感じるため，発言がしやすくなる。相手に話しやすくさせるのが，いい聴き手の条件だといえよう。また，討論者であれば，ただ自分の意見を主張するだけではなく，疑問点について質問したり，他者の意見を掘り下げて聞くなど，発言者以外の行動も要求される。

このように，それぞれの役割名から受けるイメージよりも，実際に求められる行動は多岐にわたる。役割に特有の行動をうまく遂行できるようになったとき，その話者役割がレパートリーに加わったということになる。スキルの定義

でいえば，当該役割を適切に遂行する技術を習得したということになる。

第6節 "技"・"能"を育てる

　さて，昨今SSTが盛んに行われているが，では「スキルを育てる」とはどういう意味になるであろうか。

　"技術"としてのスキルは，具体的な個々の行動の方法である。これらの技術を行使する際には，技術に関する知識を有しているだけではなく，多くの技術を状況によって使い分けながら正しく行使すること，すなわち運用スキルが求められる。したがって，スキルを技術と見なすならば，より多くのスキルをより巧く行うことが望ましいことになる。一方，"能力"としてのスキルは，関連する諸行動の基礎である。スキルを特性的な能力として捉えるならば，すべての能力値が最高値であることが理想である。

　いずれの立場にしても，より多く，より巧く，より高くが，スキルを育てる上での目標となる。しかしながら，すべての社会的な行動に関する技術を実践レベルで習得することや，すべての能力を最大に高めることは，誰にでもできることではない。むしろ誰にもできないといった方がよい。

　円滑な会話コミュニケーションを行う上で，あらゆる能力を向上させ，あらゆる貢献的な話者役割を使いこなせなければいけないということはない。コミュニケーション・スキルを高めることだけを考えるのではなく，自分のタイプを認識した上で，それにあった話者役割を取得すればよいのである。これまでの知見に当てはめれば，幅広い話者役割レパートリーを持っている万能型にならなくても，能動型や受動型が取りうる専業的な役割を果たすことで，小集団会話コミュニケーションに十分に貢献することができるということである。メンバーひとりひとりが自らの個性に応じた役割を果たし，相補・相乗的に作用することで，はじめて集団は機能することができる。役割を補い合うという観点に立てば，その意思さえあれば，誰もが自らの個性を活かして会話コミュニケーションに貢献することができるのである。

　ただし，可能であれば万能型・能動型・受動型を除く5パターンについては，コミュニケーションを通して経験を積み，技術習得により話者役割レパー

トリーを増やしていくとともに，コミュニケーション・スキル自体の向上をはかることが望ましい。特に，回避型や我執型は同系列の上位型に移行するべきである。スキルタイプは表出系と反応系という2系列に分かれるが（図9.2），自らのタイプが属する系列の能力は，対人行動に対する志向と合致しているため，他方の系列に対応した能力よりも伸ばしやすいはずである。自分の系列のコミュニケーション・スキルを伸ばすことは，自らの適性に反することなく，意識やモチベーションを少しばかり変えていけばよいのだから，時間さえかけていけば無理せず変わっていくことができる。ENDCOREsのサブスキル（項目）の中には，技術的な性質を持ったものも見られる。このようなサブスキルは，特に経験を積むことで向上しやすいはずである。

　たとえば，反応系の回避型に該当する人であれば，傾聴者としての技術を習得し，この役割を通してコミュニケーションの経験を積んでいくことにより，広聴者（解釈者・配慮者）などの関連する他の話者役割に，レパートリーを広げていくことができる。話者役割レパートリーの獲得は，会話コミュニケーションという特定の対人場面における具体的な行動技術の習得である。さらに，話者役割レパートリーだけでなく，回避型のスキルパターン自体も，聴くという行為を心がけて経験を積んでいくことで，全体的な能力が底上げされて，凡庸型に近づいていくはずである。凡庸型の次は自制型，さらに受動型というように，反応系という自分のコミュニケーション・スキル適性に応じた能力の向上を，時間をかけてゆっくりと目指していけばよい。

　表出系の我執型も，反応系の能力向上のステップと同じである。我執型は妨害者だけではなく，クリティカルな指摘を行う批評家として機能することができる。また，議論貢献系の役割（討論者，要約者，調整役）の取得傾向も決して低いわけではない。したがって，言いたいことを言い，したいことをするというわがままな自己主張を今より少し控え，他者を配慮するように意識すればよいのである。議論に貢献しながら会話コミュニケーションの経験を積んでいくことで，いずれ主体型へと成長するはずである。さらに自己統制を伴う自己主張を心がけることによって，最終的には能動型へと社会適応的な成長の道筋を描くことができる。これは攻撃的コミュニケーションから主張的コミュニケーションへと，自己主張という技術の向上を図ることに他ならない。我執型か

ら能動型への道筋が，アサーション・トレーニング（平木，2005）に対応しているという事実は，本章の調査によって明らかになったコミュニケーション・スキルの系列に基づく技術習得が，スキル・トレーニング・プログラムを組み立てる上で有用であることを証明している。

今の自分のコミュニケーション・スキルを個性として認め，それに応じた話者役割を取得することで，自分に合ったコミュニケーションを行うことができる。また，技術の習得や能力の向上にも，自分に合った道筋がある。会話コミュニケーションに参加して経験を積むことによって，自分の適性に応じて話者役割のレパートリーを広げ，スキルを成長させていけばよいのである。

無理をせず時間をかけて，やれること，できることを増やしていく。そうやって"自分に合ったコミュニケーション"の幅を広げていくことができれば，今よりずっと幸福な社会生活を送ることができるはずである。

■引用文献

Argyle, M. (1967). *The psychology of interpersonal behavior.* Harmondsworth: Penguin Books.
Argyle, M. (1981). Social competence and mental health. In M. Argyle (Ed.), *Social skills and health.* London: Methuen.
相川　充（2000）．人づきあいの技術—社会的スキルの心理学—　サイエンス社
Benne, K. D., & Sheats, P. (1948). Functional roles of group members. *Journal of Social Issues,* **4**, 41-49.
藤本　学（2004）．ソシオプロフィール法：関係性の親密さから見る小集団の構造　対人社会心理学研究，**4**, 77-85.
藤本　学（2008）．会話者のコミュニケーション参与スタイルを指し示すCOMPASS　社会心理学研究，**23**, 290-297.
藤本　学（2009a）．グループディスカッションにおける話者役割　日本心理学会第73回大会発表論文集，120.
藤本　学（2009b）．コミュニケーション行動特性を基準とした話者役割タイプの分類　日本社会心理学会第50回・グループ・ダイナミックス学会第56回合同大会発表論文集，882-883.
藤本　学（2010）．会話者の話者役割レパートリーを特定する基準　日本グループ・ダイナミックス学会第57回大会発表論文集，126-127.
藤本　学（2012）．コミュニケーション参与スタイルに注目した小集団会話における発話行動生起プロセス　実験社会心理学研究，**51**, 79-90.
藤本　学・大坊郁夫（2005a）．同輩集団のソシオメトリック構造とコミュニケーション

構造の推移　電子情報通信学会技術報告, **104**（745）, 39-44.
藤本　学・大坊郁夫（2005b）．同輩集団のソシオメトリック構造とコミュニケーション構造の推移（2）：コミュニケーション行動に及ぼす個人特性の影響　電子情報通信学会技術報告, **105**（306）, 7-12.
藤本　学・大坊郁夫（2006）．小集団会話における話者の発言傾向を規定する3要素　社会言語科学, **9**, 48-58.
藤本　学・大坊郁夫（2007a）．コミュニケーション・スキルに関する諸因子の階層構造への統合の試み　パーソナリティ研究, **15**, 347-361.
藤本　学・大坊郁夫（2007b）．小集団コミュニケーションにおける話者の叙述パターン　社会心理学研究, **23**, 23-32.
藤本　学・大坊郁夫（2007c）．小集団による会話の展開に及ぼす会話者の発話行動傾向の影響　実験社会心理学研究, **47**, 51-60.
Goffman, E.（1981）．*Forms of talk*. Philadelphia, PA: University of Pennsylvania.
平木典子（2005）．アサーション・トレーニング　現代のエスプリ450　至文堂
堀毛一也（1990）．社会的スキルの習得　斎藤耕二・菊池章夫（編著）　社会化の心理学ハンドブック―人間形成と社会と文化　川島書店　pp.79-100.
木場深志（1985）．短縮版MPIの基礎資料：大学生に実施した結果の信頼性　金沢大学臨床心理学研究室紀要, **4**, 27-31.
Spence, S. H.（1981）．Differences in social skills performance between institutionalized juvenile male offenders and a comparable group of boys without offence records. *British Journal of Clinical Psychology*, **20**, 163–171.
Trower, P.（1982）．Toward a generative model of social skills: A critique and synthesis. In J. Curran & P. Monti（Eds.）, *Social skills training: A practical handbook for assessment and treatment*. New York: Guilford Press.
和田　実（1992）．ノンバーバルスキルおよびソーシャルスキル尺度の改訂　東京学芸大学紀要（教育科学）, **43**, 145-163.

コラム9　コミュニケーション力とは

　近年,「コミュニケーション力」「コミュニケーション能力」「コミュニケーション・スキル」という言葉がさまざまな場面で利用されるようになった。たとえば,経済産業省は2006年から社会人基礎力の養成に取り組んできたが,この背景には90年代以降のビジネス・教育環境の変化の中,職場等で求められる能力の1つはコミュニケーション能力や協調性,働きかけ力等の人と関係を作る能力であるという考えがあった(経済産業省,2006)。また,日本経済団体連合会などが行う調査では,多くの企業が求める人材として「コミュニケーション力のある人」を上位にあげることが指摘されている。このような動きに対応して,大学生もキャリア教育や就職活動という過程の中で,コミュニケーション力の向上を目指すよう指導されている。さらには,文部科学省も含め小学校などの教育現場でもコミュニケーション能力を育むためにはどのような活動が有益かが検討されている。

　コミュニケーション力はなぜ必要なのだろうか。1つは課題達成のためである。他者と適切なコミュニケーションが行えなければ,さまざまな課題を達成することが困難になる。もう1つは,社会情緒的な働きのためである。他者との良好な対人関係を構築するために,良好なコミュニケーションは欠かせない。

　しかし,コミュニケーション力とはどのようなものを指すのかという構成概念や定義が,学術的にも明確にされていないのが現状である。つまり,言葉だけが一人歩きしているようなものだ。そこで,コミュニケーション力の特徴を整理してみたい。まず,既存の類似概念としてあげられるのが,社会的スキル(social skill)であろう。区別するのであれば,社会的スキルという概念が想定しているのは全般的な対人的相互作用場面であり,必ずしもコミュニケーション場面であるとは限らないのに対し,コミュニケーション力とはコミュニケーション場面に限定したものであるという点だ。したがって,コミュニケーション力は社会的スキルの一側面とみなすことができる。また,コミュニケーションの目的は認知と感情の「交換」であるため,必ず自分と他者が存在する。したがって,コミュニケーション力には,他者に適切に伝えるという力,他者から発信されたものを適切に受け取り理解するという力,自分と他者との関係やその場の状況を意識し,その場の目的に沿って自分や他者,さらには状況をコントロールする力が含まれていると考えられる。これらの力は,堀毛(1994)が対人コミュニケーション全般にかかわる能力を示す基本スキルとしてあげている記号化,解読,統制と一致している。では,この記号化,解読,統制を適切かつ効果的に行うためにはどのような要素が必要なのだろうか。まずは,自分はどのようなコミュニケーションを行いたいのか,行おうとしているのかといった目標である。そしてもっと根本には,良好なコミュニケーションを行いたいと思うとか,行おうと思うといった動機が必要である。その上で,どのように行動すればよい

かを知っているとか，この状況ではどうするのがよいのかを知っているという知識が求められる。そして，それを実際に実行する技を身につけることでのぞましい行動が生じることになる。もし，コミュニケーション力が不十分だとした場合，目標設定が不適切なのか，動機がないのか，知識がないのか，実行する技がないのかなど原因は複数考えられる。社会的スキルトレーニングのように，コミュニケーション力育成のための働きかけも検討されるようになってきた。しかし，コミュニケーション力とはなにかという構成概念や構成要素を明確にしないままでは，効果的な育成は行えない。また，そもそもコミュニケーション力は育成する必要があるのかという問いにも立ち止まって考える必要がある。

　大坊（2009）は，個人のwell-beingと社会のwell-beingの合理解の追究が社会心理学として必要であると指摘している。どのようなコミュニケーション力が個人のwell-beingと社会のwell-beingの双方を高めることになるのだろうか。「なぜコミュニケーション力は必要なのか」，「なんのためにコミュニケーション力を育成するのか」，この課題の答えを探究していくことが双方のwell-beingを高めるコミュニケーション力のあり方を示す手がかりとなるのではないだろうか。

引用文献
大坊郁夫（2009）．Well-beingの心理学を目指す―社会的スキルの向上と幸福の追究―　対人社会心理学研究, **9**, 25-31.
堀毛一也（1994）．恋愛関係の発展・崩壊と社会的スキル　実験社会心理学研究, **34**, 116-128.
経済産業省（2006）．「社会人基礎力に関する研究会」中間取りまとめ　経済産業省　2006年2月8日<http://www.meti.go.jp/policy/kisoryoku/torimatome.htm>（2011年7月12日）

10 社会的スキルと対人関係

　他者といつも上手につき合えるといいのであろうが，実際にはそううまくいくものではない。家族や学校のクラスメート，職場の同僚，ご近所さんなど，気心の知れた人との間でさえ，いつも円満ではなく，時にすれ違い，腹立たしい思いやもどかしい思いをする。相手が見知らぬ人となれば，人見知りしたり，緊張して思うように振る舞えなかったりする。さらにはかかわりたくない相手とのコミュニケーションに困惑することもある。他者と上手にコミュニケーションし，円滑な関係を築くことは，多くの人が望むことでありながら，なかなか手の届かないところにある。

第1節　人とうまくつき合う力

1. 社会的スキルの定義

　「さまざまな社会的状況において適切に対応することができ，他者との人間関係を円滑にすすめることのできる能力や技能」（藤森，2002）のことを社会的スキル（Social Skill（s））という。現在では，ソーシャルスキルとカナで表記されることも多い（相川，2009）。コミュニケーション（能）力，対人スキル，対人関係（能）力，人間関係力と類似の用語が数ある中，心理学ではこの用語に概ね統一されている。

　先ほどの定義の最後に「能力や技能」とあるが，これは置かれている状況の特徴を見極め，それにふさわしい行動を選択する認知的な能力と，選択された行動を適切に実行する技能，の両者を包含することを意味する。社会的スキルの定義については，認知的な能力と実行する技能のどちらに重きを置くかとい

う議論が長く続いてきたが（菊池・堀毛，1994），現在は両者からなる総合力と見なされることが多い。相川ら（1993a）のように，自分の置かれた状況を吟味し，その状況に適切な対人行動を判断・選択，実行し，実行した結果について他者からフィードバックを受け取るまでの一連の流れを，社会的スキル生起過程として捉える考え方もその1つである。

本章では，読者の混乱を最小限に留めるため，諸研究で用いられる多種多様な用語を可能な限り「社会的スキル」と置き換えて表記した。各研究で用いられている社会的スキル尺度を［括弧］付で記し，各研究者の立場の違いに配慮した。

2. 社会的スキルの測定

社会的スキルは多くの場合，質問紙による自己評定で測定される。相川・藤田（2005）は，既存の成人用の社会的スキル尺度が大きく2つのタイプに分類できると指摘する。1つ目は，コミュニケーション・スキルを測るタイプで，対人場面でのコミュニケーション過程を想定し，自分の意思を相手に伝える「記号化」，相手の意思を受け取り，読み解く「解読」，自分の感情をコントロールする「統制」を下位スキルに据える。2つ目は，対人スキルを測るタイプで，対人場面で実際に必要とされる具体的なスキルを複数想定して，その各スキルを下位尺度とする。たとえば「関係開始」，「関係維持」，「主張性」等が下位尺度にあたる。もっとも利用される頻度の高い菊池（1998）のKiSS-18をはじめとして，児童・生徒用，成人用の尺度はそれぞれ複数あり，今のところ整理・統一に向けた動きは乏しい。

子どもや不適応傾向を持つ対象者の場合には，自己評定に加え，他者評定や行動観察も併用される。その一方で，成人の健常者を対象とした場合には，効率的ゆえに自己評定のみが用いられることが多く，自己評定の妥当性が問われることになる。

和田（2003）は，大学・大学院生を対象に，社会的スキル尺度［KiSS-18，ノンバーバルスキル尺度（表出性，感受性，統制の3下位スキル）；和田，1992］の自己評定と，友人5名による他者評定の相関関係を検討した。表出性スキルならびに統制スキルは，他者評定と有意な正相関があるのに対し，KiSS-18や

感受性スキルでは他者評定との相関は見られていない。谷村・渡辺（2008）は，大学生の社会的スキル［KiSS-18］の自己評定と，初対面の異性と共同作業を行う場面での対人行動との関連性について検討し，自己評定が，画像・音声記録を通して判断された評定者による行動評定や，発話内容の分類（質問の頻度）と一貫していることを報告している。このように，行動として表出（観察）されやすい行動では，自他評定はある程度一致している。ただ裏を返せば，行動として表出されにくい感受性や自意識のような要素は，自己評定のみに反映される（相川，2000a）。

3. 社会的スキルと対人欲求・対人状況

堀毛（1994）は，社会的スキルの発揮に影響を及ぼす要因を整理し，「社会的相互作用のモデル」を提唱している。このモデルに示されているように，社会的スキルが効果的で適切に発揮されるためには，本人の感情・動機や，相互作用にかかわる他者とその状況の影響を無視できない。

今野（1992）は，大学生を対象に社会的スキル尺度［対人円滑性尺度（配慮，積極性，自己統制の 3 下位スキル）；今野，1991］とさまざまな対人欲求との関連性を検討した。対人欲求は，日本版 EPPS（肥田野ら，1970）の「親和，顕示，養護，求護」欲求，菅原（1986）の「賞賛されたい欲求」，「拒否されたくない欲求」が測定された。対人円滑性の下位スキルと，EPPS の親和・養護・求護欲求とはすべて正の相関を示し，積極性スキルは顕示欲や賞賛されたい欲求とも，配慮スキルならびに自己統制スキルは拒否されたくない欲求とも正の相関関係にあった。また，渡部（1999）は，社会的スキル［KiSS-18］と関係回避欲求との間に負の相関関係を見出している。社会的スキルと対人欲求の関係はどちらが原因でどちらが結果だと一義的に決めることはできないが，社会的スキルが低い者は対人欲求も低い傾向にあり，対人関係に対する自信のなさによって，対人行動も消極的となることを示唆している。

ところで，実際の対人関係の中で，社会的スキルが発揮しやすい状況・しにくい状況に関しても，いくつかの知見が得られている。田中ら（2002）は，2 者の初対面会話場面において，参加者本人と会話相手双方の社会的スキル［実際の会話場面の録画をもとに評定］を測定し，2 者の社会的スキルの相対的差異

がストレス反応に及ぼす効果を検討した。その結果，会話相手よりも自分の社会的スキルが低い場合に，心理ストレス反応（不機嫌・怒り，抑うつ・不安）や瞬目率変化量が高かった。日向野（2006, 2007）は，大学生が異なる対象に対して発揮する社会的スキル［ENDE2（記号化，解読，感情表出の3下位スキル）；堀毛，1994］を自己評定させ，同性友人に対する場合よりも，苦手な同性友人に対する場合に発揮されにくいことを示している。

後藤・大坊（2003）は，社会的スキル［ACT 日本語版（大坊，1991）］の程度に応じて，本人が苦手・得意と自覚するコミュニケーション状況が異なることを示した。社会的スキルが低い人は「初対面の人や目上の人，親しくない人とのかかわり」を苦手場面として多くあげ，逆にスキルの高い，特に男性の場合には「他者に意見を言う，仲間に加わる」など，より積極的に他者に関与する状況をあげた。その一方で得意場面については，女性が「身内とのかかわり」，男性が「幅広く他者と接する」ことを多く報告し，社会的スキルの低い男性では，「子どもや先輩，共通の趣味を持つ人とのかかわり」という非常に限定的な関係があげられやすいことを指摘した。社会的スキルが高い人は，対人行動について適切な判断や効果的な実行ができ，その判断や行動を適用できる範囲が広いが，社会的スキルが低いと適切な判断や効果的な実行のできる範囲が狭いと考えられる。

第2節　社会的スキルと精神的健康

1. 社会的スキルと対人行動

人は人生の中でいろいろなことに悩むが，対人関係こそがもっとも多くの人を悩ませている。したがって，社会的スキルが不足していることは，対人関係にかかわるトラブルを抱えやすく，精神的健康を害し，不適応的な傾向を示しやすいであろうと容易に推測される。

相川ら（1993b）は，孤独感の高い人の実験的状況（初対面の相手との会話）での行動を記録し，孤独感の高い人の具体的なスキルの低さとして，非言語行動（例：うなずき頻度が少ない，微笑の持続時間が短い），言語行動（自己表現や会話維持にかかわる行動がいずれも低頻度），認知傾向（自分や会話相手のこ

とを否定的に評価する）の特徴を指摘した。

堀毛（1994）は大学生の異性関係スキルと社会的スキル［ENDE2］との関連性を検討し，記号化スキルや解読スキルが，異性関係スキルの複数の下位スキルと関連しており，現在の異性関係が進展している人，過去に恋愛経験や失恋経験を有している人のほうが，社会的スキルや異性関係スキルが高いことを指摘している。また，栗林（2002）は特に告白行動に焦点を当て，記号化スキル［ENDE2］が高い人のほうが告白・被告白を多く経験し，知り合ってから告白するまでの期間も短いことを明らかにしている。

篠原・三浦（1999）は，インターネット上の電子コミュニティの一つであるwww掲示板での発言行動と参加者の個人特性を比較し，FTF（対面でのコミュニケーション）状況を前提に測定される社会的スキル［KiSS-18］の程度が，CMC（コンピュータを介したコミュニケーション）状況での対人行動についても予測できることを示した。www掲示板で発言数の多い参加者群では，KiSS-18の下位スキルであるコミュニケーション・スキル（会話を円滑に進められるかどうかの能力）が他群よりも高いことを指摘している。

さらに，企業従業員のストレス・コーピング方略を扱った田中・小杉（2003）でも，社会的スキルが高い従業員では，概して高コストな方略（積極的な方略も，消極的な方略も共に採られやすい）や積極的な方略が用いられやすく，社会的スキルの低い従業員では，消極的な方略や，低コストな方略（方略そのものをあまり用いない）が採られやすいことを報告している。

これらのことから，社会的スキルの不足は，初対面の相手との会話，異性との関係，CMC状況での行動，ストレス状況での対処行動など，多様な場面で積極的な対人行動を阻害している。社会的スキルが高い人は，より積極的・戦略的な行動を採ることで，関係を進展させることができている。

なお，最近では，社会的スキルが対人葛藤状況での対処方略に及ぼす影響が盛んに検討されている。大嶽（2003）は，小学校5，6年生に対して，学校での遊び場面を想定させ，葛藤状況での対処方略について尋ねている。男子では，社会的スキル［学校における社会的スキル尺度（戸ヶ崎・坂野，1997）］が高い場合，そうでない場合よりも，一部の状況でより協調的な対処方略を選択することを報告している。同様に村山・大坊（2004）は，大学生を対象に議論スタ

イルと社会的スキル［ENDE2］との関連性について検討し，記号化スキルや解読スキルとグループ全員が納得するまで議論するスタイル（徹底討論），統制スキルと他者の意見をきちんと理解しようとするスタイル（他者理解）とが正に相関することを報告している。このように，社会的スキルと対人行動との関連性を概観すると，社会的スキルが高いことによって，より積極的で，より協調的な対人行動が選択・実行されていると考えられる。

2. 社会的スキルが対人的不適応の原因なのか？

　ここまで述べたように，社会的スキルは対人的不適応と密接に関連する。このことは若者の社会的スキルを測定する尺度として，もっともよく用いられているKiSS-18が対人不安や抑うつ傾向，などとの関連性を検討したデータなどからも確認される（菊池，2007）。ただし，最近の社会的スキル研究では，社会的スキルが対人的不適応の直接的な原因となるとする仮説を検証するというよりも，社会的スキルが高い（低い）ことがストレッサーを緩和する（緩和できない）ために，対人的不適応やストレス反応を防げる（防げない）のかという，社会的スキルによるストレス緩衝効果の検証に焦点が当てられている。

　橋本（2000）は，大学生を対象に，対人ストレスイベントが精神的健康に及ぼす悪影響を社会的スキル［KiSS-18］が緩和する可能性について検討した。その結果，社会的スキルが対人ストレスイベントのインパクトを緩和する効果の存在は支持されず，部分的に直接効果のみが確認された。

　今津（2005）は，女子中学生を対象に2回の調査を実施し，社会的スキル［子ども用社会的スキル尺度（鈴木・庄司，1990）］の不足と抑うつの因果関係を明らかにするため，1回目の調査時点での社会的スキルの不足が，6週間後の2回目の調査でのストレッサーを媒介し，2回目の抑うつを予測するとする仮説を検証した。その結果，抑うつに対する社会的スキル単独の影響だけでなく，社会的スキル×ストレッサーの交互作用の影響も有意に認められた。社会的スキルの不足している生徒は抑うつになりやすいだけでなく，ストレッサーの衝撃性が高い時により抑うつ傾向を増大させやすい傾向をもつことが示された。

　相川ら（2007）は，大学生を対象に，社会的スキル［成人用ソーシャルスキル自己評定尺度（相川・藤田，2005）］不足と対人的不適応（抑うつ・孤独感・

対人不安）の関連性を整理するため，セグリン（Segrin, 1996）の脆弱性モデルの再検討を行った。セグリンの脆弱性モデルは，社会的スキルの不足が対人的不適応を予測するのではなく，社会的スキルが不足しているとストレッサーからの衝撃性に影響されやすく，その結果として対人的不適応を予測しやすいとする主張である。3回の調査データ（1回目の調査から3ヶ月後，6ヶ月後）を用い，社会的スキルの不足とネガティブライフイベントの経験頻度の交互作用効果が，その後の対人的不適応を予測するとする仮説を検証した。その結果，交互作用効果がその後の対人的不適応を予測するとする仮説は一部で支持された。なお，社会的スキル不足が単独でも対人的不適応を予測していたことから，脆弱性モデルは支持されなかった。

　岡村・清水（2009）は，小学4〜6年生を対象に，社会的スキル［子ども用社会的スキル尺度（渡邊ら，2002）］の不足とストレッサーの衝撃性がストレス反応に及ぼす影響を検討した。2回（3ヶ月間）の調査データを用い，社会的スキル×ストレッサーの交互作用効果が，その後のストレス反応（身体的反応，抑うつ・不安，不機嫌・怒り，無気力の4種類）を予測するか検討したところ，女子の身体的反応に限って交互作用効果が有意で，社会的スキルが低い場合にのみストレッサーが影響することがわかった。社会的スキルが低い場合は，ストレッサーの衝撃が大きければ身体的反応を強く示し，社会的スキルが高い場合は，ストレッサーの程度によって身体的反応に大きな差は見られなかった。

　このように，社会的スキルとストレッサー（ストレスイベント）の交互作用効果が支持される知見は多く得られており，社会的スキルの充実がストレッサーのインパクトを緩和したり，社会的スキルの不足がストレッサーのインパクトを増幅させることを示唆している。しかしながら，セグリン（1996）の脆弱性モデルに反し，社会的スキル不足が対人的不適応を直接的に予測する効果も同時に確認されるケースが多く，社会的スキルは対人的不適応の原因として影響していると考えられる。相川ら（2007）は自身の研究結果を考察し，社会的スキルが心理社会的問題の原因でも結果でもある可能性を指摘しているが，いずれにしても対人的不適応の予防や軽減のためには，社会的スキルを充実させることが必要となると考えられる。

3. 社会的スキルと主観的幸福感

　社会的スキルと幸福感の両研究の先駆者として知られるアーガイル（Argyle, M.）は，「Happiness and social skills」（Argyle & Lu, 1990）の中で，成人に対して，1回目の調査時点での幸福感，外向性，神経症傾向，社会的スキル（主張的反応をとることの不快感や主観的確率［Gambrill & Richley, 1975］），協調性を説明変数に，2回目（4ヶ月後）の調査時点での幸福感を目的変数とし，その因果関係を検討した。その結果，外向性が高い人は，社会的スキルの一部である主張性（主観的反応をとることの主観的確率）が高く，そのことが主観的幸福感を高めるという予測が支持された。また神経症傾向の高い人は，主張性が低く，そのことが主観的幸福感を低下させていた。

　また門田・寺崎（2005）は，質問紙で測定した社会的スキル［KiSS-18］に加えて，対人相互作用記録票（Wheeler & Nezlek, 1977）を用いて実際の対人相互作用の中で使用された社会的スキル（主張性，反応性）を測定し，パーソナリティ（外向性，神経症的傾向）が，使用された社会的スキルを媒介し主観的幸福感に及ぼす影響について検討した。その結果，使用された社会的スキルを媒介変数とした場合には効果は認められなかったが，質問紙で測定した社会的スキルを媒介変数とした場合には効果が認められ，アーガイルとルー（Argyle & Lu, 1990）とほぼ同様の知見が得られた。

　では，社会的スキルが高いことはいつでも幸せなことなのであろうか。丹波・小杉（2006）は，大学生を対象に，社会的スキル［KiSS-18］と日常生活における重大な出来事である，ライフイベント体験の関係を検討した。その結果，社会的スキルが高まると「学業」のライフイベント体験が減少し，その一方「異性関係」のライフイベント体験が増加していた。また KiSS-18 の下位尺度である「トラブルシューティング・スキル（他者とのトラブルを処理するスキル）」がライフイベント体験の全体量や「友人関係」のライフイベント体験を減少させ，「コミュニケーション・スキル（他者との相互作用をスムーズに開始するスキル）」がライフイベント体験の全体量や「友人関係」「異性関係」及び「アルバイト」のライフイベント体験を増加させていた。このことは，厄介ごとを回避するようなスキルが高いことが，対人葛藤を起こしうるようなイベントを未然に防ぐこと，またコミュニケーションを円滑に進めるスキルが高い

ことがライフイベント体験を増加させ，対人関係の悩みに直面するリスクを高める可能性を示唆している。このように社会的スキルの高いことが必ずしもポジティブにばかり作用するとは限らないことも明らかになっている。

第3節　これからの社会的スキル研究

　既存の社会的スキル研究は，児童生徒ならびに青年期の対人関係の形成や維持に焦点を当ててきたため，子どもや若者を対象にした研究が圧倒的に多い。しかしながら，対人関係に伴うトラブルは，日常生活のどの場面，どの世代にもつきまとい，私たちを悩ませる。育児ストレスを相談する相手がいない母親，職場での対人関係に苦慮する社会人，一人暮らしで話し相手のいない高齢者など，成人の対人関係にかかわる問題は枚挙にいとまがない。

　石川ら（2007）は，小学4年生〜中学1年生までの児童生徒を対象に2時点（9ヶ月間）で追跡調査し，社会的スキル［子ども用社会的スキル尺度（渡邊ら，2002）］，知覚されたソーシャル・サポート，学校不適応感を測定した。その結果，社会的スキルや知覚されたソーシャル・サポートは，高学年のほうが低学年よりも低く，学年による向上もみとめられない。その一方で，学校不適応感は低学年よりも高学年で高くなることが示された。また，社会的スキルの上昇が友人からのソーシャル・サポートを促し，その結果として友だちとの関係や学業場面での不適応を改善させていた。

　菊池（1998）は，自身の社会的スキル尺度［KiSS-18］の得点の平均値が，高校生，短大生，大学生，社会人と年齢が上がるにつれて高くなること，また同様にKiSS-18を使用した小杉らの回収データによると，20代〜50代の社会人についても，年代が上がるにつれて社会的スキル得点の平均値が高くなることを報告している（菊池・田中，2007）。

　稲垣ら（2000）は，若者向けの社会的スキル尺度であるKiSS-18を中高年対象者（58歳〜83歳）に実施した。全般的に中高年の社会的スキル得点は青年期の得点水準よりも高いが，女性の中高年対象者では年齢が上がる（65歳未満，65歳以上，75歳以上）につれて社会的スキル得点が低下した。また，社会的スキルとソーシャル・サポートの関連性では，社会的スキルが低い場合に

は，ソーシャル・サポートを受ける機会や社会的ネットワーク（親友の数，一日の交流頻度）も低いことを明らかにしている。

これらの知見を仮につなぎ合わせるとするならば，社会的スキルの発達的変化は，児童期から思春期に向けて低下し，その後青年期・成人期には向上し，老年期を迎えて再度低下するという，裏返しのN字型のパターンが推測される。もちろん現実には，このようなつなぎ合わせはできないわけだが，人が年齢を重ね，身体的・社会的・心理的な変化を経験する中で，自身の社会的スキルをどのように捉えるのか，生涯発達的な観点からの検証は実に興味深い。今後の研究の一層の進展が望まれる。

なお，下村ら（2005）は，高齢者との交流に必要な社会的スキルに関する研究を概観し，この分野の研究が若者と高齢者一般との交流というよりは，援助者である若者と被援助者である高齢者（要介護高齢者，痴呆性高齢者）の関係を扱ったものに偏っており，共生の仲間として関係を捉えなおす必要性があると述べている。

第4節　リスク・マネジメントとしての社会的スキル・トレーニング

今世紀に入って以降，続々と，大学生や社会人が最低限身につけておくべき能力が整理された。2002年に国立教育政策研究所から出され，現在はキャリア教育の「4領域8能力」と呼ばれている分類を皮切りに，「若年者就職基礎能力（5領域）」（厚生労働省，2004），「社会人基礎力（3能力12能力要素）」（経済産業省，2006），「学士力（4分野13項目）」（文部科学省中央教育審議会，2008）等がある。いずれの能力にも，コミュニケーション能力やそれと関連する能力（発信力，傾聴力，状況把握力など）が含まれる。

ではなぜ，コミュニケーション能力を身につける必要性があるのであろうか？　ここにはおそらく2種類の社会の声が影響していると推測される。1つは，若者の対人関係が希薄化したという声の高まり。そしてもう1つは，若者の対人関係能力が低下してきたという声の高まり，である。前者は対人関係の持ち方の質的な変化に関する指摘で，後者はそれに伴う能力の低下を懸念するものである。

1. 若者の対人関係は希薄化したのか？

　若者の「対人関係の希薄化」に関する指摘は，ごく最近のトピックのように思える。だが実際には1980年代から相当数の指摘・問題提起がなされており（たとえば松井，1990），その後約30年にわたり多くの意識調査や実証研究が行われてきた。まず，現代の若者は，友人に内面を開示したり，人格的に共鳴するような関係（内面的友人関係）をとらず，友人から低い評価を受けないように警戒し，互いに傷つけ合わないようにする，表面的に円滑な関係を志向する傾向がある（岡田，1995, 2007）。上野ら（1994）は，このような友人関係を「表面的交友関係」と呼び，友人との心理的距離が大きく，同調性が強いことを特徴としてあげている。また，表面的な友人関係が不適応的であっても，相互に傷つけ合わないような性質は，お互いの受容感を高め，本人の自尊感情を高めるという適応的な面を持つ（岡田，2009）。さらに，高校生のメディア利用と友人とのかかわり方の調査では，携帯電話の高頻度利用者ほど，「友だちの数は多いほうがよく，どこになにをしに行くかによって，一緒に行く友だちを選ぶ」という選択的な人間関係が志向されている（岩田，2001）ことも明らかとなっている。

　一昔前は，青年の発達的変化に伴って狭く深い人間関係（落合・佐藤，1996）が志向されるようになることが指摘されていたが，現代の若者の対人関係はより広い選択肢を持ち，個々に必要以上に深入りしないことが特徴といえる。

2. 若者の対人関係能力は低下したのか？

　結論からいうと，若者の対人関係能力が以前より低下したかを，実証的に検討できてはいない。相川（1997）は，若者の対人関係能力が低下したのか，という問題提起に対して以下の3つの可能性を示している。①認知的な側面には変化はないが，行動的な側面が低下している可能性，②対人関係能力の特にうまい人と下手な人に二極化が進んだ可能性，③社会が高い水準の対人関係能力を要求するようになった可能性，である。そして特に③には2つの要因が影響を及ぼしていると推測する。第一に価値観が多様化し，集団規範の拘束力が弱まったこと，第二に産業構造の変化により第三次産業従事者が増えたこと，である。

対人関係能力の低下については確かなことはいえないが、対人関係（特に友人関係）が過去の基準から見ればあまり深まらず、その中で円滑な対人関係を実現させる能力をより高いレベルで有することが要求されている。

3. 個別的な SST から集団的な SST へ

社会的スキル・トレーニング（Social Skills Training; SST）は 3 つの潮流からなるとされる（津村，1994；相川，1994）。学習理論を背景とし，精神医学における行動療法と融合して，主に米国で対人的不適応の改善法（特に主張性訓練）として定着してきた流れ，英国でアーガイル（1967）を中心に行動的要素に認知的要素を加えた社会的スキル・モデルが提案され，そのモデルをベースに友情形成の観点からアプローチする流れ，レヴィン（Lewin, K.）のアクション・リサーチの流れを汲み，グループ・ダイナミックスの実践の場となった NTL（National Training Laboratory in group development）を基盤とする流れ，の 3 つである。ただし，NTL に端を発するグループワークは，その後，感受性訓練（Sensitivity Training）や組織開発（Organization Development），エンカウンター・グループ（Encounter Group），ラボラトリー・メソッドによる体験学習（Experiential Learning using the Laboratory Method; ELLM）といった多様な展開を遂げ，社会的スキルの訓練だけに留まらない，全人格的な成長・変容を視野に入れた立場をとった。その意味では，厳密には SST とは一線を画するものとして区別すべきである。

その後，SST はさまざまな目的のもとで実践・応用されてきた。栗林・中野（2007）は，SST を目的別に，治療的 SST，予防的 SST，自己啓発的 SST と分類している。SST は当初，対人的不適応の治療目的で実施されることが多かった。その後，特定の対象者に対する治療的な SST に加え，予防的な目的からより広範な対象者に SST が行われるようになった。特に日本では，2000 年以降，学力の低下，不登校や学級崩壊，引きこもり，対人関係の希薄化といったさまざまな教育問題が指摘され，その中で学校生活スキルやライフスキルの一部としてコミュニケーション・スキルが注目されるようになった。そのため学校教育の中で学級全体を対象に SST を実施する，SSE（Social Skills Education）や CSST（Class-wide Social Skills Training）の実践例が急激に増加した。加え

て，SSTをも含む，さらに大きな試みとして，社会心理学や教育心理学の知見に基づいて人間や社会に対する考え方の基礎を養う授業の効果についても検討が行われ始めている（出口ら，2010）。

その一方，高校生・大学生，社会人にとっても，就職のために企業や組織から厳しくふるいにかけられ，無事に就職できてもより高いレベルへのスキル・アップが求められる。その結果必然的に高いレベルのコミュニケーション・スキルが期待される。そのため，高等学校教育・大学教育，キャリア教育（たとえば楠奥，2009），新入社員教育などでも同種の取り組みが導入されつつある。そこで実施されるSSTは，自らのスキルを高めるためのもの，すなわち自己啓発的な意味合いを強く持つ。この自己啓発的SSTは，現役の社会人や高齢者にとってみれば，職場や家庭・地域の中で直面する，若者とそれより上の世代との間で顕在化する価値観や対人関係観のギャップ，コミュニケーション・ツールの多様化・複雑化に伴うコミュニケーション・スタイルの変化などを，市民教育の場の中で実感・理解し，考えるための機会ともなっている。そのような意味で，現代人にとって社会的スキル・トレーニングは，対人関係にかかわるリスク・マネジメントの一環だと捉えることができる。

本章では，このような背景を踏まえ，学級全体や希望者に対して広範囲に実施されるSST（予防的SSTと自己啓発的SST）について取り上げ，その効果に関する研究を概観する。以下では，SSTの実践とその効果測定に関する代表的な研究を，1）予防的SST（表10.1），2）自己啓発的SST（表10.2）で整理した。

第5節　予防的SSTと自己啓発的SST

小・中学校の学級単位を主な対象とした予防的SSTは，その目的を対人的不適応の予防に置いた教育的取り組みである。そのため，目標スキル（ターゲット・スキル）の明確化，絞込みがきちんとなされている。どのようなスキルを高めることの優先度が高く，どのような方法をとればその目標が達成できるのか，現場の教員や大学の研究者等の間で練られており，それに基づいたプログラム構成が行われる。

訓練の方法は，学習理論に基づくコーチングを応用した手法が主流である。コーチングを応用した SST は，訓練者が参加者に訓練の方法を教示した後，訓練者が模範となる振る舞いを示し（モデリング），それを参加者が模倣し（リハーサル），さらにそれを訓練者が評価し（フィードバック），参加者が実場面に活かせるように働きかける（般化），というステップを踏んで，新たな対人行動のレパートリーを身につけていく（相川，2000b）。特定の場面での振る舞い方を重点的に学習する方法といえる。

一方，大学生や社会人の集団単位を主な対象とした自己啓発的 SST は，その目的を自分自身のコミュニケーション・スタイルの見直し，自他の相違点の認識などに置いている。訓練の方法は，体験学習のために開発された実習（たとえば，津村・星野，1996; 柳原，1976）やそれをアレンジしたものがよく用いられる。各参加者が同一の課題に取り組む中で，参加者間にコミュニケーションが生まれ，コミュニケーションの性質や自他のコミュニケーション・スタイルに気づく機会が得られる。このような SST の場合，参加者が抱える対人的な課題は多様であり，それを予防的 SST のように共通目標に集約することは難しい。そのため，訓練プログラムの中で想定される目標スキルは抽象的で，具体的な目標設定は各参加者に任される。したがって，訓練者側にとっての自己啓発的 SST の目標は，集団全体の社会的スキルの底上げということになる。

なお，同様の実習課題が用いられているものの，津村（2002）や中尾（2004, 2005, 2006），中村（2010）の実践である ELLM と，それ以外の SST には方法論上の違いがある。ELLM は，実習のコンテンツではなく，実習の場を通したコミュニケーションのプロセスに注目することが重視され，他の参加者とのシェアリングや他の参加者からのフィードバックを得る機会が多く設定される。そのため，自他についての気づきは，自分自身で発見したもの以上に，他者からのフィードバックを通じて発見したものが多い。この点について津村（2004）や中村（2010）は ELLM の効果測定の中に「学習スタイル」に関する指標を導入し，ELLM に特有の訓練効果を検討している。ELLM は「積極的な実験を試行する」学習スタイルや，コミュニケーションにおけるプロセス重視の姿勢を強め，コミュニケーションの受動的参与のスタイル（藤本，2008）が高まるといった特有の効果を持つことを明らかにしている。ただし，ELLM 以

外の手法では学習スタイルやプロセス重視の姿勢に変化が起きないのか，検討されておらず，今後は訓練効果の差異をより明確にする比較検討が待たれる。

1. SST の効果

　予防的 SST では，自己評定以外に，教師評定，仲間評定等を導入し，複数の視点から参加者の訓練効果を把握することが試みられている。訓練効果については自己評定だけを見る限りは一貫しない。また教師評定については概して効果が確認できるが，実施者に教師がかかわることが多いため，実験者期待効果を考慮に入れる必要がある。

　一方，自己啓発的 SST では，効果測定の方法が自己評定に限定されている。そのため実証的な効果測定としては不十分なものが多い。ただし，自己啓発的 SST の目的は，本人の気づきを促すことにあると考えれば，参加者本人が納得し満足できていることが何よりの訓練効果であると見なしてもよいのかもしれない。いずれにしても，本人が事前に抱えていた（もしくは SST の初期に発見した）課題がなんであり，それを変容させたいのか，そして SST 後の変容に満足・納得しているのか，といった情報はどの研究でも十分収集できていない。また，効果測定で得られるデータの種類がどうしても少なくなるため，宮城ら（2004）や中尾（2006）が主張するように，SST 後の自由記述やインタビュー等からのデータについても重視すべきであろう。

　次に，訓練効果についてだが，全般的な社会的スキル，記号化スキル，解読スキル，日本的スキル（JICS［Takai & Ota, 1994］）などで，ほぼ共通して効果が確認されている。ただし，統制や感情処理といった調整的なスキルでは訓練効果が十分でない。それから，SST の波及的な効果として，シャイネス（後藤ら，2004）や対人不安（中村，2003）の低減にも効果があることが示されている。

　社会的スキル得点の変化を下位スキルごとに検討してみると，ポジティブな方向への訓練効果は参加者全体の 41％〜76％（栗林・中野，2007），41％〜74％（後藤・大坊，2009）で見られている。非言語的表出性を測定する ACT では 7 割以上の参加者の得点が向上し，逆に JICS の HRM（階層的関係調整）では 4 割程度の参加者にしか得点の向上が認められない点も両研究で共通して

いる。また社会的スキルの下位スキルの得点変化をクラスター分析した，後藤ら（2004）は，全般的に訓練効果が認められない者が3割強おり，後藤・大坊（2009）では，測定した社会的スキル尺度全般で訓練効果が認められる者は参

表 10.1　学級集団における

出典	参加者／分析対象者	方法／訓練者	目標スキルの選定
藤枝・相川（2001）	【実験群】小学4年生1学級（37名：M18, F19）【統制群】小学4年生1学級（38名：M19, F19）	各回（45分）×10回 ①教示，②モデリング，③リハーサル，④フィードバック 学級担任1名	学級担任との話し合いにより選定 ・なかまへの入り方 ・なかまのさそい方 ・やさしい言葉かけ ・あいてを思いやる ・じょうずなたのみ方 ・あたたかい断り方
後藤・佐藤・高山（2001）	研究Ⅰ【訓練群】公立小学校2年生1学級（37名：M19, F18）【統制群】公立小学校2年生1学級（38名：M20, F18）	各回（15～45分）×6回 コーチング法 ①教示，②場面提示，③登場人物の行動説明，④モデリング，⑤行動リハーサル，フィードバック，社会的強化，⑥自発的なスキル使用の奨励 訓練者1名	担任教師との面談を参考に選定 1 積極的な聞き方 2 好意的な言葉による働きかけスキル 3 感情を分かち合う（共感する）スキル
	研究Ⅱ【訓練群】公立小学校2年生1学級（37名：M19, F18）【統制群】公立小学校2年生1学級（38名：M19, F19）	各回（45分）×3回 コーチング法 ①教示，②場面提示，③登場人物の行動説明，④モデリング，⑤行動リハーサル，フィードバック，社会的強化，⑥自発的なスキル使用の奨励 訓練者1名	担任教師との面談を参考に選定 1 積極的な聞き方 2 暖かい言葉スキル 3 感情を分かち合う（共感する）スキル
江村・岡安（2003）	中学1年生4学級（133名：M73, F60）各学級単位で実施	各回（100分）×8回 ①教示，②モデリング，③リハーサル，④フィードバック，⑤社会的強化のための活動 学級担任各1名＋トレーナー（大学院生）各2名	教師との話し合いにより選定 ・自己紹介 ・仲間の誘い方 ・あたたかい言葉かけ ・協力を求める ・お互いを大切にする ・上手な断り方 ・気持ちのコントロール

加者の約1割で，その他の参加者は，全般的に変化が認められない（4割弱）か，比較的変化しやすい尺度での限定的な向上（4割強），一部得点の顕著な低下を含む（約1割）の3群に分類された。これらの結果は，SSTが集団全体の

予防的SSTの効果

効果測定の方法	訓練効果あり （主に実験群の効果に言及）	効果なし （▼負の効果）
事前1・事後1・事前2・事後2 統制群法 教師評定，自己評定 ※事後1と事前2の間に夏休みが入る	社会的スキルの教師用評定	社会的スキルの児童自己評定 目標スキルの児童自己評定
事前・事後 統制群法 自己評定	小学生用社会的スキル ・向社会的スキル（ただし，統制群＞訓練群）	小学生用社会的スキル ・引っ込み思案行動 ・攻撃行動
事前・事後 統制群法 教師評定，自己評定	教師用社会的スキル ・社会的スキル領域全般 ・協調 ・仲間強化 ・冷静な対処 小学生用社会的スキル ・向社会的スキル	教師用社会的スキル （社会的スキル領域） ・学業 ・社会的な働きかけ ・問題行動領域全般 ・妨害行動 ・引っ込み思案 ・攻撃行動 小学生用社会的スキル ・引っ込み思案行動 ・攻撃行動
事前・事中・事後・4ヶ月後 SST実施群のみ 自己評定	中学生用社会的スキル ・関係参加行動 ・関係向上行動 ・関係維持行動 中学生用メンタルヘルス ・ストレス反応 ・学校ストレッサー ・ソーシャルサポート 孤独感 不登校傾向 【クラスタ別に分析】 ・4クラスタを抽出（下降群・低得点上昇群・高維持群・高得点上昇群） ・参加者の45％がスキル上昇，31％が高得点を維持 ・低得点上昇群は孤独感が低減，友人サポート知覚が上昇 ・社会的スキルは3ヶ月後も維持	▼参加者の24％は下降群 ▼下降群は，介入前の時点で関係維持行動が低い

表 10.1 学級集団における

出典	参加者／分析対象者	方法／訓練者	目標スキルの選定
丸山・朴・芝・浅井・小林 (2003)	小学 4 年生 2 学級 (68 名：M33, F35)	各回（90 分）× 5 回 構成法 ①インストラクション，②エクササイズ，③シェアリング，④フィードバック リーダー 1 名，支援スタッフ 15 名前後（主に大学院生），スーパーバイザー 1 名	担任教師からの要望と児童の様子をふまえ選定 ・持続性 ・主体性 ・集団の凝集性
加藤・奥野・加川・浅井・小林 (2003)	小学 4 年生 2 学級 (70 名：M31, F39) 分析対象（質問紙）：57 名 分析対象（自由記述）：64,58 名	各回（90 分）× 5 回 構成法 ①インストラクション，②エクササイズ，③シェアリング，④フィードバック リーダー 1 名，支援スタッフ 9～15 名，スーパーバイザー 1 名	担任教師からの要望と児童の様子をふまえ選定 ・持続性 ・主体性 ・集団の凝集性
西岡・坂井 (2007)	【訓練学級】 小学校 4 年生 1 学級 (40 名：M19, F21) 【統制学級】 小学校 4 年生 1 学級 (39 名：M19, F20)	各回（45 分）× 4 回 ①導入，②モデリング，③リハーサル，④フィードバック，⑤セルフモニタリング 大学院生 4 名	先行研究をふまえ，担任教師との話し合いにより選定 ・上手な聴き方 ・あたたかい言葉かけ ・やさしい頼み方 ・上手な断り方
相川 (2008)	小学 4 年生 1 学級 (39 名：M20, F19)	各回（45 分）× 10 回 ①教示，②モデリング，③リハーサル，④フィードバック 学級担任 1 名	社会的スキル，攻撃性が共に低い児童に共通する苦手スキルを選定 ・話を聴くスキル ・気持ちに共感するスキル ・怒りをコントロールするスキル ・優しい頼み方のスキル ・友だちを励ますスキル
石川・岩永・山下・佐藤・佐藤 (2010)	【SST 群】 小学 3 年生 4 学級 (114 名：M62, F52) 【ウェイティングリスト群】 小学 3 年生 3 学級 (75 名：M33, F42) 各学級単位で実施	各回（45 分）× 5 回 コーチング法 ①教示，②場面提示，③登場人物の行動説明，④モデリング，⑤行動リハーサル，フィードバック，社会的強化，⑥自発的なスキル使用の奨励 大学院に在籍する教員 1 名＋6 名の補助のトレーナー	抑うつ予防に関する先行研究の知見に基づき選定 ・あたたかい言葉かけ ・上手な聴き方 ・上手な頼み方 ・上手な断り方

予防的 SST の効果（つづき）

効果測定の方法	訓練効果あり （主に実験群の効果に言及）	効果なし （▼負の効果）
事前・事後 SST 実施群のみ 自己評定	自由記述（感想） ・自由記述をもとに，各回でねらいとしたスキル行動の出現頻度を3名の合議により算出したところ，各回でねらいとしたスキル行動の出現頻度が高まった	社会的スキルの学習効果 ・持続性（高水準を維持） ・主体性（高水準を維持） ・集団の凝集性（高水準を維持）
事前・事後 SST 実施群のみ 自己評定	社会的スキルの学習効果 ・持続性 ・主体性 ・集団の凝集性 自由記述（感想） ・自由記述の内容を，3名の合議により6カテゴリに分類各カテゴリの分布割合を検討したところ，SST に対する肯定的感情や，体験することにより意欲が向上する傾向あり ・記述の質的変化を検討したところ，自由記述内容の複雑かつ多様になっており，感情を言語化する能力の向上あり	
事前・事後・3ヵ月後 SST 実施群のみ 自己評定	社会的スキル尺度 ・向社会的スキル：事前＜事後，事前＜フォロー	社会的スキル尺度 ・引っ込み思案行動 ・攻撃行動 ストレス反応尺度 ・身体的反応 ・抑うつ ・不安感情 ・不機嫌 ・怒り感情 ・無気力 セルフモニタリング・フェイズの効果はなし
事前・事後 SST 実施群のみ 教師評定，仲間評定，自己評定	社会的スキル（教師評定，仲間評定，自己評定） セルフコントロール（教師評定，自己評定）	攻撃性（自己評定） ※スキルの低い児童，高い児童で効果には大差なし
ウェイティングリストコントロール SST 群：事前，事後，3ヶ月後，進級後 WL 群：事前1，事前2，事後，進級後 自己評定	社会的スキル尺度　SST 群，WT 群とも，事後・フォロー＞事前 ・仲間強化　事後・フォロー＞事前 ・フォロー＞事前 ・規律性　事後・フォロー＞事前 ・フォロー＞事前 ・社会的働きかけ　事後に上昇傾向 ・先生との関係　事後に上昇傾向 ・葛藤解決　事後に上昇傾向 ・主張性　事後・フォロー＞事前 抑うつ尺度　SST 群，WT 群とも，事前＞事後 ・カットポイントを上回る児童の割合　SST 群でのみ有意に減少	

スキル・アップに寄与しているものの，個々のレベルでのポジティブな効果は約半数の参加者にしか表れていないことを示している。

ところで，中尾（2004，2005），渡辺・原田（2007），後藤・大坊（2009）等が指摘するように，社会的スキルの自己評定が SST 直後に一時的に低下することが頻繁に確認されている。この現象について，中尾（2004，2005）は，質問紙に答える際の評定基準が一時的に変化した可能性を指摘し，渡辺・原田（2007）は，社会的スキルの自己評定に実行できる自信度が反映されること，後藤・大坊（2009）は，SST の機会を通じて自分自身の欠点に気づき，それに直

表 10.2　自己啓発的

出典	参加者／分析対象者	方法／訓練者	ねらい
大坊・栗林・中野（2000）	大学 3 回生，3 年分（82 名：M16, F66）※社会的スキル実習	各回（90 分）× 13 回体験学習2 人 1 組，小集団，全体で行う課題を実施。実施後，解説。各年度実習担当者 3 名	社会的スキルの構成要因を幅広くカバーするように実習課題を選定
津村（2002）	【セメスター実験群】大学生（68 名：M18, F50）※人間関係プロセス論【集中実験群】大学生（45 名：M6, F39）※人間関係論	【セメスター実験群】各回（180 分）× 12 回【集中実験群】8 日間の集中実習ELLM小講義と実習による構成。その後「ふりかえり」「わかちあい」	【セメスター実験群】・グループ・プロセスの理解・グループ・プロセスに気づき，意識的に働きかける力をつくる・グループの中での私を育てる【集中実験群】・人間関係における基礎的なプロセスを体験しながら，学習者一人ひとりが自分自身の人間関係論を築くこと
福井・軸丸・尾原・倉島（2004）	大学生 3 回生 24 名※臨床心理学Ⅰ	各回（90 分）× 12 回体験学習	対人関係を促進できる能力の開発を通じて，他人と気持よい関係をつくるための技能を磨く
後藤・宮城・大坊（2004）	大学生（29 名：M7, F22）※参加希望者を募集	各回（90 分）× 9 回体験学習2 人 1 組，小集団，全体で行う課題を実施。実施後，解説。進行役 1 名＋スタッフ 1 名	大学生の基本的なコミュニケーション・スキルの見直しと向上という観点から実習課題を選定

面する可能性に言及している。同様の知見は，女性看護師を対象に感受性訓練の効果を検討した，星野・新井（1968）でも部分的に確認されており，自己認知が変容する過程でネガティブで不安になる時期があるという。仮にこの自己認知の一時的な落ち込みが，自意識が過敏で自己洞察に富む青年期の対象者に特有の現象であるとすると（中尾（2004），後藤・大坊（2009）は大学生以上を対象，渡辺・原田（2007）は高校生を対象としている），フォローアップの測定がより重要な意味を持つと考えられる。

SST の効果

効果測定の方法	正の訓練効果	効果なし（▼負の効果）
事前・事後 SST 実施群のみ 自己評定	ACT KiSS-18 ENDE2 ・記号化スキル ・解読スキル JICS ・自己抑制 ・階層的関係調整 ・対人感受性 ・あいまいさ耐性の低さ	JICS ・察知能力
事前・事後 ※通常の実習と短期集中実習を比較 自己評定	【セメスター実験群】 KiSS-18 ・コミュニケーションスキル ・援助スキル ・問題解決スキル ・ストレス処理スキル 【集中実験群】 KiSS-18 ・コミュニケーションスキル ・援助スキル ・ストレス処理スキル	【セメスター実験群】 ・感情処理スキル 【集中実験群】 ・問題解決スキル ・感情処理スキル
事前・事後 SST 実施群のみ 自己評定	KiSS-18，話し方聞き方の検討，人あたりのよさ，多次元共感尺度（視点の転換）から数項目ずつを選定 ・積極的関わり因子 ・感応力因子 ・伝達技能因子 ・応答性因子	
事前・事後・3ヶ月後 SST 実施群のみ 自己評定	ACT JICS ・察知能力 ・自己抑制 ・対人感受性特性シャイネス ※3ヵ月後の評定でも訓練効果が維持 【クラスタ別に分析】 ・6種類のクラスタを抽出した ・参加者のうち 19 名は何らかの指標で顕著な変化あり	JICS ・階層的関係調整 ・あいまいさ耐性の低さ 【クラスタ別に分析】 ・10 名には全般的に変化なし

表 10.2　自己啓発的

出典	参加者／分析対象者	方法／訓練者	ねらい
中尾（2004, 2005）	2004 短期大学1年生28名 ※人間関係トレーニング 2005 下降群のうち2名を追跡調査	各回（180分）×12回 ELLM 小講義と小グループでの実習による構成。その後「ふりかえり」「わかちあい」	他者と共に過ごすことを通して，自分や他者に気づく，一人一人と関わる体験をする
福井（2007）	【実験群】 大学3回生41名 ※臨床心理学Ⅰ 【統制群】 大学1回生97名 ※心理学	各回（90分）×13回 体験学習	相互に満足できる対人関係が促進できるコミュニケーション能力の開発を通じて，他人と気持ちよい関係をつくるための技能を磨く
栗林・中野（2007）	大学3, 4年生 （37名：M8, F29） ※社会的スキル実習	各回（90分）×13回 体験学習 2人1組，小集団，全体で行う課題を実施。実施後，解説。総じて18種類の課題を実施 実習担当者2名	社会的スキルの構成要因を幅広くカバーするように実習課題を選定
後藤・大坊（2009）	社会人（10-70代），5年分 （181名：M50, F131） ※放送大学面接授業	連続する2日間で実施 体験学習 2人1組，小集団，全体で行う課題を実施。実施後，解説。 各年度進行役1名＋スタッフ2～4名	自分の意思を的確に伝え，相手の意思を正確によみ取れることを中心とした基礎的な社会的スキルの向上・充実

2. より効果的な SST，より実証的な効果測定のために

(1) 行動目標の明確化　すでに述べたように，予防的 SST では目標スキルが明確に定められる。多くの実践では教員と研究者の間で合議がなされているが，理想をいえば，参加者の SST に対するニーズについてもあわせて把握しておきたい（たとえば，渡辺・原田，2007）。そうでなければ，教員・研究者側の掲げたニーズと児童生徒の求めるニーズとが一致しないことが起こりえる（中台ら，2003）。また自己啓発的な SST でも，参加者全体のニーズを把握した上で，それに見合った訓練内容が選定されることが望まれる。

また自己啓発的 SST の場合，実習の中で自分の気づいていなかった問題が

SSTの効果（つづき）

効果測定の方法	正の訓練効果	効果なし（▼負の効果）
事前・事後＋追跡調査 SST実施群のみ 自己評定 ※追跡調査は約1年7ヵ月後	【得点Up群，得点Down群別に分析】 ・13名がスキル上昇 ・Up群では，KiSS-18の下位スキル（葛藤処理スキル，課題達成スキル）が上昇	※KISS-18 【得点Up群，得点Down群別に分析】 ※12名がスキル低下（下降群），変化なしが3名 ※下降群では，KiSS-18の4下位スキル（コミュニケーションスキル，葛藤処理スキル，課題達成スキル，違いを受け入れるスキル）全て低下 ・追跡調査時に，事前の得点と同水準に戻る
事前・事中・事後 統制群法 自己評定	SSTS（Social Skills Training Scale） ・他者への配慮因子 中間＜事前，事後 ・感情的応答因子 事前，中間＜事後	SSTS（Social Skills Training Scale） ※親和的接近因子 事前＞中間，事後
事前・事後 SST実施群のみ 自己評定	ACT KiSS-18 ENDE2 ・記号化スキル ・解読スキル JICS ・察知能力 ・自己抑制 ・対人感受性 ・あいまいさ耐性の低さ	JICS ・階層的関係調整
事前・事中・事後 SST実施群のみ 自己評定	ACT JICS ・察知能力 ・自己抑制 ・階層的関係調整 ・対人感受性	JICS ・あいまいさ耐性の低さ 【クラスタ別に分析】 ・対象者の約4割は得点変化がほとんどない ※約1割は得点の低下が認められる

意識化され，問題意識が芽生えてくることがある。したがって，プログラムの前半部で自分自身のコミュニケーション・スタイルを振り返るような実習を積極的に取り入れ，それを個々の行動目標の明確化につなげることが有用であろう。ELLMでは，実習の参加者が開始当初に3人組を作り，各自の行動目標を共有し，その後実習の節目で集まり，その達成具合を確認しあう，ラーニング・トリオ（中村，2010）という手法が採用されている。このような取り組みも参考になる。

(2) 参加者のモチベーションの測定 SSTの効果の表れ方に大きな影響を与える要因に，参加者のSSTに対するモチベーションの問題がある。①本人

が自分の対人関係やコミュニケーションのスタイルに問題を感じ，②さらにその問題を解決したいと考えている，ことがSST効果をより高めるであろう。無論，社会的スキルはコミュニケーションを行う双方にとっての問題であるので，他者がある人の対人関係やコミュニケーションのスタイルに問題を感じ，それを解決したいと考えることもある。ただ，いずれの場合でも，本人が問題に気づき（問題を認め），それを変容しようとする必要性を感じなければ効果は上がらない。

久木山（2005）は，大学生を対象にKiSS-18の項目を利用して，社会的スキル改善意欲を調査し，社会的スキル改善意欲の高さが自尊感情や自己形成意識（可能性追求，努力主義）と正の相関関係にあり，友人関係形態の理想と現実が一致していない者は，一致している者に比べて社会的スキル改善意欲が高いことを報告している。社会的スキル改善意欲の測定と，(1)のような参加者のニーズ調査とを組み合わせることで，参加者の問題意識やモチベーションをより詳細に把握することができよう。

(3) 効果の般化と持続　SSTの短期的な効果は，多くの実践や実証研究でみとめられている。ただし，この効果を長期的に持続させ（持続性），訓練場面以外にも応用させる（般化）ための方法については，まだ検討途中である。

効果の持続性や般化を促進させる具体的な取り組みは予防的SSTで数例認められる。藤枝（2006）は，小学生を対象としたSSTの後に，教師や親が行動リハーサルとその評価（フィードバック）の機会を意図的に与える機会をつくるよう働きかけ，この手続きの有無が訓練効果に及ぼす影響を検討した。西岡・坂井（2007）は，SSTの各回終了時にセルフ・モニタリング調査用紙を配布し，学習したスキルを日常生活の中で実際に使用できた場合は用紙に記録するよう求め，次回にその成果について誉めたり，励ましたりする機会を設けた。渡辺・星（2009）も同様に，SSTの般化促進のためにセルフ・マネジメント方略を導入する条件を設け，学習した社会的スキルを実際に使用した場合，記録用紙に記入し，スキル遂行に対して肯定的なフィードバックを与える機会を持つことを奨励した。これらの取り組みの成果は，藤枝（2006）や西岡・坂井（2007）では顕著にはみとめられず，渡辺・星（2009）でのみ般化促進の効果が一部確認されている。

また，効果の持続性については，訓練後に一定期間をあけて，社会的スキル（主に自己報告）が再測定されるという手続きが一般的にとられている。フォローアップによる訓練効果の測定は，日常生活の他の要因による影響の可能性を排除することができないが，少なくとも SST 前の状態に逆戻りしていないか確認する機会となる。その意味では，社会的スキルも健康診断のように定期的に点検をして，日常の苦労で磨耗した部分を回復させるスパイラルを構築するような継続的な取り組みが必要なのかもしれない。現在のところ，集団的 SST の多くは，その場限りというのが現状で，その実践が小学校の 6 年間，大学生の 4 年間といった長期的なスパンの中で計画・実施されるまでには至っていない。今後は，対象者の発達段階や学齢，ライフスパン等に応じて中長期的な時間を視野に入れながら，SST が実施されることが望まれる。

(4) 効果測定の仕方　効果測定は，当初こそ 1 群プレ・ポストデザインが目立っていたが，その後は，多くの研究で，統制群を加えた 2 群プレ・ポストデザインが採用され，効果測定が行われている。また，統制群に対する教育的配慮から，SST の実施時期をずらして一時的に SST 実施群・未実施群を設定したり（石川ら，2010; 中村，2010; 吉田・古谷，2009），統制群法を用いずに，集団 SST による学級内での社会的スキル使用頻度が SST 前のベースラインに比べ増加したことを検討する，多層ベースライン法（寺内・加藤，2004; 水谷・岡田，2007）が用いられている先駆的な研究もある。

社会的スキルの測定方法についても工夫が見られる。たとえば，集団的 SST の効果測定として，被社会的スキル（社会的スキルを発揮した行動をクラス成員から受けたか）を測定し，その指標を学級としての社会的スキルの遂行度合いと見なすことが試みられている（水谷・岡田，2007）。また，社会的スキルの向上が集団への適応指標（たとえば，吉田・古谷（2009）の学級生活満足感，出口ら（2010）の学級適応感）に及ぼす影響も検討されている。

このように，効果測定に関する研究動向は，個人レベルでの効果の検討から，集団全体に対する効果の検討へ，社会的スキルそのものの変化の測定から，社会的スキルの変容を介した精神的健康への影響へと，多様な展開が見られる。今後は，SST が参加者個々やその集団に及ぼす影響をより精緻にモデル化し，それを検討するという方向が見通せるのではなかろうか。

おわりに

　本章の特徴はここ15年ほどの日本での社会的スキル・SST研究を極力領域にとらわれずにまとめた点にある。本章の後半で述べたように，予防的SSTは教育心理学の領域で，自己啓発的SSTは社会心理学の領域で展開され，両者は同じ俎上で議論されてきていない。こうして比較することで双方にとって有用なヒントが得られればと思う。なお，本章の内容についてより詳しくお知りになりたい方は，相川・津村（1996），菊池・堀毛（1994），相川（2009）を，また学級単位での社会的スキル訓練については，後藤ら（2001），金山ら（2004）をご覧いただきたい。

■引用文献

相川　充（1994）．イギリスの社会的スキル訓練　菊池章夫・堀毛一也（編著）　社会的スキルの心理学　川島書店　pp.242-253.

相川　充（1997）．提案論文（3）対人関係能力の向上への手立て（誌上シンポジウム）　名古屋大学教育学部紀要（教育心理学科），**44**, 17-24.

相川　充（2000a）．社会的スキルをトレーニングする　相川　充（著）　人づきあいの技術—社会的スキルの心理学　サイエンス社　pp.226-256.

相川　充（2000b）．社会的スキルを測る　相川　充（著）　人づきあいの技術—社会的スキルの心理学　サイエンス社　pp.163-200.

相川　充（2008）．小学生に対するソーシャルスキル教育の効果に関する基礎的研究—攻撃性の分析を通して—　東京学芸大学紀要　総合教育科学系，**59**, 107-115.

相川　充（2009）．新版　人づきあいの技術—ソーシャルスキルの心理学—　サイエンス社

相川　充・津村俊充（編）（1996）．社会的スキルと対人関係　誠信書房

相川　充・藤田正美（2005）．成人用ソーシャルスキル自己評定尺度の構成　東京学芸大学紀要第1部門教育科学，**56**, 87-93.

相川　充・藤田正美・田中健吾（2007）．ソーシャルスキル不足と抑うつ・孤独感・対人不安の関連：脆弱性モデルの再検討　社会心理学研究，**23**, 95-103.

相川　充・佐藤正二・佐藤容子・高山　巌（1993a）．社会的スキルという概念について—社会的スキルの生起過程モデルの提唱　宮崎大学教育学部紀要，**74**, 1-16.

相川　充・佐藤正二・佐藤容子・高山　巌（1993b）．孤独感の高い大学生の対人行動に関する研究—孤独感と社会的スキルとの関係—　社会心理学研究，**8**, 44-55.

Argyle, M.（1967）. *The psychology of interpersonal behaviour*. Penguin books.

Argyle, M., & Lu, L.（1990）. Happiness and social skills. *Personality and Individual Differences*, **11**, 1255-1261.

大坊郁夫（1991）. 非言語的表出性の測定：ACT 尺度の構成　北星学園大学文学部北星論集, **28**, 1-12.

大坊郁夫・栗林克匡・中野　星（2000）. 社会的スキル実習の試み　北海道心理学会第47回大会発表（北海道心理学研究, **23**, 22.）

出口拓彦・木下雅仁・吉田俊和（2010）.「人間や社会に対する考え方の基礎を養う」授業の効果に対する実験的検討　教育心理学研究, **58**, 198-211.

江村理奈・岡安孝弘（2003）. 中学校における集団社会的スキル教育の実践的研究　教育心理学研究, **51**, 339-350.

藤本　学（2008）. 会話者のコミュニケーション参与スタイルを指し示すCOMPASS　社会心理学研究, **23**, 290-297.

藤枝静暁（2006）. 小学校における学級を対象とした社会的スキル訓練および行動リハーサル増加手続きの試み　カウンセリング研究, **39**, 46-56.

藤枝静暁・相川　充（2001）. 小学校における学級単位の社会的スキル訓練の効果に関する実験的検討　教育心理学研究, **49**, 371-381.

藤森立男（2002）. 社会的スキル　古畑和孝・岡　隆（編）　社会心理学小辞典［増補版］有斐閣　p.105.

福井康之（2007）. 対人スキルズ・トレーニング―対人関係の技能促進修練ガイドブック―　ナカニシヤ出版

福井康之・軸丸清子・尾原喜美子・倉島さやか（2004）. 対人関係を促進できる能力の開発―体験学習の効果測定に関する研究―　日本人間性心理学会第23回大会発表論文集, 92-93.

Gambrill, E. D., & Richley, C. A.（1975）. An assertion inventory for use in assessment and research. *Behavior Therapy*, **6**, 547-549.

後藤　学・大坊郁夫（2003）. 大学生はどんな対人場面を苦手とし，得意とするのか？コミュニケーション場面に関する自由記述と社会的スキルとの関連　対人社会心理学研究, **3**, 57-63.

後藤　学・大坊郁夫（2009）. 短期的な社会的スキル・トレーニングの実践―社会人への適用を目指して―　応用心理学研究, **34**, 193-200.

後藤　学・宮城速水・大坊郁夫（2004）. 社会的スキル・トレーニングの効果性に関する検討―得点変化パターンにみる参加者クラスタリングの試み―　電子情報通信学会技術研究報告, **104**（198）, 7-12.

後藤吉道・佐藤正二・高山　巌（2001）. 児童に対する集団社会的スキル訓練の効果　カウンセリング研究, **34**, 127-135.

橋本　剛（2000）. 大学生における対人ストレスイベントと社会的スキル・対人方略の関連　教育心理学研究, **48**, 94-102.

肥田野直・岩原信九郎・岩脇三良・杉村　健・福原真知子（1970）. EPPS性格検査手引　日本文化科学社

堀毛一也（1994）．恋愛関係の発展・崩壊と社会的スキル　実験社会心理学研究, **34**, 116-128.
星野　命・新井弘子（1968）．人間関係訓練, 特にSensitivity Trainingの効果に関する一研究　国際基督教大学学報（I-A教育研究）, **13**, 132-157.
日向野智子（2006）．対人苦手意識と社会的スキルとの関連　パーソナリティ心理学会第15回大会発表論文集, 158-159.
日向野智子（2007）．対人苦手意識が社会的スキルに及ぼす影響―同性の苦手な友人と同性の友人との比較―　パーソナリティ心理学会第16回大会発表論文集, 150-151.
今津芳恵（2005）．社会的スキルの欠如が抑うつに及ぼす影響　心理学研究, **76**, 474-479.
稲垣宏樹・河合千恵子・石原　治・権藤恭之・下仲順子・中里克治・長田由紀子・蘭牟田洋美・高山　緑（2000）．中高年期の対人関係スキルに関する研究―社会的スキルとソーシャル・サポートの関連の検討―　日本心理学会第64回大会発表論文集, 1069.
石川信一・岩永三智子・山下文大・佐藤　寛・佐藤正二（2010）．社会的スキル訓練による児童の抑うつ症状への長期的効果　教育心理学研究, **58**, 372-384.
石川信一・山下朋子・佐藤正二（2007）．児童生徒の社会的スキルに関する縦断的研究　カウンセリング研究, **40**, 38-50.
岩田　考（2001）．携帯電話の利用と友人関係―〈ケイタイ世代のコミュニケーション〉―　深谷昌志（監修）　電子メディアの中の高校生　モノグラフ・高校生63　ベネッセ教育研究所　pp.12-33.
門田昌子・寺崎正治（2005）．パーソナリティと主観的幸福感との関連―対人相互作用におけるソーシャル・スキルの役割―　川崎医療福祉学会誌, **15**, 65-74.
金山元春・佐藤正二・前田健一（2004）．学級単位の集団社会的スキル訓練―現状と課題―　カウンセリング研究, **37**, 270-279.
加藤祐子・奥野香苗・加川栄美・浅井千秋・小林正稔（2003）．小学生を対象とした構成法によるソーシャルスキルの開発（3）　日本社会心理学会第44回大会発表論文集, 462-463.
菊池章夫（1998）．思いやりを科学する―向社会行動の心理とスキル　川島書店
菊池章夫（2007）．Kiss-18研究の現況　菊池章夫（編著）　社会的スキルを測る：KiSS-18ハンドブック　川島書店　pp.123-164.
菊池章夫・堀毛一也（1994）．社会的スキルとは　菊池章夫・堀毛一也（編著）　社会的スキルの心理学　川島書店　pp.1-22.
菊池章夫・田中健吾（2007）．資料　菊池章夫（編著）　社会的スキルを測る：KiSS-18ハンドブック　川島書店　pp.V-XIII
経済産業省（2006）．社会人基礎力に関する研究会「中間取りまとめ」報告書
厚生労働省（2004）．『若年者の就職能力に関する実態調査』結果
国立教育政策研究所生徒指導研究センター（2002）．児童生徒の職業観・勤労観を育む教育の推進について（調査研究報告書）
久木山健一（2005）．青年期の社会的スキル改善意欲に関する検討　発達心理学研究, **16**, 59-71.

栗林克匡 (2002). 恋愛における告白の状況と個人差（シャイネス・社会的スキル）に関する研究　北星論集（社), **39**, 11-19.

栗林克匡・中野　星 (2007). 大学生における社会的スキル・トレーニングの成果と評価　北星論集（社), **44**, 15-26.

今野裕之 (1991). 対人円滑性尺度の開発　日本心理学会第55回大会発表論文集, 709.

今野裕之 (1992). 対人関係における社会的スキルの機能―対人欲求・対人満足度との関連から―　日本心理学会第56回大会発表論文集, 195.

楠奥繁則 (2009). ラボラトリー・メソッドによる体験学習が進路選択セルフエフィカシー向上に及ぼす効果―ラボラトリー・メソッドによる体験学習を導入したR大学の「人材開発論」での事例研究―　経営行動科学, **22**, 255-265.

丸山絵美子・朴　勝玉・芝　太郎・浅井千秋・小林正稔 (2003). 小学生を対象とした構成法によるソーシャルスキルの開発（2）　日本社会心理学会第44回大会発表論文集, 460-461.

松井　豊 (1990). 友人関係の機能　斎藤耕二・菊池章夫（編）　社会化の心理学ハンドブック　川島書店　pp.283-296.

宮城速水・後藤　学・大坊郁夫 (2004). 社会的スキル・トレーニングの「ふりかえり」に関する研究　日本社会心理学会第45回発表論文集, 572-573.

水谷拓也・岡田守弘 (2007). 集団社会的スキル訓練が児童および学級集団に及ぼす効果の検討―多層ベースライン法の利用，および集団変容が個人に及ぼす影響と学級集団規範の形成に着目して―　横浜国立大学教育人間科学部紀要（Ⅰ教育科学), **9**, 1-22.

文部科学省中央教育審議会 (2008). 学士課程教育の構築に向けて（答申）

村山　綾・大坊郁夫 (2004). 集団討議における課題葛藤処理方略の特定　対人社会心理学研究, **4**, 100-106.

中村和彦 (2003). 体験学習を用いた人間関係論の授業が学習者の対人関係能力に及ぼす効果について―社会的スキル・対人不安などへの効果および学習スタイルと効果との関連―　アカデミア（人文科学系), **76**, 103-141.

中村和彦 (2010). ラボラトリー方式の体験学習がSSTと異なるのは？―社会的スキル以外の側面への影響　日本グループ・ダイナミックス学会第57回大会発表論文集, 46-47.

中尾陽子 (2004). ラボラトリ・メソッドによる体験学習が社会的スキルに及ぼす影響　日本心理学会第68回大会論文集, 118.

中尾陽子 (2005). ラボラトリ・メソッドによる体験学習が社会的スキルに及ぼす影響2　日本心理学会第69回大会論文集, 159.

中尾陽子 (2006). ラボラトリー方式の体験学習が自己および他者理解に及ぼす影響　日本心理学会第70回大会論文集, 282.

中台佐喜子・金山元春・斉藤由里・新見直子 (2003). 小，中学校教諭と中学生に対する社会的スキル教育のニーズ調査　広島大学大学院教育学研究科紀要, **52**, 267-271.

西岡慶樹・坂井　誠 (2007). 小学校における社会的スキル訓練の臨床的研究―セルフモニタリング・フェイズを取り入れたSSTの検討　愛知教育大学研究報告（教育科学

編), **56**, 37-45.

落合良行・佐藤有耕 (1996). 青年期における友達とのつきあい方の発達的変化 教育心理学研究, **44**, 55-65.

大嶽さと子 (2003). 児童の社会的スキルに関する考察—遊び場面での対人葛藤状況における方略を通して— 日本社会心理学会第44回発表論文集, 470-471.

岡田 努 (1995). 現代大学生の友人関係と自己像・友人像に関する考察 教育心理学研究, **43**, 354-363.

岡田 努 (2007). 大学生における友人関係の類型と，適応及び自己の諸側面の発達の関連について パーソナリティ研究, **15**, 134-148.

岡田 努 (2009). 現代青年の傷つけ合うことを回避する傾向についての研究 日本教育心理学会第51回総会発表論文集, 27.

岡村寿代・清水健司 (2009). 社会的スキルの欠如がストレス反応に及ぼす影響 パーソナリティ研究, **17**, 314-316.

Segrin, C. (1996). The relationship between social skills deficits and psychosocial problems: A test of a vulnerability model. *Communication Research*, **23**, 425-450.

下村文子・吉田 薫・横山奈緒枝・細川つや子・田中共子 (2005). 高齢者との交流に必要なソーシャルスキル：研究課題の展望 岡山大学大学院文化科学研究科紀要, **19**, 191-206.

篠原一光・三浦麻子 (1999). www掲示板を用いた電子コミュニティ形成過程に関する研究 社会心理学研究, **14**, 144-154.

菅原健介 (1986). 賞賛されたい欲求と拒否されたくない欲求—公的自己意識の強い人に見られる2つの欲求について— 心理学研究, **57**, 134-140.

鈴木 聡・庄司一子 (1990). 子どもの社会的スキルの内容について 教育相談研究, **28**, 24-32.

Takai, J., & Ota, H. (1994). Assessing Japanese interpersonal communication competence. *Japanese Journal of Experimental Social Psychology*, **33**, 224-236.

丹波秀夫・小杉正太郎 (2006). 大学生の社会的スキルがライフイベントの体験に及ぼす影響 社会心理学研究, **22**, 116-125.

田中健吾・相川 充・小杉正太郎 (2002). ソーシャルスキルが2者間会話場面のストレス反応に与える効果に関する実験的検討—2者間のソーシャルスキルにおける相対的差異の影響— 社会心理学研究, **17**, 141-149.

田中健吾・小杉正太郎 (2003). ソーシャルスキル・コーピング方略の組み合わせがストレス反応に及ぼす影響 日本社会心理学会第44回大会発表論文集, 468-469.

谷村圭介・渡辺弥生 (2008). 大学生におけるソーシャルスキルの自己認知と初対面場面での対人行動との関係 教育心理学研究, **56**, 364-375.

寺内 真・加藤哲文 (2004). 集団社会的スキル訓練が児童の対人行動に及ぼす効果 上越教育大学心理教育相談研究, **3**, 1-12.

戸ヶ崎泰子・坂野雄二 (1997). 母親の養育態度が小学生の社会的スキルと学校適応に及ぼす影響—積極的拒否型の養育態度の観点から 教育心理学研究, **45**, 173-182.

津村俊充 (1994). 社会的スキルの訓練 菊池章夫・堀毛一也 (編著) 社会的スキルの

心理学　川島書店　pp.220-241.
津村俊充（2002）．ラボラトリ・メソッドによる体験学習の社会的スキル向上に及ぼす効果―社会的スキル測定尺度KiSS-18を手がかりとして―　アカデミア（人文・社会科学編），**74**, 291-320.
津村俊充（2004）．ラボラトリー・メソッドによる体験学習の効果に関する研究―社会的スキル尺度KiSS-18と学習スタイル得点の変化より―　日本社会心理学会第45回大会発表論文集, 594-595.
津村俊充・星野欣生（1996）．Creative human relations　プレスタイム
上野行良・上瀬由美子・松井　豊・福富　護（1994）．青年期の交友関係における同調と心理的距離　教育心理学研究, **42**, 21-28.
和田　実（1992）．ノンバーバルスキルおよびソーシャルスキル尺度の改訂　東京学芸大学紀要　第1部門（教育科学）, **43**, 123-136.
和田　実（2003）．社会的スキルとノンバーバルスキルの自他認知と心理的適応の関係　カウンセリング研究, **36**, 246-256.
渡部玲二郎（1999）．対人関係能力と対人欲求の関係　心理学研究, **70**, 154-159.
渡邊朋子・岡安孝弘・佐藤正二（2002）．子ども用社会的スキル尺度作成の試み（1）　日本カウンセリング学会第35回大会発表論文集, 93.
渡辺弥生・原田恵理子（2007）．高校生における小集団でのソーシャルスキルトレーニングがソーシャルスキルおよび自尊心に及ぼす影響　法政大学文学部紀要, **55**, 59-72.
渡辺弥生・星雄一郎（2009）．中学生対象のソーシャルスキルトレーニングにおけるセルフマネジメント方略の般化促進効果　法政大学文学部紀要, **59**, 35-49.
Wheeler, L., & Nezlek. J. (1977). Sex differences in social participation. *Journal of Personality and Social Psychology*, **35**, 742-754.
柳原　光（1976）．Creative O. D.　プレスタイム
吉田和樹・古谷嘉一郎（2009）．集団SSTが児童の社会的スキルと学級生活満足感に及ぼす効果　日本社会心理学会第50回大会・日本グループ・ダイナミックス学会第56回大会合同大会発表論文集, 414-415.

コラム 10　ネットワーク社会への適応

　集団生活への適応を志向する人間にとって，他者からの受容を求めて社会的ネットワークを形成することは，幸福な人生を送る上で重要な意味を持つ。特に，近年のコミュニケーション・テクノロジーの発達や，国境を越えてグローバル化する人々の交流は，私たちが多様な社会的ネットワークを形成する機会を新たにもたらしている。その一方で，インターネットの普及に伴うコミュニケーションの負担感の高まりや，社会のグローバル化の流れに取り残されることは，人々の社会的な結びつきを弱め，他者への信頼感の低下をもたらすことにもつながる。このコラムでは，ネットワーク社会における適応について，日本における携帯メール依存と社会的ネットワークの様態から考えてみたい。

携帯メール依存

　五十嵐ら（Igarashi et al., 2008b）は，日本の高校生を対象として携帯メール依存に関する調査を行い，多くの友人と活動的にやり取りを行う結果，携帯メールに依存した状態になる「外向的依存」と，神経症傾向が強く，他者との関係性に敏感になるあまり，束縛感を抱きながらも携帯メールに依存する「神経症的依存」の2つのタイプがあることを明らかにした。携帯メールはコミュニケーションの利便性を高める一方で，返信の遅れなどによる仲間からの制裁を警戒する緊張状態をもたらし，かえって人間関係への閉塞感や束縛感を高めることにもつながる。高度に情報化された現代社会において，安らぎや幸福をもたらす社会的ネットワークを維持することは，案外難しいのかもしれない。

社会的ネットワークの国際比較

　日本人と他国の人々との間で，他者に対する信頼感や社会的ネットワークの様態には，どのような違いがみられるのだろうか。五十嵐ら（Igarashi et al., 2008a）は，オーストラリア，イギリス，ドイツ，日本，韓国の大学生を対象として，一般的信頼（見知らぬ相手を含めた他者一般を信頼する傾向），間人主義傾向（親しい知り合いとの関係性を重視する程度），ネットワークの同質性（自分と友人が類似した価値観や態度をもつ程度）をそれぞれ比較した（図1）。日本は，一般的信頼とネットワークの同質性が5ヶ国の中でもっとも低く，間人主義傾向もイギリス・韓国と比べて有意に低かった。つまり，他国と比べて，日本では他者への信頼感が全般的に低く，個人の価値観に基づいて友人を選択する傾向も弱かったのである。グローバル化が進展し，多様な人々とのコミュニケーションの機会が増える現代社会において，日本人がさらなる幸福を追求するためには，信頼できる他者を見極め，個人の価値観に基づいて自律的に社会的ネットワークを形成することが，ますます重要となるであろう。

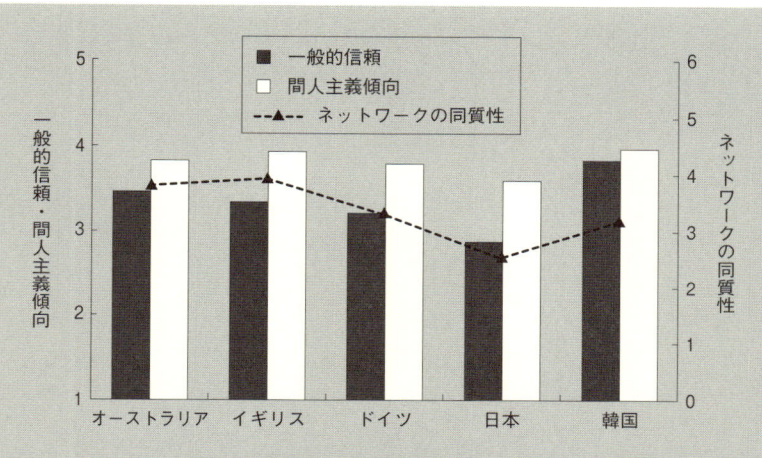

図1 各国の一般的信頼，間人主義傾向，ネットワークの同質性
(Igarashi et al., 2008a を改変)

引用文献

Igarashi, T., Kashima, Y., Kashima, E. S., Farsides, T., Kim, U., Strack, F., et al. (2008a). Culture, trust, and social networks. *Asian Journal of Social Psychology*, **11**, 88-101.

Igarashi, T., Motoyoshi, T., Takai, J., & Yoshida, T. (2008b). No mobile, no life: Self-perception and text-message dependency among japanese high school students. *Computers in Human Behavior*, **24**, 2311-2324.

11 文化における社会的スキルの役割

第1節 文化と社会的スキル

　人間は文化の中で生きるといわれている。文化はわれわれを取り巻く環境を作り出し，われわれの行動パターンを規定している。文化とは，ある集団のメンバーによって幾世代にもわたって獲得され蓄積された知識，経験，信念，価値観，態度，社会階層，宗教，役割，時間・空間関係，宇宙観，物質所有観といった諸相の集大成である（岡部，1996）。文化はまた物質・行動・精神という3つのカテゴリーに分類されている。物質の文化は衣食住に代表される顕在的な人工物であり，行動の文化は言語行動，非言語行動といったものであり，精神の文化は五感を通じての知覚・認知様式，価値観，世界観，態度，思考様式といったものである（石井，2001）。文化の特徴としては，学習されるもの，集団によって共有されているもの，普段意識しないもの，そして世代から世代へ受け継がれるもの（八代ら，2001）がある。

　「文化」をめぐるこれまでのいくつかの体系的な捉え方について，以下に紹介する。

1. 文化の捉え方

　トリアンディス（Triandis, 1995）は個人主義-集団主義（individualism-collectivism）の次元を提案した。個人主義の社会では，人と人との結びつきは弱く，個人が集団から独立していると見なされている。一方，集団主義の社会では，人々は密接につながっていて，個人が自分を単数あるいは複数の集団

（家族，同僚，会社，部族，国家など）の一部であると位置づけられる。さらに，トリアンディス（Triandis, 1995）は，個人主義と集団主義は同じ文化内に共存し，文化によってどちらかが強調される，と主張している。このことを前提に，個人が独立か相互依存か，そして考えが同一か異質かという観点により，自己が捉えられる。これらのことが組み合わされ，水平的個人主義（独立／同一）と水平的集団主義（相互依存／同一），そして垂直的個人主義（独立／異質）と垂直的集団主義（相互依存／異質）という分類ができる。集団主義文化において，水平的というときには，そこに社会的連帯の感覚や内集団成員との一体感がある。一方，垂直的というときには，内集団に仕えるという感覚や内集団の利益のために犠牲になるという感覚，義務で行うという感覚がある。個人主義であれ集団主義であれ，垂直次元では，不平等が認められ，地位に特権が認められる。一方，水平次元では，人々はほとんどの特質において，特に地位において同等であるべきことが強調される。これまでの「個人主義－集団主義」の研究の流れの中では，一般的に，西洋諸国（アメリカ，ヨーロッパ諸国など）が個人主義的，東洋諸国（中国，日本，韓国など）が集団主義的だと位置づけられている。たとえば，中国と日本の比較では，日本は，25%が水平的集団主義，50%が垂直的集団主義で，中国は，30%が水平的集団主義，40%が垂直的集団主義であり，両者はかなり類似している。

　また，コミュニケーションによる意思伝達の文化差という観点により，ホール（Hall, 1976）は文化に関して，高コンテキスト－低コンテキストの次元を提案した。コンテキストとは，コミュニケーションが起こる物理的，社会的，心理的，時間的な環境のことである。コンテキストは文化の規定により，刺激から特定のものを効率的に選び出し，それに定まった意味を付与する。その中で，人との相互作用で，敏感に相手の言葉以外のメッセージを推測して，相手とやりとりのできる文化，すなわち刺激の選択性が高い文化は高コンテキスト文化とされ，その反対は，低コンテキスト文化とされる。図11.1のように，対人的相互作用の中で，相手が伝えようとする意味を理解するのに，相互作用のコンテキストに頼るほど，高コンテキスト文化であり，これに対して，意味を理解するのに，相手から伝わってきた（言語）情報に頼るほど，低コンテキスト文化である。

高コンテキスト文化のコミュニケーションの特徴として，情報の多くが物理的環境，あるいはコミュニケーション自身に内包されていることがあり，メッセージは高度に包括的である。このような文化では，人間関係が錯綜し，集団の凝集性が高く，情報が広くメンバー間で共有され，単純なメッセージでも深い意味を持ちえ，行動規範が伝統的に確立されており，コミュニケーションの形式が明確に規定されている（岡部，1996）。中国，日本などの東洋文化の国はこの高コンテキスト文化に属する。一方，低コンテキスト文化のコミュニケーションの特徴としては，メッセージが外面に明らかにされており，メッセージは明確である。このような文化では，個人の疎外・離散が顕著で，メンバー間で共有される前提が限定されていて，人々が状況にある細かい情報に気を配らず，言葉そのものに注意し，言語的なコミュニケーションの手段に高く依存する（岡部，1996）。欧米諸国の多くはこの低コンテキスト文化に位置づけられている。

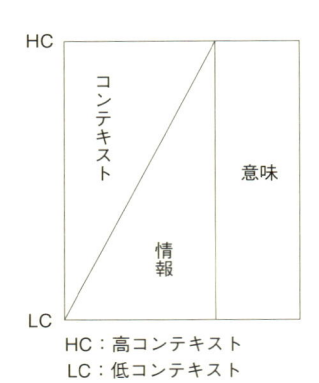

図11.1　高コンテキスト文化と低コンテキスト文化（Hall, 1976）

HC：高コンテキスト
LC：低コンテキスト

　トリアンディスやホールのように文化をある類型に定義するのに対して，ベリー（Berry, 1969, 1989）は文化現象の捉え方について提案した。その提案は「文化的共通性と特有性（etic-emic）」というアプローチである。文化的共通性と特有性は，音声学（phonetics）と音韻論（phonemics）で説明しているすべての言語に共通する音素と特定の言語のみの音素の違いに由来し，心理学の研究に応用されるものである。文化的共通性アプローチでは，複数の文化を比較しながら，観察者自身の文化的基準で観察し，観察内容は絶対的で文化普遍的であると解釈される。これに対して，文化的特有性アプローチでは，1つの文化の行動を，そのシステム内部から観察し，観察されることはその文化の基準で理解される。トリアンディスら（Triandis et al., 1993）は，1つの文化をより完全に描くには，文化的共通性と特有性の2つの視点を共に持つ必要があると主張している。その一方で，文化的共通性よりも文化的特有性を重視することによって，ある文化によって作り出される現象をより特徴的に描くことがで

きるという考え方もある。

2. 社会的スキルの適切性と妥当性および文化との関係

　社会的スキルとは，対人関係を円滑に運ぶのに役に立つスキルである。「円滑」ということは，ある対人的目的が達成できると同時に，達成までのプロセスが順調であることを意味する。ボーチネルとケリー（Bochner & Kelly, 1974）は，この「目的の達成」と「順調さ」を社会的スキルの「効果性（effectiveness）」と「適切性（appropriateness）」と呼んでいる。「効果性」とは，対人行動の過程において，相手との関係における目標を達成する度合いを表す。これに対して，「適切性」とは，その対人行動が相互作用にまつわる社会的ルールにどれだけ合致しているのかを意味する（Reardon, 1987）。すなわち，効果性は報酬を求め，罰を回避するという自己の欲求の充足（個体内適応）の次元であり，適切性は周囲との折り合い（個体間適応）の次元である。両者のバランスがいかにとれるかにより，社会的スキルの高さが決まってくる（高井，1996; 相川，2009）。高井（1996）は，友人から1万円を借りるという対人的目的を達成するために，丁寧な言葉づかいで理由を説明し，返却期限まで約束する方法と，相手を脅して奪うに近いやり方という2つの方法を例に，「効果性」と「適切性」を説明した。いずれの方法でも，「1万円を借りる」という対人的目的を達成できる，つまり，どの方法も「効果性」を有する。しかし，一般的な社会的常識に合う借り方は明らかに前者のやり方であり，相談して借りることは「適切性」を有することとなる。

　このような2つの次元のうち，目標達成を目的とする「効果性」よりも，スムーズさを求める「適切性」の方が文化との関連が深い。「適切性」はある特定の国や文化の枠内で重要な意味を持つことになる。たとえば，「個人主義文化」（Triandis, 1995）かつ，「低コンテキスト文化」（Hall, 1976）とされるアメリカで生活するには，自己を大事にし，物事をはっきり主張するスキルがもっとも重要であるといわれている（高井，1994）。しかし，周りの人との協調や曖昧性を大事にする「集団主義文化」，そして「高コンテキスト文化」の日本においては，アメリカで是とするスキルが必ずしも望ましいものであるとは考えられない。日本でアメリカ的スキルを発揮することによって，自己中心的な者と見な

され，自分と他者との関係を断ち切る危険性がもたらされる。すなわち，特定の国や文化でより高度な対人関係を構築するには，「ご当地」の歴史や風土に育まれた「スキル」の方がより重要なのである。

3. 文化的共通性と特有性に規定される社会的スキル

文化的共通性と特有性のアプローチを用いて社会的スキルを考えた場合，社会的スキルは「文化共通的な社会的スキル」と「文化特有の社会的スキル」に分けることができる。前者はどの文化にでも必要で，文化を越えた文化間で適用可能な社会的スキルであり，後者はある特定の文化において必要で，文化限定的で，他文化ではあまり意味を持たない社会的スキルである。

ここでは，社会的スキルの内容を示す既存の社会的スキル尺度に関する研究を概観しながら，「文化共通的な社会的スキル」と「文化特有の社会的スキル」を考えたい。

1つの文化で開発された社会的スキル尺度が他の文化においても適用できることは「文化共通的な社会的スキル」の存在を裏づけている。たとえば，フリードマンら（Friedman et al., 1980）は，アメリカ人を対象に，非言語的な感情の表出性を表す社会的スキル尺度（Affective Communication Test：ACT）を作成した。大坊（1991）はこの尺度を日本人に適用した。尺度の内容や得点の分布，そして性差がないなどの客観的な指標により，ACTは日本人の非言語的な感情表出の測定に適していると結論づけられた。この尺度はまた中国人にも適用することができた（Mao & Daibo, 2006）。

また，菊池（1988）は，アメリカの臨床心理学者ゴールドスタインら（Goldstein et al., 1980）が作成した「若者のための社会的スキル」というリストに基づき，社会的スキルの全般を代表する18項目からなるKiSS-18（Kikuchi's Scale of Social Skills: 18 items）という尺度を作成した。毛（2005，2007）や毛・大坊（2007a）では，この尺度を中国人の高校生や大学生への適用可能性を探った。尺度として用いることができるかどうかにかかわる信頼性（内的整合性，再テスト安定性）は，十分高い値に達しており，大学生のサンプルでは，ほかの社会的スキル尺度と論理的相関関係を有しており，適用の妥当性も十分にあると考えられる。

一方，ある特定の文化に焦点を当て，その文化にとって独自な対人関係の特徴を明らかにし，「文化特有の社会的スキル」を明らかにする試みも多くある。

　堀毛（1987，1988）は，日本人は他者に対して否定的な意見・感情を表出せず，誰とでも円滑な関係を保つことを重視する「人あたりの良さ」の傾向を取り上げ，「人あたりの良さ尺度（HIT-44）」を作成した。堀毛（1994）によれば，この尺度は同調性，素直さ，自己抑制，解読，客観性，印象管理，情緒安定，打ち解け，機知性の9つの内容で構成されており，同調性，素直さ，自己抑制の3つの内容には日本的なコミュニケーションの特徴がよく現れている。さらに，9つの内容は「記号化」，「解読」，「感情統制」という3つのカテゴリーに集約することができ，リジオ（Riggio, 1986）の指摘している記号化，解読，感情統制というスキルの種別とある程度対応しているとされる。サブスキルとして捉えられる具体的な行動には文化の影響がみられ，基本にあるメタ・スキルの構造は文化的な共通性を持っているとされる。

　日本人の社会的スキルに焦点を当てるもう1つの検討として，高井と太田（Takai & Ota, 1994）が開発した日本的対人コンピテンス尺度（Japanese Interpersonal Competence Scale: JICS; 表11.1）があげられる。この尺度は日本人論に関する諸研究から由来する「日本的」対人行動のまとめを参考に作

表11.1　日本的対人コンピテンス尺度（JICS）の項目の代表例（Takai & Ota, 1994）

察知能力（Perceptive Ability:PA） 相手から明確な返事がもらえなくても，大体どのような返事が意図されているのかがわかる 何か婉曲に示唆されていることにすぐ気づく
自己抑制（Self-Restraint:SR） 強い反対意見をもっていても，それを表現せずに抑えて周囲の人に協調することができる 嫌いな相手とつきあうときに，相手に対する自分の本心が伝わらないようにすることができる
上下関係への調整能力（Hierarchial Relationship Management:HRM） 上司・先生・先輩には常に敬語で接するように心がけている 重要なことを目上の人に話す場合，適切な場所と時を難なくわきまえることができる
対人感受性（Interpersonal Sensitivity:IS） 好きな異性に自分の気持ちをさりげなくわかってもらえるようにすることに自信がある 相手に話しにくいことでも，婉曲に示唆して伝えることができる
あいまいさへの耐性（Tolerance for Ambiguity:TA） 自分の感情を素直に表さない相手は苦手である 相手と意見が対立したとき，自分の意見を主張しないと気がすまない

成された。日本人の対人的能力として，間接的メッセージを認知する能力に関する「察知能力（Perceptive Ability: PA）」，本当の感情を隠し，自己主張を抑える「自己抑制能力（Self-Restraint: SR）」，目上の人との適切な相互作用ならびに言語使用に関する「上下関係への調整能力（Hierarchial Relationship Management: HRM）」，言葉でないメッセージの授受に関する「対人感受性（Interpersonal Sensitivity: IS）」，あいまいな態度を必要とする相互作用スキルに関する「あいまいさへの耐性（Tolerance for Ambiguity: TA）」という5つの下位因子にまとめられた。

一方，毛と大坊は，中国の儒教の文化で強調されている「和」や「仁」などの考え方のもとで，一連の研究を展開し，中国人の社会的スキルの内容を明らかにした。毛・大坊（2006）は，まず在日の中国人留学生と在中国の日本人留学生を対象に，中国人の対人関係の特徴に関する自由記述調査を行い，中国人の社会的スキルに関する項目をまとめた。そして，これらの項目をもとに，毛・大坊（2005a,b）や毛と大坊（Mao & Daibo, 2006）は，中国人大学生を対象に，質問紙調査を行い，中国人大学生社会的スキル尺度（Chinese University-students Social Skills Inventory: ChUSSI; 表11.2）を作成した。この尺度では，中国人大学生の社会的スキルは「相手の面子（Partner's Mianzi: PM）」，「社交性（Sociability: SA）」，「友達への奉仕（Altruistic Behavior: AB）」，「功利主義（Connection Orientation: CO）」という4つの因子からなるものとしている。「相手の面子」因子は「相手のことを尊重するように気をつけている」，「相手の面子をつぶさない」などの項目によって構成され，対人関係において，相手の面子を重んじる傾向を反映している。「社交性」因子は「人と一緒にいる時，共通の話題をすぐ見つけることができる」，「人見知りをせず，どこまでもとびこんでいける」などの項目によって構成され，個人が積極的に他者とコミュニケーションを行う傾向を反映している。「友達への奉仕」因子は「友達と一体感をもってつき合う」，「友達が困っている時，力を貸してあげる」などの項目によって構成され，対人関係において他者を助けたりする行動の傾向を反映している。「功利主義」因子は「普段，私はできるだけたくさんのコネを作るように心がけている」，「私は人脈を重視する方である」などの項目によって構成され，対人関係において極力自分のネットワークを拡張する行動を反映している。

表 11.2　中国人大学生社会的スキル尺度（ChUSSI）の項目 (Mao & Daibo, 2006)

第 1 因子：相手の面子（Partner's Mianzi: PM）（α =.89）

q85　相手のことを尊重するように気をつけている。
q72　私はいつもへりくだった態度でいるように心がけている。
q75　相手の面子を潰さない。
q25　私は相手の意見を尊重するほうである。
q63　つき合う相手の短所に触れることを極力避ける。
q28　できるだけ相手が嫌がる話題や相手と意見対立しそうな話題を避ける。
q65　いつも相手の面子を立てるよう心がけている。
q38　いつも笑顔で人とつき合う。
q50　物腰が柔らかいとよく言われる。
q83　目上の人に常に敬意を表す言葉遣いをする。
q36　相手に遠慮する。
q37　人のプライベートなことにあまり触れない。
q88　いろいろ考えて，最も妥当な方法で目上の人や友達とつき合う。
q79　人と比べて，喧嘩したりなど争いごとが多い。*
q86　いつも人と協調するように心がけている。
q89　ばつが悪いとき，私はいつも相手に引っ込みがつくようにする。
q52　人づき合いの中で，私はとても我慢強いほうである。
q53　話をしている相手の長所によく触れる。
q13　私はいつも相手の立場に立って物事を考える。

第 2 因子：社交性（Sociability: SA）（α =.86）

q41　人と一緒にいるとき，共通の話題をすぐ見つけることができる。
q09　見知らぬ人とでも，すぐ仲良くなる。
q78　人見知りせず，どこでもとびこんでいける。
q06　私は，周りの人の感情をどうすればうまくコントロールできるかを知っている。
q10　人に暖かく接する。
q21　自ら人と親しくなろうとしない。*
q74　いろいろな人とつながりを持っている。
q90　自分から積極的に話しかける。
q30　人に頼りにされることがよくある。
q29　自分の話で人を笑わす自信がある。
q18　どうすれば周りの人たちをまとめることができるかがわからない。*
q62　誰とでも仲良くつき合うことができる。

第 3 因子：友達への奉仕（Altruistic Behavior: AB）（α =.72）

q34　友達と一体感をもってつき合う。
q66　友達との間で損得の衝突が生じたときには，相手に譲る。
q42　気前がよく，お金のことでけちけちしない。
q54　友達とのつき合いでは，自分がちょっと損しても構わないと思う。
q14　友達が困っている時に力を貸してあげる。
q70　よく友達を家に招く。

第 4 因子：功利主義（Connection Orientation: CO）（α =.70）

q47　自分に役に立つ者と積極的につき合う。
q92　普段，私はできるだけたくさんのコネを作るように心がけている。
q80　私は人脈を重視するほうである。
q32　飲食のつき合いをコミュニケーションの手段とする。

*は反転項目

黄（Hwang, 1997, 2006）や園田（2001）は資源所有者と要請者の間のやり取りを例に，中国人同士の間に特有の対人的相互作用の心理的メカニズムを分析し，関係－面子（guanxi-mianzi）モデルを提唱した。このモデルによると，資源の要請者は所有者の面子をたてることにより，所有者とわたりをつけ，所有者から助けをもらう。このようなプロセスを構成する「面子をたてる（面子志向）」，「わたりをつける（関係志向）」，そして「助ける（人情志向）」という要素は上記の毛らの研究で得られた「相手の面子」因子，「功利主義」因子，そして「友達への奉仕」因子を裏づけ，中国に特有な社会的スキル特性だと考えられる。一方，「社交性」因子の内容はバーメスター（Buhrmester et al., 1988）がまとめた Interpersonal Competence Questionnaire の「関係開始」因子や今野・堀（1993）がまとめた「対人円滑性」尺度の「他者に打ち解ける自己表出」因子の内容と多く重なっているため，文化共通的な内容であると考えられる。また，「社交性」因子はほかの因子よりも，文化共通的な社会的スキル尺度である KiSS-18 や ACT と高い正の相関関係を有し，妥当性の観点からこの因子の文化共通性を示している。

4. 文化的スキルの向上の方法と効果

社会的スキルの特徴の1つは，練習次第で向上できるということである。この特徴を利用し，意図的に参加者のスキルを向上させる取り組みは社会的スキル・トレーニング（Social Skill Training: SST）と呼ばれている。大坊（2003），後藤・大坊（2005）では，参加者の基本的な社会的スキルへの自覚を促すことを目的に，人間関係そのものの構築に必要な認知的・行動的な要素からなるコミュニケーション分析に基づくプログラムと体験学習に基づくプログラムを併用して，プログラムを編成した。このようなプログラムを用いて，数多くの SST 実践（大坊ら，2000; 後藤・大坊，2005, 2009; 津村，2002）が展開された。参加者の社会的スキルが向上することが実証的なデータによって裏づけられている。

しかし，従来の SST は文化の違いへの配慮が不十分で，SST における文化的要因を考慮しておらず，文化的スキルの向上の方法および効果が確認されていない。このようなことを背景に，毛と大坊（Mao & Daibo, 2007）や毛と大坊

（2007b，印刷中）では，中国の若者の社会的スキルのレベルが低下している状態を踏まえ，中国の若者を対象に，中国文化の特徴を反映するスキルの向上について検討した。その研究は etic-emic アプローチに基づいて，従来の文化共通の SST プログラムを引用しつつ，前述した「相手の面子」，「功利主義」，そして「友達への奉仕」といった中国文化の対人的要素をプログラムに組み込んだ。最終的に，文化共通の要素と中国文化特有の要素を兼ねた社会的スキル・トレーニングのプログラム（詳細は表 11.3 の通り）を作成した。プログラムを作成した上で，文化的要素が参加者の社会的スキルのどの部分の向上に効果をもたらすかを明らかにするために，①中国文化，②日本文化，そして③共通文化のそれぞれに根付く社会的スキル尺度（① ChUSSI，② JICS，③ KiSS-18・ACT）を用いて測定した。

　研究は，実験群 39 名と統制群の 51 名の中国人大学生を対象とした（なお，SST が参加者のスキルの程度によってどのような効果をもたらすかを明らかにするために，SST を受ける前のスキル得点により，実験群はさらに「低得点実験群」と「普通得点実験群」の 2 群に分けられた）。実験群には，表 11.3 の 12 回のプログラム（1 つのプログラムあたりの所要時間は 2 時間）を，前後のプログラムの間に 2 ～ 3 日の間隔を置きながら，3 週間にわたり実施した。統制群には特に実施するプログラムを設定しなかった。参加者のスキルレベルの測定時期は SST 開始前（SST 前），SST 終了直後（SST 後），そして SST 終了後 3 ヶ月（追跡調査）という 3 時点に設定した。

　統制群と実験群の 3 時点における社会的スキル尺度の得点変化の傾向は表 11.4 の通りである。

　表 11.4 から分かるように，統制群はすべての尺度において，SST 前の測定・SST 後の測定の間では，得点の有意な変化が見られなかった。これに対して，実験群は，7 つの尺度（ChUSSI の 4 つの因子，KiSS-18，ACT，JICS の「上下関係への調整能力」因子）において，SST 後の得点が SST 前より高い。これらのことから，この SST プログラムは中国人大学生の社会的スキルの向上に効果があるといえる。

　実験群の得点が向上した尺度は，KiSS-18 や ACT といった文化共通の尺度と中国文化を反映する ChUSSI の 4 つの因子に限り，日本文化を反映する

表11.3 中国文化の要因を配慮した社会的スキル・トレ

順序	レベル	テーマ（モジュール）	解説ポイント（小講義内容）
1	導入編	・初期評定 　社会的スキル尺度：ChUSSI, KiSS-18, ACT, JICS ・自己紹介（自己紹介／第一印象） ・振り返り	・話し手としてのスキル，聞き手としてのスキル
2		・自分の対人関係を認識（対人関係地図） ・振り返り	・人間関係ネットワークの中で人とかかわる／人にかかわられる
3	基礎編	・講義 　社会的スキルとは 　人間関係とフィードバック 　ジョハリの窓 ・振り返り	・社会的スキルが含むもの・特性 ・トレーニング可能性 ・自己開示・フィードバックの重要性
4		・言語／非言語によるコミュニケーション（一方通行／双方通行のコミュニケーション） ・振り返り	・理想的なコミュニケーション形態 ・コミュニケーション・プロセスとその阻害要因
5		・視線の役割（不思議な会話） ・表情の表出 ・解読（ミラーゲーム） ・振り返り	・表情の再確認 ・コミュニケーションにおけるチャネル間の連動性
6		・問題解決「ブックマートXに行こう！」 ・振り返り	チームワークをつくる
7		・組織の中での振舞い（トランプ企業体） ・振り返り	組織の中の人間行動
8		・自分の価値観を再発見する（価値観のランキング） ・振り返り	価値観と人間関係
9		・適切なアサーションをする（さわやかに断る，不満を主張する） ・振り返り	・相手を尊重し，自分の権利を主張する
10	文化特性編	・相手の面子を考える（短所が長所に変身，あなたの素敵なところは） ・振り返り	・中国人の面子 ・中国人の人間関係での面子，人情，関係の絡み合い
11		・中国人の「renqing＝助け」と「guanxi＝わたりをつける」を考える（「renqing」と「guanxi」，さらに，その面子） ・振り返り	・中国人は助け合うことを通して円滑な人間関係を形成 ・中国らしい人間関係の特徴
12	展望編	・最終評定 　社会的スキル尺度：ChUSSI, KiSS-18, ACT, JICS ・将来の対人関係に向けて 　個人の総合的な振り返り・展望	総括： ・プログラムを通して，考えたこと ・これからの人づきあいを考えよう

第 1 節　文化と社会的スキル

ーニングのプログラム (Mao & Daibo, 2007, 毛・大坊, 2007b)

ねらい（期待する向上領域）	コンテンツ
初期レベルの把握 自己表現（話す，聞かせる），関係調整，他者理解，対人認知	自記式質問紙を回答 グループを2つの作業班に分け，お互いに知り合うように班のすべてのメンバーと一対一で自己紹介をする。終了後，班ごとに自己紹介のプロセスでのコミュニケーションの問題点を話し合わせる。
自己意識，対人認知	自分と周囲にいる人々との間がどのような関係で結びつけられているかを図形化する。その上で，色塗りを通して，関係に対する感情を表現する。
概念の理解 参加意欲／モチベーションの高揚	社会的スキルの概念，人間関係の中のフィードバックの重要性，そしてジョハリの窓について講義の形で理論から参加者に理解させる。
言語／非言語のそれぞれの役割 コミュニケーションの仕方の再認識 チャネルの役割 記号化／解読	ある図形を参加者の一人から他の全員に伝えさせる。一回目ではこの1人が他の成員とコミュニケーションができないように伝えてもらう。二回目に対話的な伝え方をさせる。二つの条件で起きたコミュニケーションの違いを話し合いを通して明らかにする。
非言語の表出・解読 他者理解	「不思議な会話」では，2人で一組にし，条件を設けて，相手と会話させる（e.g. 楽しいことを相手を見ないで話す）。「ミラーゲーム」では，2人一組にし，7つの感情（悲しみ，怒りなど）を相手に表出し，相手はそれを模倣する，当てるなどをさせる。
コミュニケーションの仕方 主張，抑制，リーダーシップ，計画，競争	4人1作業班に分け，それぞれ断片的な情報に基づき，口頭で情報を出し合って，作業班で規定時間内に一つの地図を完成させる。また，グループ間で競い合わせる。
組織に対する認識 主張・抑制，リーダーシップ，計画，競争	トランプを使って，企業という場面を設定し，自社の営業利益を向上に向け，社長，部長，課長，社員の間の情報伝達について，シミュレーションを行わせる。
価値観の理解，自分の価値観／他者の価値観，相互理解，主張／抑制，説得	「愛情」，「名誉」，「お金」など10の言葉について，自分にとって価値があると思う順に順位を付ける。そしてその順位をグループで発表し，お互いに質問をし合ったり，感想を述べ合ったりする。
主張，非主張，攻撃的	シナリオで書かれた相手から不当のリクエストを受けた場面において，どのように相手を断るかあるいは相手に不満を述べるかについて参加者の間で話し合う。その上で，適切な交渉の仕方をロールプレーを通して身につけてもらう。
他者重視の理解，他者尊重の表出，自己抑制，相手への配慮，関係の調整と向上	全員で中国人の面子は何であるかを考え，記述した。「あなたの素敵なところは」では，作業班の他の成員のすてきなところを考え，相手に伝えさせる。「短所が長所に変身」では，本人が思っている自分の短所を作業班の成員がそれを長所に変えていき，本人に伝えさせる。
共感，他者志向，献身的考え	中国という環境の中で「renqing」と「guanxi」のそれぞれの意味合い，表し方，重要性，そして，それに相応しい行動について考え，記述する。さらに，社会活動における「renqing」と「guanxi」と面子の連動性について自分の見解を発表してもらう，自他の意見を総合してもらう。
最終レベルの把握 実社会に向けるスキルの心の準備 実社会で学んだスキルを運用するための心の準備	自記式質問紙を回答 トレーニングプログラムの全体に対する振り返り，そして今後の社会生活における社会的スキルの応用の展望について記述してもらう。

表 11.4 参加者の社会的スキルの得点変化の傾向（毛・大坊, 2007b）

尺度	群の区分	SST 前	SST 後	追跡調査
ChUSSI の 4 つの因子	統制群	統前 a	統後 a	統追 a
	実験群	実前 a	実後 b	実追 b
KiSS-18/ACT	統制群	統前 a	統後 a	統追 a
	実験群	実前 a	実後 b	実追 b
JICS の 5 つの因子	統制群	統前 a	統後 a	統追 a
	実験群	実前 a	実後 a	実追 a

異なるアルファベットを付した箇所は有意差があることを示す。
a<b

JICS での変化が見られなかった（JICS の「上下関係への調整能力」因子の得点が向上したが，因子の内容は中国の儒教の考えと一致しているため，中国文化の因子と見なされる）。すなわち，文化共通的，そして中国文化を反映する社会的スキルの要素が組み込まれた SST プログラムは狙い通り，文化共通の社会的スキルと中国文化を反映する社会的スキルのレベルを向上させ，プログラムに組み込まれなかった日本文化の社会的スキルに影響を与えなかった。このように，SST プログラムの文化的要因は検証できたといえよう。

そのほか，統制群がすべての尺度において SST 前，SST 後，追跡調査の 3 回の測定の間に，平均値に差がなかったのに対して，実験群に現れる平均値の上昇はトレーニングの直後に限らず，トレーニング終了後 3 ヶ月後でも，得点の向上が維持され，トレーニングには持続効果があるといえよう。

第 2 節　異文化への適応

最近，交通手段の発達や国同士の政治・経済の交流の量の増加に伴い，人的流動が国・文化の境界を越えてますます活発になってきている。人々は自分の慣れ親しんだ出身国・出身文化と異なる言葉や価値観体系および規範などを持っている国や文化を「異文化」と見なす。異文化と接触している過程においては，誰しも，相手国や相手文化の中で「うまくやれる」，すなわち，「適応」ということを望んでいる。

1. 異文化適応に関する理論

人々が異なる文化的環境に適応する過程において，これまでに自文化で学習した記号・象徴，スキーマやスクリプトなどの再学習が迫られ，ストレスが少しずつ溜まっていく状態は「カルチャー・ショック（culture shock）」（Oberg, 1960）という。このような状態は文化適応の初期に現れるといわれている。

カルチャー・ショックの概念から，より時間的なスパンをもって，異文化適応のプロセスを追う理論として，リスガード（Lysgaard, 1955）のUカーブ理論があげられる。この理論は，異文化への適応過程を，滞在日数の経過に伴って，①「ハネムーン期」，②「憂鬱期」，③「回復期」，④「適応期」というU字型曲線（図11.2）をたどると説明している。それぞれの時期についての具体的な特徴は以下の通りである。①「ハネムーン期」では，経験したことのない異文化環境下で見たものすべてが新鮮で，人々は目新しいことに囲まれ，驚きと興奮を感じて幸福感を得る。しかし，滞在の時間の推移とともに，人々は言葉をはじめとするさまざまな物理的困難や対人的困難と出会う。当初感じた違いによる驚きがだんだん不快に変わり，異文化の悪い面ばかり目につき，不安と孤独感を感じ，時には身体面にも障害が現れる。人々は適応のどん底である②「憂鬱期」に落ち込み，前述したカルチャー・ショックを強く感じるようになる。やがて困難を経験することにより，異文化の違いを真剣に考え，受け入れ，異文化での生活に慣れ始める③「回復期」に入る。その後の④「適応期」では，異文化の違いに慣れて，対処方法も分かり，異文化社会に溶け込み始め

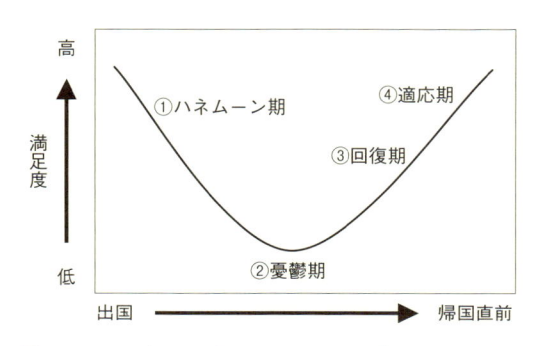

図11.2　カルチャー・ショックのUカーブ（Lysgaard, 1955）

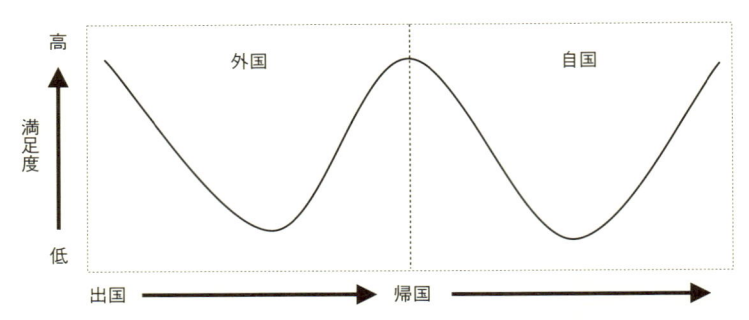

図 11.3 カルチャー・ショック/リエントリー・ショックの W カーブ (Gullahorn & Gullahorn, 1963)

ることになる。さらに，異文化に適応した人は出身文化に戻ったとき，出身文化とはいえ，さまざまな不適応が起きて，リエントリー・ショック（reentry shock）を経験し，異文化適応と同様な適応 U カーブを描くことになる。ガラホーンとガラホーン（Gullahorn & Gullahorn, 1963）では，2 つの U カーブを併せて W カーブと称する（図 11.3）。

さらに，アドラー（Adler, 1975）によると，カルチャー・ショックを経験することはその国の文化を理解しようとしている証であると主張し，これを克服することにより，自己を大きく成長させるものとして捉えている。この成長過程は「異文化への移行体験」と呼ばれている。異文化への移行体験は自己意識の深さと文化意識の高さで構成され，文化適応の各段階に現れる。アドラーが提示している文化適応の段階は，①「異文化との接触（contact）」，②「自己崩壊（disintegration）」，③「自己再統合（reintegration）」，④「自律（autonomy）」，⑤「独立（independence）」である。①から④までは基本的に U カーブ理論や W カーブ理論を参考にしたものである。その中で，③「自己再統合」の段階では，滞在国との文化の差に気づくとともに，再び自分の直感に基づいて行動できることが自己成長の大きな前進であると位置づけられる。また，④「自律」の段階では，自文化の視点からではなく，現地の文化をありのままに受け入れることを通して，文化認識を高める。さらに，⑤「独立」の段階では，社会的，心理的，文化的差異を受け入れ，文化のルールに沿って，自らの行動を選択し，個々の状況において行動の意味を「創り出す」ことがで

きる。

2. 異文化適応と社会的スキル

　異文化適応とは異文化に滞在する者が滞在国の文化を理解し，その文化における慣習を適切に取り入れて，行動できることである。この概念から理解すると，異文化適応は異文化という新しい環境に対する認識，いわゆる意識レベルと，その環境に合うように振る舞う，いわゆる行動レベルによって構成される。意識レベルは，自らの観察と思考によって成り立ち，人々が異文化と出身文化の異同のポイントについて頭の中で描くことによって実現できる。その際，出身文化との相違点は異文化への適応ポイントだと考えられる。意識レベルでのこれらの相違点に着目して，異文化に合わせて，自分の行動様式を変化させることは異文化適応の行動レベルのコンテンツとなる。これも異文化適応の最も重要なポイントだと考えられる。言い換えれば，いくら頭で分かっても，異文化の慣習やシステムに沿う行動が現れない限り，適応しようとしても，周りに受け入れられず，適応に至らない。

　しかし，一口に「適応」といっても，適応の内容はさまざまある。マズローの欲求段階説に則った場合，「適応」は基本的な生理的欲求から高次の自己実現への欲求（田中・松尾，1993）まであり，幅広い内容が含まれている。また，高井（1989）や田中（2000）は，適応の内容に関係なく，適応にとって最大の障害，そして真っ先に解決すべき中心的な課題が「対人関係の形成」であると指摘している。異文化環境における「対人関係の形成」には，対人関係を円滑にさせる「社会的スキル」が重要な役割を果たしている（田中，1990）。植松（2004）は，滞在国の対人スキルの獲得は異文化適応感に強く関与し，異文化適応において非常に重要な要因であることを明らかにした。

　前節で述べた社会的スキルの「文化的共通性と特有性」の考え方に基づけば，異文化に踏みこんだ際，たとえ「文化共通的な社会的スキル」が十分であっても，異文化における「文化特有の社会的スキル」が不足している場合があることが容易に想像できる。堀毛（1994）は，異文化適応に困難が生じるのは，その文化の特有なスキルが獲得されていないことが主要な原因の1つであると指摘している。したがって，どうすればその文化に適応できるかという課題を解

決するにあたっては，適応に必要な「文化特有の社会的スキル」の特定が重要だと考えられる。

これまでに，フルンハムとボクナー（Furnham & Bochner, 1982）は，イギリスにいる留学生が対人関係の確立とその維持において困難を感じ，「要求」と「交渉」のスキルが欠けていると報告している。山本（1986）は，アメリカにいる日本人留学生にとって，「主張」や「社交」などアメリカ社会で重視される行動の習得が彼らのアメリカ適応に重要だと述べている。日本においては，田中（1991）や田中・藤原（1992）が，日本社会で学習すべき社会的スキルの方向性を特定するために，日本にいる外国人留学生の「日本人との対人行動上の困難」を自由記述および面接調査を通して調査した。漢字圏，東南・南アジア，西欧，中南米，中東，アフリカからの留学生24人を対象としてまとめた結果，①日本的細やかさに起因する表現の「間接性」，②社会的場面での遠慮深さとしての「開放性」の抑制，③「集団」主義的な行動の傾向，④文化特異性の高い儀礼的行動や社交の様式を含む社会の「通念」，⑤文化的規範に基づく「異性」との関係，そして⑥外人と呼ばれ「外人扱い」されること，の6つの領域があげられた。

しかし，在日外国人適応の研究では，出身文化によってそれぞれ特徴があり，出身文化が違うと，日本人との対人関係上のニーズも異なる。これまでの在日外国人適応に関する研究では，この点が解明されていない。このことについて，田中（1996）は，「特定の文化圏からホスト国」へという対応ケースの検討が，特定の文化圏出身の人々がホスト国への適応ポイントの明確化に役立つと述べている。

在日外国人の現状について，法務省や日本学生支援機構のデータによると，中国籍の留学生（一般的に，大学と専門学校に在籍する外国人学生）や就学生（一般的に，日本語学校に在籍する外国人学生），そして在日中国人の総数は在日外国人の各カテゴリーの6～7割を占めている。また，他の国の出身者と比べ，就職などの事情により，在日中国人は相対的に長期にわたって日本に滞在している。本節では，特定の文化の出身者を「中国人」に限定し，彼らの日本文化適応に関するニーズを解明し，日本文化適応を促す介入のポイントの提供につなげ，もっとも大きい在日外国人のグループのスムーズな適応と精神的健

康に貢献する。

　以上のようなことを踏まえ，毛（2010）や毛（Mao, 2011）では，日本の大学や日本語学校に在籍している中国人留学生と就学生（以下，「中国人学生」と略す）を対象に，彼らの認識した日本人の人間関係の特徴について自由記述調査を行った。調査では，以下の3つの質問を設定し，箇条書きで回答を求めた。①あなたが同級生や同僚とつき合う中で，日本人が中国人と異なると思った点は何であるか；②あなたが日本人の同級生や同僚とつき合う中で，彼らがあなたを「困らせた」点は何であるか；③あなたから見た日本人同士（同級生や同僚）のつき合いの特徴は何であるか。

　調査で得られたすべての箇条書きの記述をKJ法に基づいて分類・整理した結果，中国人学生から見た日本的人間関係の特徴に関する37項目のリストがまとめられた。このリストを用いて，前節で述べたKiSS-18とJICSの尺度も取り入れ，上記の自由記述調査の対象者と別の中国人学生を対象に，自記式質問紙調査を行った。

　37項目の評定値に対して，因子分析（共通性の初期値としてSMCを用い，反復推定を行った主因子法，プロマックス回転）を行った。その結果，中国人学生が認識した日本人の人間関係の特徴，言い換えれば，中国人学生が日本人との対人関係の形成に必要なことが3つの因子（32項目）によって構成されることが明らかとなった。第1因子は「上下関係を重視する」，「仕事にまじめ」，「ルールに沿って物事を進める」などの日本社会での集団生活のルールを反映する項目によって構成されたため，「集団ルールの重視」と命名した。第2因子は「よく自分の感情を抑える」，「建前と本音が違う」，「時々ストレスを感じる」，「距離を保つ」などの中国人学生にとってストレスとなる日本人のつき合い方を反映する項目によって構成されたため，「心理的ストレス」と命名した。第3因子は「人間関係が単純で利害関係に触れない」，「相手の立場に立って問題を考えて，相手の意見を重視する」，「独立性を重視し，頼りあうことをしない」などの日本社会での思いやりの行動を反映する項目によって構成されたため，「日本的思いやり」と命名した（表11.5）。

　3つの因子のKiSS-18およびJICSとの相関関係は表11.6の通り，「集団ルールの重視」因子はKiSS-18と強い正の相関関係，JICSのTA以外の因子と中程

表 11.5　中国人学生が認識した日本人の人間関係の特徴の因子分析（主因子法）の結果 (Mao, 2011)

項目	F1	F2	F3	h^2
F1: 集団ルールの重視（α =.87　固有値 =5.76）				
12. 上下関係を重視する	.81			.50
13. 公私混同しない	.73			.45
1. 言葉遣いは丁寧	.66			.39
23. 仕事にまじめ	.62			.49
25. 団体意識が強い	.56			.42
20. 仕事の細かいことに気をつける	.55			.33
14. ルールに沿って物事を進める	.53			.34
22. 社会生活のルールと秩序を守る	.51			.47
6. 礼儀に気をつける	.50			.30
15. プレゼントの良し悪しより気持ちを重視する	.48			.22
24. 信用を重視する	.47			.53
10. 婉曲に自分の考えを述べる	.38			.25
F2: 心理的ストレス（α =.72　固有値 =2.68）				
28. よく自分の感情を抑える		.59		.46
8. 建前と本音が違う		.59		.42
3. つき合いを多くしない		.58		.35
29. 時々ストレスを感じる		.50		.29
30. 自分の損得を考える		.45		.24
11. 「はい」と「いいえ」をあいまいにする		.44		.21
4. 平淡な関係を保つ		.42		.19
2. 距離を保つ		.36		.15
32. 人にときには冷たく，ときには暖かく接する		.34		.20
9. 表と裏で違うことを言う		.30		.24
F3: 日本的思いやり（α =.69　固有値 =4.12）				
26. 人間関係が単純で利害関係に触れない			.64	.50
27. 相手の立場に立って問題を考えて，相手の意見を重視する			.53	.27
19. 自分と異なる意見を持つ人を排斥する			-.48	.30
21. 礼を受けたら，礼をもって返す			.46	.39
16. ちょっとしたことですぐ怒る			-.42	.16
18. 独立性を重視し，頼りあうことをしない			.33	.22
7. 摩擦があったら自ら謝る			.32	.15
31. 人に暖かく接する			.29	.17
5. 割り勘をする			.24	.20
17. 相手の年齢・婚姻・収入などのプライバシーを尋ねない			.23	.15

因子間相関関係
F2　-.13
F3　.54　-.01

第3節　グローバル化背景での統合的適応　　**265**

表 11.6　特徴認識の3因子の KiSS-18 及び JICS との相関係数

	KiSS	PA	SR	HRM	IS	TA
集団ルールの重視	.582**	.337**	.339**	.570**	.431**	.048
心理的ストレス	-.430**	-.151	-.197	-.134	-.057	.161
日本的思いやり	.421**	.276**	.431**	.483**	.143	.025

**p<.01

度以上の正の相関関係を持っている。「日本的思いやり」因子は KiSS-18 と強い正の相関関係，JICS の IS と TA 以外の因子と中程度以上の正の相関関係を持っている。「心理的ストレス」因子は KiSS-18 と強い負の相関関係が見られ，JICS のいずれの因子とも相関関係を持っていない。これらの相関関係から，一般的な社会的スキル（KiSS-18）そして日本的社会的スキル（JICS）を身につけているほど，日本社会で生活するのに必要な「ルール」や「思いやり」といったことがうまくこなせる。これに対して，一般的な社会的スキル（KiSS-18）を持たないほど，「感情を抑える」ことや「本音と建前の使い分け」といった日本社会独自の対人関係の特徴に慣れないことを意味する。得られた因子は論理的妥当性を有すると考えられる。

　これらの研究で明らかにした留学生にとって困難・困惑なこと，あるいは特徴として認識されたことは，翻っていうならば，日本という文化が留学生たちに要求する行動様式ともいえる。これらのポイントの解明は外国人，とりわけ中国人の日本文化への適応に必要とする社会的スキルの領域を示唆した。

第3節　グローバル化背景での統合的適応

　ヨシカワ（Yoshikawa, 1987）は，異文化適応の過程を①接触（contact），②崩壊（disintegration），③再統合（reintegration），④自律（autonomy），⑤ダブル・スウィング（double-swing）の5段階にまとめている。具体的に，人々は従来の自文化とは異なる文化に触れ，その圧倒的に異なるシステムによって混乱させられ，それまでの適応は崩れる。その後，自文化との統合を試み，混乱を整理し，自分独自の方法で両文化との折り合いをつけていく。この過程は前述したアドラー（Adler, 1975）の「異文化への移行体験」のプロセスと似て

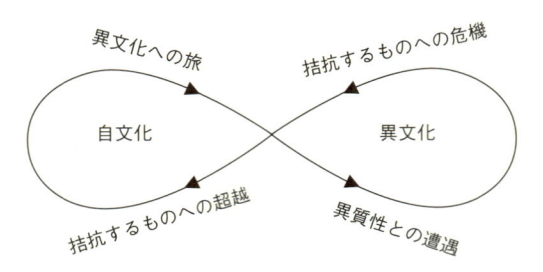

```
              異文化への旅        拮抗するものへの危機
                ↘              ↘
           ╭────────╮    ╭────────╮
           │  自文化  │╳│  異文化  │
           ╰────────╯    ╰────────╯
                ↗              ↗
          拮抗するものへの超越   異質性との遭遇
```

図 11.4 「ダブル・スウィング」モデル―異質な世界への旅 (Yoshikawa, 1987)

いるものの，大坊（2007）は，5段階目の「ダブル・スウィング」モデル（図11.4）が大きな注目ポイントであると強調している。大坊（2007）によると，人々は異質と出会うことが多くなれば，自文化から見た他文化という仕切りは弱くなっていく。「ダブル・スウィング」モデルのレベルに達すると，人々は自文化からも拮抗する異文化からも柔軟に新しい視点や適応するための知恵を得ることができることになる。さらに，人々はどちらかの文化に基本となる軸足を置き，他方の文化にはゲスト的なかかわりをするのでなく，二元的な文化を超越した中間的な立場をとり，自文化と異文化の両者から総合的な視点を持つことができるようになる。

　21世紀の世界は「グローバル化社会」といわれている。世界の国々は自国内のことのみならず，世界規模の流れに乗らざるをえない。その中では，どの国の人でも，自国内の人間関係を整えなければならないと同時に，直接的・間接的に他国や他文化の人々との関係に目を向ける必要がある。文化内にも異文化間にも，人間関係の円滑な展開には，本章で検討した「文化的社会的スキル」が重要である。「文化的社会的スキル」への徹底的な理解と全面的な運用により，前述した「ダブル・スウィング」モデルで主張される自文化への適応・異文化への適応を超越した統合的な適応が可能となる。この統合的な適応こそ，真のグローバル的な人材の創出に可能性をもたらす。なお，統合的適応は適応側の一方的なことではなく，受け入れる側の柔軟な姿勢や態度も必要である。

■引用文献

Adler, P. S.（1975）. The transitional experience: An alternative view of culture shock. *Journal of Humanistic Psychology*, **4**, 13-23.

相川　充（2009）．新版　人づきあいの技術　サイエンス社

Berry, J.（1969）. On cross-cultural comparability. *International Journal of Psychology*, **4**, 119-128.

Berry, J.（1989）. Imposed etics-emics-derived etics: The operationalization of a compelling idea. *International Journal of Psychology*, **24**, 721-735.

Bochner, A. P., & Kelly, C. W.（1974）. Interpersonal competence: Rationale, philosophy and implementation of a conceptual framework. *Speech Teacher*, **23**, 270-301.

Buhrmester, D., Furnham, W., Wittengerg, M. T., & Reis, H. T.（1988）. Five domains of interpersonal competence in peer relationships. *Journal of Personality and Social Psychology*, **55**, 991-1008.

大坊郁夫（1991）．非言語的表出性の測定：ACT 尺度の構成　北星学園大学文学部北星論集，**28**, 1-12.

大坊郁夫（2003）．社会的スキル・トレーニングの方法序説―適応的な対人関係の構築―対人社会心理学研究, **3**, 1-8.

大坊郁夫（2007）．社会心理学からみた臨床心理学―個人から社会へのつながりにこそwell-being を見出す　坂本真士・丹野義彦・安藤清志（編）　臨床社会心理学　東京大学出版会　pp.214-228.

大坊郁夫・栗林克匡・中野　星（2000）．社会的スキル実習の試み　北海道心理学会第47回大会発表（北海道心理学研究，**23**, 22.）

Friedman, H. S., Prince, L. M., Riggio, R. E., & DiMatteo, M. R.（1980）. Understanding and assessing nonverbal expressiveness: The affective communication test. *Journal of Personality and Social Psychology*, **39**, 333-351.

Furnham, A., & Bochner, S.（1982）. Social difficulty in a foreign culture: An empirical analysis of culture shock. In S. Bochner（Ed.）, *Cultures in contact: Studies in cross-cultural interaction*. Oxford: Pergamon Press. pp.161-198.

Goldstein, A. P., Sprafkin, R. P., Gershaw, N. J., & Klein, P.（1980）. *Skill streaming the adolescent: A structured learning approach to teaching prosocial skills*. Champaign: Research Press.

後藤　学・大坊郁夫（2005）．短期間における社会的スキル・トレーニングの実践的研究　対人社会心理学研究，**5**, 93-99.

後藤　学・大坊郁夫（2009）．短期的な社会的スキル・トレーニングの実践―社会人への適用を目指して―　応用心理学研究，**34**, 193-200.

Gullahorn, J. T., & Gullahorn, H. E.（1963）. An extension of the U-curve hypothesis. *Journal of Social Issues*, **19**, 33-47.

Hall, E. T.（1976）. *Beyond culture*. New York: Doubleday.（岩田慶治・谷　泰（訳）（1979）．文化を超えて　TBS ブリタニカ）

堀毛一也（1987）．日本的印象管理様式に関する基礎的検討（1）―社会的スキルとして

の人あたりの良さの分析— 日本社会心理学会第 28 回大会発表論文集, 39.
堀毛一也 (1988). 日本的印象管理様式に関する基礎的検討 (2) —「人あたりの良さ」と日本的対人関係— 日本心理学会第 52 回大会発表論文集, 254.
堀毛一也 (1994). 社会的スキルを測る 人あたりの良さ尺度 菊池章夫・堀毛一也 (編) 社会的スキルの心理学 川島書店 pp.168-176.
Hwang, K. K. (1997). Guanxi and mientze: Conflict resolution in Chinese society. *Intercultural Communication Studies*, **7**, 17-37.
Hwang, K. K. (2006). Constructive realism and Confucian relationism: An epistemological strategy for the development of indigenous psychology. In U. Kim, K. S. Yang, & K. K. Hwang (Eds.), *Indigenous and cultural psychology: Understanding people in context.* New York: Springer. pp.73-108.
菊池章夫 (1988). 思いやりを科学する 川島書店
今野裕之・堀 洋道 (1993). 大学生の対人円滑性についての研究—対人関係についての自己評価・他者評価との関連から— 教育相談研究, **5**, 1-10.
石井 敏 (2001). 人間であることの条件—文化 古田 暁・石井 敏・岡部朗一・平井一弘・久米昭元 (著) 異文化コミュニケーション・キーワード [新版] 有斐閣
Lysgaard, S. (1955). Adjustment in a foreign society: Norwegian Fullbright grantees visiting the United States. *International Social Sciences Bulletin*, **7**, 45-51.
毛 新華 (2005). 社会的スキル測定尺度KiSS-18 の中国の若者への適用 対人社会心理学研究, **5**, 85-91.
毛 新華 (2007). KiSS-18 の中国人への適用に関する検討 菊池章夫 (編著) 社会的スキルを測る—KiSS-18 ハンドブック— 川島書店 pp.107-122.
毛 新華 (2010). 在日中国人学生の抱える文化適応の問題点—対人関係の自由記述調査のデータより— 日本社会心理学会第 51 回大会発表論文集, 682-683.
Mao, X. (2011). Why are Chinese students in Japan distressed in their interpersonal relationships with Japanese? Poster presented at 12th Annual Meeting of the Society for Personality and Social Psychology, 112.
毛 新華・大坊郁夫 (2005a). 中国の若者の社会的スキルに関する研究 (1) —自由記述調査と予備的尺度構成の試み— 日本心理学会第 69 回大会発表論文集, 162.
毛 新華・大坊郁夫 (2005b). 中国の若者の社会的スキルに関する研究 (2) —中国版社会的スキル尺度の構成— 日本社会心理学会第 46 回大会発表論文集, 382-383.
Mao, X., & Daibo, I. (2006). The development of Chinese university-students social skill inventory. *Chinese Mental Health Journal*, **20**, 679-683. (in Chinese).
毛 新華・大坊郁夫 (2006). 中国の若者の人づきあいスタイルについての研究—自由記述調査結果によるカテゴリカルな検討— 対人社会心理学研究, **6**, 81-88.
毛 新華・大坊郁夫 (2007a). KiSS-18 の中国人大学生への適用 対人社会心理学研究, **7**, 55-59.
毛 新華・大坊郁夫 (2007b). 中国人大学生を対象とする社会的スキル・トレーニング (SST) の試み (2) —3 ヶ月追跡調査から見るSST の効果の持続性— 日本心理学会第 71 回大会発表論文集, 167.

Mao, X., & Daibo, I. (2007). The effects of social skills training for Chinese-university students. Poster presented at the 7th biennial conference of the Asian Association of Social Psychology.

毛　新華・大坊郁夫（印刷中）．中国文化の要素を考慮した社会的スキル・トレーニングのプログラムの開発および効果の検討　パーソナリティ研究

Oberg, K. (1960). Culture shock: Adjustment to new cultural environments. *Practical Anthropology*, **7**, 177-182.

岡部朗一（1996）．文化とコミュニケーション　古田　暁（監修）　石井　敏・岡部朗一・久米昭元（著）　異文化コミュニケーション［改訂版］　有斐閣　pp.39-60.

Reardon, K. (1987). *Where minds meet*. Belmont: Wadsworth.

Riggio, R. E. (1986). Assessment of basic social skill. *Journal of Personality and Social Psychology*, **51**, 649-660.

園田茂人（2001）．中国人の心理と行動　日本放送出版協会

高井次郎（1989）．在日外国人留学生の適応研究の総括　名古屋大学教育学部紀要, **36**, 801-809.

高井次郎（1994）．対人コンピテンス研究と文化的要因　対人行動学研究, **12**, 1-10.

高井次郎（1996）．日本人の対人関係　長田雅喜（編）　対人関係の社会心理学　福村出版　pp.221-241.

Takai, J., & Ota, H. (1994). Assessing Japanese interpersonal communication competence. *Japanese Journal of Experimental Social Psychology*, **33**, 224-236.

田中共子（1990）．異文化におけるコミュニケーション能力と適応ソーシャル・スキル研究の動向　広島大学留学生日本語教育, **3**, 19-31.

田中共子（1991）．在日留学生の文化的適応とソーシャル・スキル　異文化間教育, **5**, 98-110.

田中共子（1996）．異文化間ソーシャル・スキルによる異文化適応の介入研究の展開　広島大学留学生日本語教育, **8**, 1-10.

田中共子（2000）．留学生のソーシャル・ネットワークとソーシャル・スキル　ナカニシヤ出版

田中共子・藤原武弘（1992）．在日外国人留学生の対人行動上の困難―異文化適応を促進するための日本のソーシャル・スキルの検討―　社会心理学研究, **7**, 92-101.

田中共子・松尾　馨（1993）．異文化欲求不満における反応類型と事例分析―異文化間インターメディエーターの役割への示唆―　広島大学留学生センター紀要, **4**, 81-100.

津村俊充（2002）．ラボラトリ・メソッドによる体験学習の社会的スキル向上に及ぼす効果―社会的スキル尺度KiSS-18を手がかりにして―　アカデミア（人文・社会科学編）, **74**, 291-320.

Triandis, H. C. (1995). *Individualism and collectivism*. Boulder: Westview Press.（神山貴弥・藤原武弘（編訳）（2002）．個人主義と集団主義：2つのレンズを通して読み解く文化　北大路書房）

Triandis, H. C., McCusker, C., Betancourt, H., Iwao, S., Leung, K., Salazar, J. M., Setiadi, B., Sinha, J. B. P., Touzard, H., & Zaleski, Z. (1993). An etic-emic analysis of

individualism and collectivism. *Journal of Cross-Cultural Psychology*, **24**, 366-383.
植松晃子 (2004). 日本人留学生の異文化適応の様相―滞在国の対人スキル,民族意識,セルフコントロールに着目して― 発達心理学研究, **15**, 313-3123.
山本多喜司 (1986). 異文化環境への適応に関する環境心理学的研究 昭和60年度科学研究費補助金(一般研究B)研究成果報告書
八代京子・荒木京子・樋口容視子・山本志都・コミサロフ喜美 (2001). 異文化コミュニケーション・ワークブック 三修社
Yoshikawa, M. J. (1987). Cross-cultural adaptation and perceptual development. In Y. Y. Kim & W. B. Gudykunst (Eds.), *Cross-cultural adaptation: Current approaches*. Newbury Park, CA: Sage. pp.140-148.

コラム 11　コミュニティの性質と個人の well-being

　人々が日常生活を送る社会的環境のうちコミュニティの性質は，個人の well-being にどのような影響を及ぼすのであろうか。ブロンフェンブレンナー（Bronfenbrenner, 1986）は子どもの発達を，彼らを取り巻く 4 つのサブシステムから構成されるシステムとしての環境とのかかわりから捉えようとする生態学的モデルを提唱している。生態学的モデルにおいて子どもにいちばん身近に存在しているシステムは，子どもを直接取り巻いている家族，学校，遊び友達といったマイクロレベルでの対人関係である。次に身近なメゾシステムでは親–教師間の関係など，異なるマイクロレベル間の相互関係がシステムの構成要素となり子どもたちに影響を与える。さらにその周辺を取り巻くエクソシステムは，そこに子どもたちが直接含まれているわけではないが，親の職場や近隣地域の大人同士の人間関係といった子どもたちのマイクロシステムやメゾシステムに影響を与えている二次的な環境要因として存在する。そして子どもたちからもっとも離れたマクロシステムは，その文化に固有の子ども観や文化規範や国レベルでの景気後退など大局的な要因から構成され，メディアや教育等を通じて間接的に子どもたちに影響を与える。生態学的モデルは子どもの発達に関するモデルであるが，4 つのサブシステムの区分は大人にも有効に機能するであろう。大人の場合，マイクロレベルでは家族や職場の人間関係が，メゾレベルでは友人と家族との関係が，そしてエクソシステムでは自分以外の一般的な近隣での人間関係のつながりの強さなどがシステムの構成要素となる。このようにコミュニティに関する要因は，子どもと大人のいずれにとっても直接的な環境要因というよりも，直近の対人関係を取り巻く二次的な環境要因といえるであろう。では近隣地域における人間関係のつながりの強さ，地域の失業率，あるいは犯罪発生率などといったコミュニティの性質，つまりエクソシステムレベルでの環境的要因は，地域の子どもたち，あるいは大人にどのような影響を与えるのであろうか。

　近隣コミュニティでの居住が子どもと青年の well-being に与える効果についての包括的レビューを行ったレーベンサールとブロックス - ガン（Leventhal & Brooks-Gunn, 2000）は，近隣コミュニティの社会経済的状況と居住の不安定性が非行といった行動的問題や心理的苦悩といった心理的 well-being の両方に一貫して影響することを明らかにした。同様にアフリカ系アメリカ人女性を対象に調査を行ったカトローナら（Cutrona et al., 2000）の研究では，近隣コミュニティの無秩序さは個人の苦悩との有意な相関が認められ，コミュニティの凝集性はポジティブな生活の見通しを強化していた。またイリノイ州の成人のデータについて分析を行ったロス（Ross, 2000）は，無秩序さと抑うつに関連があることを明らかにしている。ただしレーベンサールとブロックス - ガンは，ほとんどの研究において，コミュニティの効果は，小から中程度までであり，子どもと青年の結果における分散の 5%から 10%

を説明するのみであったとも結論づけている。また，カトローナたちもコミュニティレベルの変数と苦悩の関連性は，個人レベルの変数と苦悩との関連性よりも一貫して弱いことを強調している。なぜコミュニティの性質の個人のwell-beingへの影響はそれほど強くないのであろうか。それは第一には生態学的モデルで想定されているように，コミュニティの特質が二次的な環境要因として，個人のwell-beingに影響を与えるためであろう。第二にはコミュニティの特質を表す指標として，居住者全体の平均値として算出される客観的な集団レベルの指標が用いられた場合，果たして個々人がそれをその通り認知しているのかという問題がある。たとえばコミュニティへの愛着が強いと，地域環境の認知といった地域にかかわる事柄を肯定的に評価しすぎる面があるといったように，個人のコミュニティに関する認知は客観的状況を正しく反映していないことも多い（石盛，2009）。したがって集団レベルの指標ではなく，個人のコミュニティに対する態度であるコミュニティ感覚とwell-beingとの関連を検討した研究では，年齢や収入といったデモグラフィック要因を統制した場合でも，心理的well-beingと比較的大きな正の相関が得られる傾向にある（Davidson & Cotter, 1991）。すなわち個人のwell-beingは，環境的要因によって直接に左右される部分はそれほど大きくはなく，個人のコミュニティ感覚を通じて影響が調整されているといえる。しかしながら個人を取り巻くエクソシステムとしての地域コミュニティは，個人が直接利用できるソーシャルサポート源としての身近な人間関係とは別に潜在的ソーシャルサポート源となる可能性を持ち，またマクロシステムからの影響を緩衝する効果を持つシステムでもあり，個人のwell-beingにとって果たす役割は大きいといえるであろう。

引用文献

Bronfenbrenner, U. (1986). Ecology of the family as a context for human development: Research perspectives. *Developmental Psychology*, **22**, 723-742.

Cutrona, C. E., Russell, D. W., Hessling, R. M., Brown, P. A., & Murry, A. (2000). Direct and moderating effects of community context on the psychological well-being of African American women. *Journal of Personality and Social Psychology*, **79**, 1088-1101.

Davidson, W. B., & Cotter, P. R. (1991). The relationship between sense of community and subjective well-being: A first look. *Journal of Community Psychology*, **19**, 246-253.

石盛真徳（2009）．大都市住民のコミュニティ意識とまちづくり活動への参加：京都市における調査から　コミュニティ心理学研究, **13**, 21-36.

Leventhal, T., & Brooks-Gunn, J. (2000). The neighborhood they live in: The effects of neighborhood residence on child and adolescent outcomes. *Psychological Bulletin*, **126**, 309-337.

Ross, C. E. (2000). Neighborhood disadvantage and adult depression. *Journal of Health and Social Behavior*, **41**, 177-187.

12 価値ある社会を築くために
─価値の共有，共生，関係から社会へ─

　人は，否応なく，連綿と続く歴史の中に，好むと好まざるを得ず，他人と共に〈社会〉生活している。そこで，他者と反発したり，協調することによって，関係を築き，安心を得る努力が行われる。また，時間の流れにおいて，過去，現在そして未来との比較，推測を通じて改善し，待つことができる。

　　午前中の仕事が終わり，お昼になったので，ミカが，最近開店したレストランにランチを食べに行こうと数人の同僚を誘う。なにせ，新しいことが大好きで，この種の情報を持っていると皆から期待されていると思っている。老舗のレストランの支店で評判がいいらしい。いつもは近所のカジュアルな食堂に行くのだが，偶（たま）にはいいかもとメグが言う。実はジュンは偶々昨夜，デートでそこで食事をしたばかりだが，言い出しにくい。マユはお昼時間の後で急いで仕上げねばならない報告書があり，スルーしたい。サキは実は今日は昨夜の残りを弁当として持って来ていた。でも，仲間でつながっていたいので，誘われれば断りたくない。

　さて，これは，よくありがちな場面ではあるが，どうしたらいいのであろうか。もちろん，この5人にとって等しく満足できる解はない。個人の都合を優先すれば，この日一緒にランチに行くことはできない。一緒にランチに行くことになれば，ミカ以外には，何らかの不満が生じるであろう。このように，自分の満足と他人の満足が一致しないことが多々あるものである。持続する関係にある者同士や，目標共有の程度の強い場合には，相互に与える影響は強い。そう考えた場合，他人と結びつきを持ち，社会的な生活を行うことは誰にとっ

ても大きなコストがかかるのであろうか。

「智に働けば角が立つ。情に棹させば流される。意地を通せば窮屈だ。兎角にこの世は住みにくい」（夏目漱石，「草枕」）

とあるが，住みにくいものなのであろうか。確かに，先のランチのことにしても，お互いが同じように満足できることは，容易ではないかも知れない（一人でお昼を食べる習慣の人であれば，お互いの都合を斟酌する必要もなく，楽かも知れないがそれに尽きることはない）。「兎角にこの世」には，調整し，斟酌しなければならないことがあるからこそ，それがうまくいったならば，喜びが大きい。だからこそ，智恵も増し，さらなる難題にも向かえてきたのであろうとも解釈できよう（簡単に検証できる性質の問いではないが）。少なくとも，一人は一人きりで「ここ」にいるのではなく，前提として，背景の異なる（自分とは異なる視点や発想を持ちえる）他者と共にいることであり，そこからでしか，問いを発することはできないものなのである。つまり，自分の考え，感情自体が，社会的な歴史性や社会性を持つものであり，視点をごく僅か動かしただけで，満足度も大いに変わりうるものなのである。ひいては，それぞれの社会的相互作用事態においては，各人の考えや感情の可能性は多くある。別な言い方をするならば，お互いが一致できる可能性も大きいはずなのである。どこでどう，折り合いをつけるのか，受け入れるのかは，むしろ容易であるとの観点で考えたほうが適応的なのではなかろうか。

第1節　均衡指向

われわれは，自分の属する社会的環境に最大限に調和することを目的として，メッセージを交換しようとする意図の基にコミュニケーションしている。元来，メッセージの伝達は，両者の間で一致していない情報や態度についての落差を埋め，保有する情報量を両者が一定に保つことを目指して行われる。しかし，同一集団内の他者との関係においても，あえて一致しない概念や期待を持ち，一時的な不均衡，緊張を求めることもある。それは，社会的アイデンティティとしての集団への所属性を維持しようとする一方で，個人としてのアイデンティティを持とうとする，2つの拮抗した心理性があるからにほかならな

い。したがって，このような葛藤は，自分が中核的な内集団にある場合，あるいは自分にとってアイデンティを持ちえない外集団事態では生じ難いであろう。

　ある時間幅で観察するならば，人がなんらかの目標に向かう過程においては，行動を促す動因がある。目標に達することは，一連の過程において，その緊張を解消し，心的に安定した状態を得ることになる。しかし，安定するためには，ある量のエネルギーが一定程度維持される必要があり，それが充足か否かの判断は逐次修正される。しかも，結果はエネルギー充填よりも遅れて生じるであろう。それゆえ，充填された心的エネルギーは，必ず過飽和となる時期がある。それを，時系列的に表現すれば，ある定常状態からさらに上位の定常状態を求める準備状態をつくることにもなる。人は時間の流れにあることを超越できるものではないことからしても，ある過程においては「定常」が目指されるとしても，決して最終なものではないと捉えるべきであろう。

　人は，時間の連鎖の中にあって，過去・現在・未来の連続性を理想的に追求するがために，均衡への強い志向性を持っているといえる。このことについては，ハイダー（Heider, 1958）の個人的な認知系（individual system）やニューカムら（Newcomb et al., 1965）の対人認知の集合系（collective system）についての諸研究からも多くの証拠が得られている。個人的認知系と集合系のメカニズムは，個人内過程と対人的な過程の結びつきを理解できるインターフェイスともいえる。すなわち，個人内均衡と対人的均衡が共に目指されるが，そのダイナミズム自体に求められる均衡（個人内均衡へのコミットメントと対人的均衡へのコミットメントの二重の比較による）を発見することである（大坊, 2001）。

第2節　社会的スキルの核心としてのコミュニケーション力

　社会的スキルのコアとなる，コミュニケーション力（スキル）は，それ自体がさまざまな働きかけの基礎となるものであるので，その下位要因をどう高めていくのかは案外に難しい（表12.1）。しかし，ある意味では，十分な確認がし難い性質なので，期待の産物であるかもしれないが，身体に由来するコミュニケーション手段を持ち，自分の不確かさを確認したいという境遇にある人間に

表 12.1　コミュニケーション力を高めるために

1　記号化，解読を基本とするコミュニケーション・スキルは，社会的スキルの基礎力である。ただし，解読力が記号化力に，さらには，適切な反応に直結するものではない（しかし，スキルの高さは，相互作用の円滑さ，対人的な適応性の向上に結びつく）。
2　双方向的な社会的サポート，社会的，心理的なストレスへの対処，精神的回復の具体化を促すのは，言語・非言語的コミュニケーションである。
3　社会スキルは，単純な水準にあるものから，複数の要因（サブスキル）を組み合わせ発揮できるものへと階層性を有す。目標に応じてサブスキルを発動する，調整力（柔軟，臨機応変な）は，対人関係の目的や文化的規範を考慮した場合に特に有効である。
4　社会的スキル・トレーニング（SST）のプログラム・モジュール（要素）の目標が，明示的に示される場合もあるが，内発性を高めるためには，そうでない場合も有効である。

とっては，共有できるコミュニケーション手段を用いてしか，この動機を遂行することはできない。ならば，記号化，解読のスキルを高める働きかけは，誰にとっても受け入れられる下地になることを前提としていいであろう。そこからすべてのコミュニケーション力の向上，ひいては社会的スキルを高めることが可能となろう。

　心的メッセージを適切にコミュニケーション行動として表現し，お互いに齟齬の少ない理解を目指すことが基本となる。しかも，コミュニケーション技術の進展は急速であり，感覚器官の延長としてのコミュニケーション・チャネルは間接的なメディアに大きく依存せざるをえない環境が築かれつつある。メディア特性の効用のみならず，コミュニケーション行動から（に）必要なメッセージを読み取る（込める）能力（literacy）を洗練しなければならない。さらに基本的なこととして，社会的脈絡を踏まえて，コミュニケーションの主体的な送受信を認識することが必要であろう（6章参照）。また，対人コミュニケーションはきわめて多様に展開されている（7, 8, 9章）。これまでは，特定のチャネルに特化した研究が多く，かつ，外部変数として扱われてきた心理的特徴は拡散している。発言行動についての構造，音声，視線，顔面表情などのチャネルについての規則性は多様に研究されてきた。言語的コミュニケーション，非言語的コミュニケーションとしてのマルチ・チャネル的検討は相応にあるものの（たとえば，大坊・磯，2009など），パターソン（Patterson, 1983, 2011）のような心理的機能の視点からすると，研究展開のパラダイムは大きく転換してい

いはずであるが，測定技術や心理的要因の膨大さゆえになかなか実を結んでいないのが現状である。

対人コミュニケーションは，個人と個人を結ぶだけではない。個々人の個別の要因の影響が互いに及ぶものではあるが，当該の個人間に特有の場ができ，代替えできない対人的リズムが形成される。それは，一定の時間軸において，双方向に互いを共有する動きが生じる（シンクロニー，情動伝染など，9章参照）。このことは，われわれは互いを必要としてこそ個別にも存在することを基本的に裏付けているといえるのではなかろうか。

コミュニケーション・スキルは，自己表現のストラテジーや，対人的な親密さ実現の規則を活用することによって，一時的ではない，対人関係を維持することができる。対人関係は，個人要因，相互作用の状況，環境に含まれる顕在的，潜在的な他者，そして社会的規範によって構造化される。さらに，特定の対人関係が構築されるためには，自己表出にかかわる多様な規則性があり，その関係を特色づける親疎についての因果関係が説明されている（3，4，5章参照）。

これらの対人関係の形成や維持にかかわる規則性を含む総合的な意味での円滑な対人関係を運営する心理的な働きが社会的スキルとなる（大坊，1998）。その社会的スキルは，包括的な目的であれ，特定の実践的目的に基づくものであれ，開発・向上可能である。基礎的スキルであるほど，文化を超えて汎用性があるが，いくつかのスキル要因を組み合わせて発揮されるような場合であれば，当該文化に強くかかわる社会的規範によって影響されると考えられる。したがって，個人の社会的欲求やパーソナリティに見合う，あるいは，身近な対人関係の調整にかかわるスキルと文化依存の社会的な安定性につながるスキルの維持，開発が必要になる（10，11章参照）。一般性と特異性を十分に斟酌するトレーニング方法が異文化を融合する（統合する）ためには欠かせない。

第3節　well-being を実現するために－社会的スキルの向上を図る－

well-being は，一般性を持った固定した概念ではない。ただし，その実現のための方法にはある程度，社会的な共通項がある。

しかも，well-being を高めるための方法は限られるものではなく，多岐にわたる（堀毛，2010：1，2章など参照）。それは，well-being 自体が，自分の人生や生活をポジティブに捉え，満足していることを指しており，多くの人々の総体としてこの傾向が強ければ社会的，マクロレベルの well-being が高いといえるからである。すなわち，well-being の対象が人生を相対的に捉えてなのか（人生のどの時間幅か），それとも，生活の1シーンを取り出してのことなのか（生活には多様なシーンがある）でも異なるし，比較対象を誰に，どの社会に求めるのかによっても異なる。このような意味では，頑健な実証可能な概念にはなりがたいであろう。しかし，研究対象としては，そこに問題があるのではなく，これまでの科学的追究が，この種のことを「うまく」扱いえなかったことにあろう。このことについては，島井（2009）が以下にあげている例は，端的で示唆的である。それは，「コップの水が半分になったときに，あと半分しかないと考えてしまう人もいるだろうが，まだ半分あると考える人もいる，……」である。大雑把に捉え方・認知の問題として扱うことをいっているのではない。眼前の「事象」がかかわる者に一義的な意味を持つのではなく，異なる対処行動を導くことにもなる。つまり，現前の現象を後のより満足できる行動に結びつけて活かすようにすべきなのである。

　具体的には，どのような方法をとるべきであろうか。社会的スキル・トレーニング（SST）の観点から考えてみる（具体的には，対人コミュニケーションのスキルを高めることが基本となっている。大坊，2005 など）。

　社会的スキル・トレーニングを構成するモジュールの目的は，参加者（受け手）にとっては，明示的であるか否かは導入の目的に依存する。基本的には，体験学習をベースとする人間関係トレーニング（津村・山口，2005）の目的と同様に，参加体験を通じて自己理解，他者理解，関係の共通を進めていくためには，原則としては，モジュールの目的を体験前に明示する必要はない。それは，導入者のねらいを示すことによって，一種の固定した枠をはめることにもなり，自発的な理解を損なう可能性があるからである。ただし，参加者の動機づけの程度との関連で，目標指針を示すことが必要になることもあろう。会得されるスキルは，同レベル，横並びになるものとは限らない。基礎的なスキルを踏まえながら，状況等によっては常時自己主張をすべきとはならないよう

に，メタ・コミュニケーションのように積み上げられる構造を持っているといえる。

　社会的スキルは，多様な人間関係の運用にかかわるものであり，そこには多くの要素が含まれることからすれば，対象を特定の特徴を持つ人に限定するものではない。多様な人々に対して，その社会的スキルを向上するためのトレーニングを施すことによって，自己の特徴を捉え，その変容を自覚でき，それを維持できる可能性を示しているといえる。

　ポジティブな人間関係を展開していくためには，個々の要素の改善と共に，臨機応変に社会的スキルの要素を柔軟に切り替えて使える必要がある。社会的スキルは基本的にはどのような関係においても通用できるが，他人との関係に求める目標に応じて強調される側面は異なりうる。

　個々のトレーニングを計画する際には，以下の諸点が必要である（大坊，2009）。

　1）社会的スキルがどのような要因から構成されるのかを学習する（これは，本人にとっての問題点の吟味ともなる）。

　2）当人のトレーニング参加の動機づけ増進を行う（他人から見て問題を感じても，当人が気づいていなければ，トレーニングへの動機は低く，効果は希薄となる）。

　3）プロセス内容と当事者の体験を頻繁に照合する（自分の体験をよく理解し，働きかける側の意図に気づいているかを吟味する）。

　4）第三者がその人物の問題点の指摘だけではなく，改善の方策を示す（問題点の認知だけでは現実感が乏しいので，実践しながら気づき，改善していく方法が好ましい）。

　不足するスキルの補充，現在のスキルの一層の向上のほかに，持てるスキルの「発揮の仕方」についての調整，発揮するスキルの「コントロール」など，社会的状況に対していかに柔軟にスキルを用い分けて対応するかということが重要である。すなわち，スキル要素を柔軟に組み合わせて用いるか，時間や状況を考慮して，個別のスキルの発現を抑制するなどの調節力が有効であると考えられる。well-being向上の観点から，社会的スキルの要因，そして，社会的スキル・トレーニングについて多角的に検討する必要がある。

さらに，文化を超えて共通するコミュニケーション自体の意味，機能（たとえば，視線を向けることは少なくとも相手への関心を示す）のほかに，文化固有のスタイルもある。直接にメッセージを表出していい状況かどうかの判断などは，文化に依存するであろう（本書，第11章参照）。

また，社会的サポート，対人的なストレスへの対処は具体的なコミュニケーションによって行われる（Diener & Biswas-Diener, 2008）。これは，心理的には紐帯を築くことにつながる様相を深く持つものでもあり，関係の質にも影響する可能性が高い。その意味では，人間性を大事にする，向社会性に通じる価値観をコアの人間観として持たなければならないことを意味している。コミュニケーションは，他者を手段化するような，自己利益誘導の競争的な道具であってはならない。

コミュニケーション・スキルを包含する社会的スキル・トレーニングでは，自己の社会的な成長を目指し，適応力を増し，出会うであろう多様なストレスや不快経験を克服する強さを増すことが目的となろう（表12.2）。人間としての強さ（human strength; 人間愛，合理性判断，誠実性，向上心，公正さ）のような個人変数自体の見直し（堀毛，2010 など）も必要なのである。

さらに，他者との相互にサポートし合える関係を維持していける方向を共有できることがあるべきであろう。現実には不快な感情や出来事を避けること自体は難しい。そのためにも，臨機応変にいくつかのスキルを切り替えて発揮する，調整力は重要である。さらに，所属する集団における効果的な役割の自覚，活動を促進し，密接なネットワークを築くことになる。目指す方向として，協同性，向社会性の強化，そして，個人，社会の well-being を目指す，「共生社会」を実現することが根本的な方向性なのである。協調的で相互依存を可能に

表12.2　社会的スキル・トレーニングの方針

- 頑健な自己，ネガティブな状態からの快復力，柔軟性を高める。
- 基礎的スキルの向上が基本（コミュニケーション・スキル）。五感の感受性を高めることは基礎となる。
- 個人の持てるスキルの向上（自己充実）から出発することは基本であるが，他者との親和的な関係性，向社会性（社会的サポート，利他性）へとつながる働きかけを高める。
- 状況，関係に応じて必要なスキルの柔軟な切り替えの「スキル」は重要。常に，協同性，向社会性，幸福実現を目指す。

する，平和な社会を形成することにつながると考えられる。すなわち，個人の社会的なオリエンテーションを刺激するところから始まり，最終的には，円滑な相互支援の社会的な広がりを意図した試みなのである。

その方法は決して一義的なものではないが，他者とコミュニケーションすることは，双方向であること，時系列的に連鎖してこそ意味を持つことを意識すれば確認できることではなかろうか。

第4節　well-being を目指し，価値ある社会を築くために

これまでも述べてきたように，幸福であること，well-being は，相対的なことであり，社会的な要因によって大きく影響される。われわれは，多様な社会的要因の影響を受けており，かつ，その状況を完全にコントロールしきれるものではないので，不幸，ill-being を避けきることはできない。その努力の多くは徒労に終わることが想像できる。陰・陽，善・悪など，二極の一方は互いに他方があってこそ意味を持つ。そして，互いに相反するのではなく，移行可能なものと考えることが必要であろう。そうでなければ，well-being は画餅に過ぎなくなるであろう。

well-being を追究するために今後必要な研究を表 12.3 に示した。基本は，こ

表 12.3　今後必要とされる研究

- well-being の根底にある，人間性に通じる価値，安寧，成長，人間的強さについての研究（ポジティブ心理学の推進）
- 対人関係とその集積としての社会に至るダイナミックな過程についての研究（個人から関係，そして社会の構築へ向かう発展過程から，壊れない；凝集性の高い）社会づくり，個人の社会的スキル向上の研究
- 相補的な意味を込めて，質的研究と量的研究（互いに相対立するものではない）
- 心的過程，社会的相互作用・関係を時間的過程についての検討
- 社会的トレーニング・プログラムの効果の実証化
- 個人の well-being と社会の well-being の合理解の追究
- 人はなにを目指すのか…　成否だけではなく，可能性や心理的生産性が必ずしも問題にならない高踏な価値を是とする研究（たとえば，1 章で紹介したような GNP に対する国民総幸福感（GNH）などのような）
- 心理的な安寧，調和性についての研究
- 互いに安心できる，双方向の理解のできる対人関係の追究（自他の比較から融合を目指す）

れまで得られてきた，対人コミュニケーションの研究成果を踏まえ，その総合が必要なことである。大方は，自分個人の視点が中心となりやすいものであるが，あえて，われわれのいる世界を俯瞰するように，個人と社会への双方向の視点や自分，他者との関係，社会的な広がりを捉えることが必要であろう。

　最後に，1つの視点として，理想的な同等な関係での相互作用のあり方について考えてみたい。一般に，人は，「自分」の考えや感情を基準として，他者を理解しようとする。心理的な機能は，自己の内的過程を前提としているので誰もが否定できないことであろう。しかし，自己概念の成立や自己評価作用は必ず他者（具体的な特定の他者との比較であれ，抽象的な「世間」との比較であれ）との比較が必須である。このことは，基盤とする「自分」自体に「他者」，「社会」の基準を含み持っている。したがって，自分と他者を独立項として厳密には対比し難い面を持つともいえる。適応的な異文化適応の過程を示す考え方に「ダブル・スウィング（double swing）・モデル」がある（Yoshikawa, 1987; 大坊, 2007）。ヨシカワ（Yoshikawa, 1987）は，異文化適応の過程を 1）自文化と異なる文化への接触 − 2）異文化への反発，適応失敗（不統合） − 3）再統合（失敗を点検して修正を試みる） − 4）自律（脆弱な部分を持つ自分を再認識し，自ら折り合いをつけていく） − 5）ダブル・スウィングの5段階にまとめている。従来の自文化とは異なる文化に触れ，その異なるシステムによって混乱し，さらに自文化との統合を試み，自分独自の仕方で両文化の折り合いをつけていく。そして，自文化からも異文化からも柔軟に視点を得ることができ，発想できる。一方の文化に偏らず，柔軟な思考ができるならば，それは適応的であろう。自文化からも拮抗する異文化からも，適応するための知恵を得

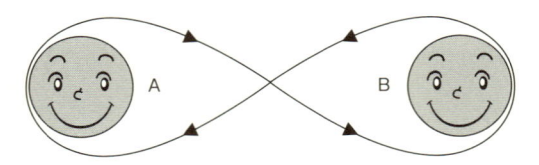

個人A, 個人Bは各々が「自分」を基盤として相手を理解しようとするのではなく，同等の重みを持つ共鳴体として認識する。その前提は，人は相互作用をする他者と場を共有していること自体に既に，時間の流れとともに，他者・社会に由来する「発想」を共有している。

図12.1　相互理解のダブル・スウィング・モデル

ることができることになる．さらに，この段階では，どちらかの文化に基本となる軸足を置き，他方の文化にも外から来た者としてのかかわりをするというのではなく，二元的な文化を超越した立場にいることが適応のよさに通じ，内外を超えた適応ができることになる．異なる文化からの発想を持ち，さらに，自文化と異文化の両者を統合するような視点を持つ者こそが，統合的な適応を可能にできる．このモデルの「文化」を「自分」，「他者」に置き換えるならば，適応的，幸福な対人関係をもたらすモデルとして示すことになるのではなかろうか．同じ地平に立つ他者の持つ視点を自分のものと同等に位置づけ，自他それぞれは互いがあってこそ自他として成立している（社会システムの単位となる）ことを踏まえ，対立ではなく，共生しているものなのである．

　全体を構成する要素がそれ自体，全体としての構造を持つ場合の，要素（部分）としての1つの全体をホロン（Holon）という．人は，相互作用を持つ他者（その背景にある社会も含め）を自己の一部として含んでいるという意味で，一種のホロン的構造をなしているといいえるであろう．それゆえにこそ，共同的（communal）関係（Clark & Mills, 1979）も成立する．相手との一体感（we-ness）から，相手に尽くすこと自体が，自分に尽くすことを意味する．

　相互に関係していること自体を是として，自他の視点を「共有」することであり，いわば，自他の「思考，感情」を1つのものとして融合することである（図12.1）．自分は他者と共にあることが前提であり，相互作用の中にこそ自分がある，それが時間の流れにあって機能していることに気づくことに始まる．自分の行動を決定する主体は自分自身（主に）であるが，そのプロセスには他者からの影響，他者の潜在的な反応への予期を含み，他者一般の「世間」への評価懸念が含まれている．そして，自他を包み込んでいる社会にあってこそ，自分，他者，関係が成立していることが基盤となっていることである．自他が持つ心的活動は互いに流れ込んで成立し，時間に応じて共有する部分が増大し，コミットメントも増すことになる．

　これらの点からすると，相互理解を推進すること，その前提としての対人コミュニケーションのスキルの向上は重要である．一気呵成な促進法はないが，小さなステップとして，相互作用を通して，互いの自己主張−議論，共通の解を目指す合議，集団の満足と個人の満足の一致する場合の相互作用，それが異

なる場合の相互作用を経験すること，さらに，自分が参加した相互作用記録を視聴して，「参与者」として，間接的な「観察者」として観察することなどは，これまでの多くの社会的スキル・トレーニングよりも，さらに社会を意識した自己，他者，世間を検証するスキルが増し，ひいては，記号化，解読，調整するスキルが向上するものと期待できる。

いずれにしても，自他の well-being を目指すことのできる特効薬，万能薬はない。このことを意識しながら，自分，他者そして世間を循環的に見つめることからしか先に進まないであろう。しかし，その途は確実に先につながっている。

■引用文献

Clark, M. S., & Mills, J. (1979). Interpersonal attraction in exchange and communal relationships. *Journal of Personality and Social Psychology*, **37**, 12-24.

大坊郁夫 (1998). しぐさのコミュニケーション—人は親しみをどう伝えあうか— サイエンス社

大坊郁夫 (2001). 対人コミュニケーションの社会性 対人社会心理学研究, **1**, 1-16.

大坊郁夫 (編) (2005). 社会的スキル向上のための対人コミュニケーション ナカニシヤ出版

大坊郁夫 (2007). 社会心理学からみた臨床社会心理学—個人から社会へのつながりにこそwell-beingを見い出す— 坂本真士・丹野義彦・安藤清志 (編) 臨床社会心理学 東京大学出版会 pp.214-228.

大坊郁夫 (2009). Well-beingの心理学を目指す—社会的スキルの向上と幸福の追究— 対人社会心理学研究, **9**, 25-31.

大坊郁夫・磯 友輝子 (2009). 対人コミュニケーション研究への非言語的アプローチ 大坊郁夫・永瀬治郎 (編) 関係とコミュニケーション ひつじ書房

大坊郁夫・中川泰彬 (1993). 中国孤児家族の社会適応過程の心理学的検討 心理学評論, **36**, 398-424.

Diener, E., & Biswas-Diener, R. (2008). *Happiness: Unlocking the mysteries of psychological wealth*. Malden, MA: Blackwell.

Heider, F. (1958). *The psychology of interpersonal relations*. John Wiley & Sons. (大橋正夫 (訳) (1979). 対人関係の心理学 誠信書房)

堀毛一也 (2010). ポジティブ心理学の展開 現代のエスプリ, **512**, 5-27.

Newcomb, T. M., Turner, R. H., & Converse, P. E. (1965). *Social Psychology: The study of human interaction*. Holt, Rinehart & Winston. (古畑和孝 (訳) (1973). 社会心理学—人間の相互作用の研究— 岩波書店)

Patterson, M. L. (1983). *Nonverbal behavior: a functional perspective*. New York: Springer-Verlag.
Patterson, M. L. (2011). *More than words: The power of nonverbal communication*. Barcelona, Spain: Editorial Aresta.
島井哲志（2009）．ポジティブ心理学入門―幸せを呼ぶ生き方―　星和書店
津村俊充・山口真人（編）（2005）．人間関係トレーニング［第2版］―私を育てる教育への人間学的アプローチ―　ナカニシヤ出版
Yoshikawa, M. J. (1987). Cross-cultural adaptation and perceptual development. In Y. Y. Kim & W. B. Gudykunst (Eds.), *Cross-cultural adaptation current approaches*. Newbury Park: Sage. pp.140-148.

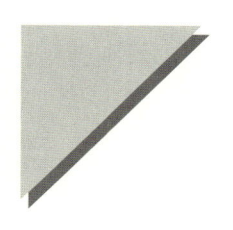

事項索引

あ
RCI（Relationship Closeness Inventory） 54
IOS 尺度（Including Other in the Self Scale） 56
哀願 101
アイ・コンタクト（eye contact；視線交錯） 156
愛着関係 79
相手の面子 252
愛の三角理論 77
アガペー 77
ACT（Affective Communication Test） 250
――日本語版 216
アサーション・トレーニング 209
アジェンダ 108
　前景―― 109
　背景―― 109
アバターチャット 134
安全基地 79
安全な避難所 79
安定型 81
アンビエント 146
威嚇 101
一時的関係 174
一体感 56

一般的信頼 244
異文化 258
――適応 259
――への移行体験 260
因果分析モデル 52
Including Other in the Self 56
インターネット 132
well-being 7, 25, 71
――の概念 5
うなずき（nodding） 155
噂の伝達 131
運資源ビリーフ 188
運用スキル 195
栄光浴 23
エクソシステム 271
SR^3 196
SSE（Social Skills Education） 224
FTF 217
エロス 77
ENDE2 216
ENDCOREs 196
扇モデル 195
恐れ型 81
音声的チャネル 133

か
外集団 172
解読（decoding） 149,

214
回避型 81
快楽主義 29
――的な well-being 8
覚醒度 124
かけがえのなさ 62
――尺度 63
課題葛藤 168
カルチャー・ショック 259
関係
――葛藤 168
――継続の意思 175
――継続の予期 175
――に対する展望 175
――の継続性 174
――不安 80
――への依存性 50
――への満足感 50
関係－面子（guanxi-mianzi）モデル 254
感情価の組み合わせ 124
間人主義傾向 244
記号化（encoding） 149, 214
KiSS-18 214, 250
凝視（gaze） 156
共同関係 60
銀行家のパラドックス 61
均衡指向 274
近接性の模索 79

グローバル化社会　266
継続的関係　174
携帯電話　132
携帯メール依存　244
毛づくろい　130
言語行動（verbal behavior）　149
言語コミュニケーション（verbal communication）　149
言語情報　132
好意感情（liking）　73
効果性（effectiveness）　249
交換関係　60
高コンテキスト－低コンテキスト　247
幸福（happiness）　7, 188
　──感（happiness）　9, 188
　──な人々　10
功利主義　252
国民総幸福度（GNH）　13
互恵的利他主義　58
個人主義－集団主義　246
コスト　49
コミットメント　78
コミュニケーション　124
　攻撃的──　208
　──・スキル　196
　──参与スタイル　196
　──力　211, 275
　自分に合った──　194

主張的──　208
小集団会話──　200
コンドルセのパラドックス　140
COMPASS　196

さ
察し　165
砂漠生き残り問題　138
三者間会話　158
参与枠組　201
CSST（Class-wide Social Skills Training）　224
CMC　217
ジェスチャー（gesture）　148
ジェミノイド　143
自我発達　33
JICS（Japanese Interpersonal Competence Scale）　227
自己
　──開示　99
　──確証動機　103
　──拡張理論（Self expansion model）　55
　──啓発的SST　224
　──高揚動機　23, 103
　──制御　111
　──宣伝　101
　──呈示　70, 99
　　自動的な──　109
　　統制的な──　108
　──認知　100
視線の配分　158
持続性　236
自尊心　71

実際の関係性　175
しっぺ返し　59
自伝的物語　33
示範　101
社会的技能　195
社会的交換理論　49
社会的スキル（Social Skill(s)）　35, 173, 196, 213
　──・トレーニング（Social Skills Training:SST）　169, 179, 224, 276
　──改善意欲　236
　──によるストレス緩衝効果　218
社会的代理人（social surrogate）　180
社会的統制の行使　152
社会的ネットワーク　244
社交性　252
集団内葛藤　168
主張性（assertion）　165
Joint Control　51
情動知能　35
情動伝染（emotional contagion）　172
情熱　78
情報の提供　152
所属欲求（the need to belong）　173
シンクロニー（interactional synchrony）　171
人生満足度　30
身体操作（self-manipulation）　161
信憑性　161
親密さの表出　152
親密性　78

――回避　80
――平衡モデル（intimacy equilibrium model）　156
スキル　193
　――タイプ　198
　――の技術的側面　200
　――の定義　195
　――の能力的側面　196
ストラテジー　196
ストルゲ　77
成果　50
　――の相互依存性　51
誠実なカメレオン効果　118
脆弱性モデル　219
成人の愛着理論　79
生成文法　130
生態学的モデル　271
説得的コミュニケーション　160
Self Control　51
セルフ・ハンディキャッピング　23
選択比較水準　50
相互依存性理論　50
相互影響プロセス　53
相互作用の調節　152
ソシオプロフィール法　200
ソシオメーター理論　100
素朴弁証法　17

た
第三者　179
対処行動　168
対人関係の希薄化　223
対人関係の形成　261

対人コミュニケーション（interpersonal communication）　149
　――・チャネル　133
対人的志向性　177
対人的不適応　218
態度変容　161
他者認知　100
ダブル・スウィング（double swing）　265
「――」・モデル　282
Wカーブ　260
チャネル（channel）　149
中国人　262
　――大学生社会的スキル尺度（Chinese University-students Social Skills Inventory:ChUSSI）　252
直接性　152
t-Room　137
手紙　134
適応度相互依存性　63
適応論的アプローチ　58
適切性（appropriateness）　249
テレビ会議／電話　133
電子メール　134
電話　131
投資モデル（Investment model）　52
　――尺度　52
当事者　179
統制　214
友達への奉仕（Altruistic Behavior:AB）　252
とらわれ型　81
取り入り　101

な
内集団　172
内的作業モデル　79
二者間会話　158
二重拘束（double bind）　154
日本的対人コンピテンス尺度　251
ネットワークの同質性　244

は
発話行動生起プロセス　201
Partner's Control　51
パラ言語（paralanguage）　149
般化　236
反実仮想　188
ピア（peer）関係　72
非音声的チャネル　134
比較水準　50
非言語行動（nonverbal behavior）　149
非言語コミュニケーション（nonverbal communication）　149
非言語情報　132, 147
非言語的関与行動　152
微笑（smile）　154
ビデオコミュニケーション　132
人あたりの良さ　251
表示規則（display rule）　96, 155
表出性　182
　――ハロー効果　182
表情　96

表面的交友関係　223
FAX　132
複数観衆問題（multiple audience problem）　70
プラグマ　77
ブレイン・マシン・インタフェース　143
プロクセミックス　135
文化　246
　――共通的な社会的スキル　250
　――的共通性と特有性（etic-emic）アプローチ　248
　――的社会的スキル　266
　――特有な社会的スキル　250
分離苦悩　79
返報性の規範（norm of reciprocity）　156
報酬　49
ポジティブ感情　124

ポジティブ幻想　23
ポジティブ心理学　26
補償的自己高揚呈示　71

ま
マイクロシステム　271
マクロシステム　271
マニア　77
マルチメディア化　132
メゾシステム　271
メディア（media）　149
目標スキル（ターゲット・スキル）　225
文字　131

や
役割特有行動　203
Uカーブ理論　259
ユビキタス　146
予防的SST　224

ら
ラブスタイル　77
ラボラトリー・メソッドによる体験学習（ELLM）　224
利己的な帰属のバイアス　23
理性主義（eudaimonism）　29
　――的な well-being　8
ルダス　77
恋愛感情（love）　73
恋愛の色彩理論　76

わ
話者役割　201
　――説　201
　――タイプ　203
　――レパートリー　201
　――セット　203
笑い（laugh）　154

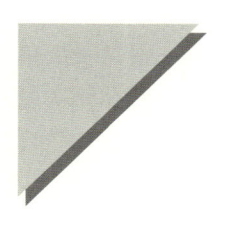

人名索引

あ

アーガイル（Argyle, M.） 14, 151, 152, 156, 157, 159, 194, 220, 224
Arnold, M. E. 84
Urberg, K. A. 86
相川 充 177, 179, 194, 213-216, 218, 219, 223, 226, 228, 230, 238, 249
Isen, A. M. 124
アクセルロッド（Axelrod, R.） 59
浅井千秋 230
浅野良輔 66
Acker, M. 90
アドラー（Adler, P. S.） 260, 265
Attridge, M. 90
Agnew, C. R. 56
新井弘子 233
新井邦二郎 87
アリスティッポス（Aristuppus） 29, 30
アリストテレス（Aristotle） 31
アロン（Aron, A.） 55-57, 99
アロン（Aron, E. N.） 55, 57
安藤清志 100, 101
五十嵐 祐（Igarashi, T.） 244, 245
石井 敏 165, 246
Ishii, H. 136
石川信一 221, 230, 237
石黒 浩 143
石本雄真 76, 83
石盛真徳 272
磯友輝子（Iso, Y.） 155, 158, 276
Ito, T. 173
稲垣宏樹 221
稲葉三千男 25
今田 寛 23
今田 恵 27
今津芳恵 218
岩田 考 223
岩永三智子 230
インガム（Ingham, R.） 156, 157
Wheeler, L. 220
Wieselquist, J. 52
ウイリアムス（Williams, M.） 160-162
Weigold, M. F. 108
Wexley, K. N. 159
上田晶子 13
上野行良 44, 75, 223
植松晃子 261
Wentzel, K. R. 86
ヴォース（Vohs, K. D.） 111
Woll, S. B. 84

Walster, E. 89
内山喜久雄 35
浦 光博 82
エクマン（Ekman, P.） 96, 154, 155
Ennett, S. T. 86
榎本淳子 76
江村理奈 228
Erikson, E. H. 26
大石繁宏（Oishi, S.） 3, 15, 20, 189
Ota, H. 227, 251
Otake, K. 11
大嶽さと子 217
大谷宗啓 83
オールポート（Allport, G. W.） 27
岡田 努 74, 76, 83, 223
岡田 涼 76
岡田守弘 237
岡部朗一 246, 248
岡村寿代 219
岡安孝弘 228
小川一美 155, 157, 158, 174
奥田秀宇 60
小口孝司 155
小口忠彦 26, 27
奥野香苗 230
小此木啓吾 32
小塩真司 82
落合良行 76, 223

Oberg, K.　259
尾原喜美子　232

か
Carr, A.　19
Gaertner, L.　24
カーネマン（Kahneman, D.）　30, 189
加川栄美　230
笠置 遊　70
カップランド（Coupland, J.）　172
加藤 司　83
加藤哲文　237
加藤祐子　230
門田昌子　220
カトローナ（Cutrona, C. E.）　271, 272
金山元春　238
金政祐司　84, 85, 89, 90
上出寛子（Kamide, H.）　8, 9, 35, 37
唐澤真弓　17
Gullahorn, H. E.　260
Gullahorn, J. T.　260
川名好裕　155
川人光夫　143
Gambrill, E. D.　220
菊池章夫　173, 214, 218, 221, 238, 250
木場深志　196
木村昌紀　175-178, 182-184
King, L. A.　30
クー（Koo, J.）　17
久木山健一　236
楠奥繁則　225
クック（Cook, M.）　135, 136, 156
久保真人　54, 55, 64

クラーク（Clark, M. S.）　60, 112, 283
Kraut, R. E.　154
倉島さやか　232
栗林克匡　217, 224, 227, 234
Kurzban, R.　63
Gregg, A. P.　23, 24
ケリー（Kelley, H. H.）　49-52, 54
ケリー（Kelly, C. W.）　249
Kendon, A.　157
Goldstein, A. P.　250
小杉正太郎　217, 220
コスミデス（Cosmides, L.）　61
古谷嘉一郎　237
Cotter, P. R.　272
後藤 学　216, 227, 228, 232-234, 254
後藤吉道　228, 238
小林知博　24, 103
小林正稔　230
Goffman, E.　201
Collins, N. L.　89, 90
コワルスキー（Kowalski, R. M.）　99, 102, 108
今野裕之　215, 254

さ
坂井 誠　230, 236
坂野雄二　217
佐々木正宏　33
佐藤 寛　230
佐藤正二　228, 230
佐藤有耕　76, 223
佐伯 胖　140
ザンナ（Zanna, M. P.）　105

シーツ（Sheats, P.）　203
シェイバー（Shaver, P. R.）　79, 81, 85, 89
ジェームズ（James, W.）　23
Sheldon, K. M.　34
Jehn, K. A.　168
軸丸清子　232
ジグメ・センゲ・ワンチュク　13
篠原一光　217
芝 太郎　230
柴橋祐子　76
島井哲志　5, 27, 278
清水健司　219
清水裕士　54, 60, 61, 63
下斗米淳　87
下村文子　222
Simons, T. L.　168
ジャイルズ（Giles, H.）　172
シュレンカー（Schlenker, B. R.）　108-111
Schwartz, S. H.　30
庄司一子　218
ジョーンズ（Jones, E. E.）　71, 101, 107, 181
Johnston, R. E.　154
シンプソン（Simpson, J. A.）　89
スー（Suh, E. M.）　16, 17
菅知絵美　17
菅原健介　215
鈴木 聡　218
鈴木直人　174
スタンバーグ（Sternberg, R. J.）　78, 90
スペンサー－ロジャース

(Spencer-Rodgers, J.) 17, 18
Spence, S. H. 194
Surra, C. A. 89
スワン (Swann, W. B.) 70
スワン (Swann, W. B., Jr.) 103, 118
セグリン (Segrin, C.) 219
セディキデス (Sedikides, C.) 23, 24
Semin, G. R. 171
セリグマン (Seligman, M. E. P.) 7, 9-11, 26, 124
St. Aubin, E. 33
荘子 17
Souma, T. 180, 181
園田茂人 254
Sollie, D. L. 90

た

ダーウィン (Darwin, C. R.) 58
大坊郁夫 (Daibo, I.) 8, 19, 21, 35, 44, 54, 60, 61, 63, 70, 84, 85, 90, 96, 116, 117, 124, 133, 150, 157, 168, 171, 174, 195, 196, 200-202, 204, 212, 216, 217, 227, 228, 232-234, 250, 252-254, 257, 258, 266, 275, 278, 279, 282
高井次郎 (Takai, J.) 227, 249, 251, 261
高田三郎 31
高橋直樹 96
高山 巌 228
多川則子 90

田中健吾 215, 217, 221
田中共子 261, 262
谷 冬彦 82
谷口淳一 55, 106, 116-118
谷村圭介 215
ダン (Dunn, E. W.) 113, 114
ダンバー (Dunbar, R.) 130, 131
丹波秀夫 220
崔 京姫 87
チェイクン (Chaiken, S.) 105
チャートランド (Chartrand, T. L.) 171, 173
チョムスキー (Chomsky, N.) 130
Zeifman, D. 80
筒井義郎 15
津村俊充 226, 232, 238, 254, 278
ディーン (Dean, J.) 152, 156, 157
デイヴィス (Davis, K. E.) 44, 89, 90
Teigen, K. H. 188, 189
ティス (Tice, D. M.) 109, 111
ディーナー (Diener, E) 4, 10, 11, 14, 15, 23, 30, 64, 280
ディーナー (Diener, M.) 23
Davidson, W. B. 272
ティボー (Thibaut, J. H.) 49-51
ティムニー (Timney, B.) 161

Taylor, S. E. 23
Dale, K. L. 111
出口拓彦 225, 237
デシ (Deci, E. L.) 29-31, 86, 177
DeScioli, P. 63
寺内 真 237
寺崎正治 220
トゥービー (Tooby, J.) 61, 62, 66
遠矢幸子 73
戸ヶ崎泰子 217
外山美樹 98
トリアンディス (Triandis, H. C.) 246-249
トリバース (Trivers, R. L.) 59
Trower, P. 194, 196
Thompson, B. 84

な

中尾陽子 226, 227, 232-234
中台佐喜子 234
長沼恭子 76
中野 星 224, 227, 232, 234
中村和彦 226, 227, 235, 237
中村佳子 82
中村 真 (Nakamura, M.) 155
中村雅彦 44, 52
Nass, C. 37
夏目漱石 274
Napa, C. K. 30
ニコルズ (Nicholls, J. G.) 87
西浦真喜子 (Nishiura, M.) 44

西尾修一　143
西岡慶樹　230, 236
仁科弥生　26
ニスベット（Nisbett, R. E.）181
ニューカム（Newcomb, T. M.）275
沼崎　誠　103
Nezlek, J.　220
ノーマン（Norman, D. A.）129
Noller, P.　154

は
Parker, J. G.　87
パーク（Park, N.）27
バージ（Bargh, J. A.）171
バーシェイド（Berscheid, E.）54
Bartholomew, K.　81, 84
バーメスター（Buhrmester, D.）86, 254
ハイダー（Heider, F.）275
Heine, S. J.　24
バウアー（Bauer, J. J.）33-35, 39
バウマイスター（Baumeister, R. F.）24, 71, 107, 111
萩原幸男　132
朴　勝玉　230
バグーン（Burgoon, J. K.）161, 162, 164
ハザン（Hazan, C.）79-81
橋本　剛　83, 218
Buss, D. M.　70

パターソン（Patterson, M. L.）151, 152, 157, 276
パタキ（Pataki, S. P.）112
パック（Pack, S. J.）105
ハットフィールド（Hatfield, E.）172
Bavelas, J. B.　155
浜口恵俊　34
Hamamura, T.　24
林　文俊　37, 75
原奈津子　155
原田恵理子　232-234
Barry, C. M.　86
パワー（Powers, S.）85
ビー（Beebe, S. A.）161
ピーターソン（Peterson, C.）27
Peterson, R. S.　168
Biswas-Diener, R.　14, 280
肥田野直　215
ピットマン（Pittman, T. S.）101
日向野智子　216
平木典子　209
Hirata, K.　137
平山修一　13
Bilsky, W.　30
Hwang, K. K.　254
Feeney, B. C.　89, 90
Feeney, J. A.　85, 89
Fitzpatrick, J.　90
フィン（Finn, S.）113, 114
深田博巳　160
福井康之　232, 234

福原省三　159
藤枝静暁　228, 236
藤田正美　214, 218
藤本　学　194-196, 198, 200-204, 206, 226
藤森立男　213
藤原　健　124
藤原武弘　162, 163, 261
ブラウ（Blau, P. M.）49
Brown, J. D.　23
ブラウン（Brown, R. M.）63
ブラウン（Brown, S. L.）63
ブラッドショウ（Bradshaw, S. D）180, 181
フリーセン（Friesen, W. V.）96, 154, 155
フリードマン（Friedman, H. S.）250
プリナー（Pliner, P）105
Brooks, R. A.　146
フルンハム（Furnham, A）261
ブレイブ（Brave, S.）134
Fraley, R. C.　89
Flaste, R.　177
フレドリクソン（Fredrickson, B. L.）188
Brennan, K. A.　84, 85, 89
Fleming, J. H.　70
ブロックス・ガン（Brooks-Gunn, J.）271

人名索引

フロム（Fromm, E.） 31, 32, 39
ブロンフェンブレンナー（Bronfenbrenner, U.） 271
Bateson, G. 154
ベリー（Berry, J.） 248
ベル（Bell, G.） 131
ベルニアリ（Bernieri, F. J.） 171, 181
ベン（Benne, K. D.） 203
ベンサム（Bentham, J.） 30
ヘンドリック（Hendrick, S. S.） 89
Bauman, K. E. 86
ボウルビィ（Bowlby, J.） 79
ボーチネル（Bochner, A. P.） 249
Hall, E. T. 135, 247-249
ボクナー（Bochner, S.） 262
星雄一郎 236
星野 命 27, 233
星野欣生 226
ボッソン（Bosson, J. K.） 118
ホッブズ（Hobbs, T.） 30
Hofstede, G. 16
Hovland, C. I. 161
ホマンズ（Homans, G. C.） 49
堀 洋道 254
堀江宗正 32
堀毛一也 6, 90, 195, 211, 214-217, 238, 251, 261, 278, 280

Bollen, K. A. 27
Horowitz, L. M. 81, 85
Hwang, K. K. 254
ポンタリ（Pontari, B. A.） 108-111

ま

マーシュ（Marsh, K. L.） 163
マクアダムス（McAdams, D. P.） 33
マズロー（Maslow, A. H.） 26, 27, 39, 261
Matarazzo, J. D. 155, 157
松井 豊 73, 74, 223
松尾 馨 261
松田昌史 139
松本卓三 163
Mannix, E. 168
丸山絵美子 230
Mead, G. H. 25
三浦麻子 217
Mickelson, K. D. 84, 85
Mischel, W. 177
水谷拓也 237
宮城速水 227, 232
宮下一博 82
ミラー（Miller, N.） 162
ミラー（Miller, R. S.） 115, 174
ミルズ（Mills, J.） 60, 64, 283
村上幸史 17, 188
村田正幸 147
村山 綾 168, 217
メラービアン（Mehrabian, A.） 150, 152, 160-162, 165
毛 新華（Mao, X.） 250, 252-254, 257, 258, 263, 264
Morris, K. A. 84

や

八重樫海人 142
八木澄夫 142
八代京子 246
安井圭一 82
柳原 光 226
Jahoda, M. 26
山口一美 155
山口真人 278
Yamashita, N. 138, 139
山下文大 230
山本恭子 174
山本多喜司 262
山本真理子 155
ヤルビネン（Jarvinen, D. W.） 87
吉岡和子 76, 87
ヨシカワ（Yoshikawa, M. J.） 265, 266, 282
吉田和樹 237
吉田俊和 66, 90

ら

Ryan, R. M. 29-31
ラキン（Lakin, J. L.） 173
ラクロス（LaCrosse, M. B.） 162
ラズバルト（Rusbult, C. E.） 52, 59, 64, 88, 89
Russell, J. A. 124
Lattty-Mann, J. 89
リアリー（Leary, M. R.） 24, 70, 99, 100, 102, 104-106, 108, 115, 116, 174
Liang, J. 27

リー（Lee, J. A.） 77
Reardon, K. 249
リジオ（Riggio, R. E.） 251
リスガード（Lysgaard, S） 259
Richley, C. A. 220
リフ（Ryff, C. D.） 27-29, 31, 32, 34
リーブス（Reeves, B.） 37
Lyubomirsky, S. 34
ルー（Lu, L.） 220
Luke, M. 24
ルビン（Rubin, Z.） 73
レヴィン（Lewin, K.） 224
レヴィンジャー（Loevinger, J.） 35
レーベンサール（Leventhal, T.） 271
Lawton, M. P. 27
Rosenthal, R. 171
ローゼンバーグ（Rosenberg, M.） 64
老子 17
ロジャース（Rodgers, C. R.） 26, 27
ロス（Ross, C. E.） 271
ロワット（Rowatt, W. C.） 106
Longstreth, M. 89
ロンドン（London, H.） 161

わ

和田 実 75, 155, 196, 214
渡邊朋子 219, 221
渡辺朝子 82
渡辺弥生 215, 232-234, 236
渡部玲二郎 215

【執筆者一覧】（*は編者）

第 1 章　大坊郁夫（東京未来大学学長）*
第 2 章　上出寛子（大阪大学大学院基礎工学研究科特任助教）
第 3 章　清水裕士（広島大学大学院総合科学研究科助教）
第 4 章　金政祐司（追手門学院大学心理学部准教授）
第 5 章　谷口淳一（帝塚山大学心理学部准教授）
第 6 章　松田昌史（NTTコミュニケーション科学基礎研究所研究員）
第 7 章　磯　友輝子（東京未来大学こども心理学部准教授）［第1, 2, 4節］
　　　　　横山ひとみ（東京農工大学大学院工学研究院特任助教）［第3節］
第 8 章　木村昌紀（神戸女学院大学人間科学部専任講師）
第 9 章　藤本　学（久留米大学文学部准教授）
第10章　後藤　学（(株)原子力安全システム研究所研究員）
第11章　毛　新華（神戸学院大学人文学部専任講師）
第12章　大坊郁夫（同上）
コラム 1　小林知博（神戸女学院大学人間科学部准教授）
コラム 2　西浦真喜子（関西大学教育推進部特別任用助教）
コラム 3　笠置　遊（立正大学心理学部助教）
コラム 4　髙橋直樹（新潟医療福祉大学医療経営管理学部専任講師）
コラム 5　藤原　健（大阪経済大学人間科学部専任講師）
コラム 6　髙嶋和毅（東北大学電気通信研究所助教）
コラム 7　村山　綾（関西学院大学大学院文学研究科応用心理科学研究センター博士研究員）
コラム 8　村上幸史（神戸山手大学現代社会学部准教授）
コラム 9　小川一美（愛知淑徳大学心理学部准教授）
コラム10　五十嵐　祐（名古屋大学大学院教育発達科学研究科准教授）
コラム11　石盛真徳（追手門学院大学経営学部准教授）

幸福を目指す対人社会心理学
対人コミュニケーションと対人関係の科学

2012 年 2 月 10 日　初版第 1 刷発行
2014 年 4 月 30 日　初版第 2 刷発行

(定価はカヴァーに表示してあります)

編　者　大坊郁夫
発行者　中西健夫
発行所　株式会社ナカニシヤ出版
〒606-8161　京都市左京区一乗寺木ノ本町 15 番地
Telephone　075-723-0111
Facsimile　075-723-0095
Website　http://www.nakanishiya.co.jp/
E-mail　iihon-ippai@nakanishiya.co.jp
郵便振替　01030-0-13128

装幀＝白沢　正／印刷＝ファインワークス／製本＝兼文堂
Copyright ⓒ 2012 by I. Daibo
Printed in Japan.
ISBN978-4-7795-0445-7

本書のコピー，スキャン，デジタル化等の無断複製は著作権法上での例外を除き禁じられています。
本書を代行業者等の第三者に依頼してスキャンやデジタル化することはたとえ個人や家庭内の利用であっても著作権法上認められておりません。